中國歷代書目題跋叢書

〔清〕孫星衍 撰
焦桂美 沙莎 整理
杜澤遜 審定

平津館鑒藏書籍記
廉石居藏書記
孫氏祠堂書目

圖書在版編目(CIP)數據

平津館鑒藏書籍記/(清)孫星衍撰;焦桂美整理;杜澤遜審定. 廉石居藏書記/(清)孫星衍撰;沙莎整理;杜澤遜審定. 孫氏祠堂書目/(清)孫星衍撰;焦桂美整理;杜澤遜審定.--上海:上海古籍出版社,2021.7

(中國歷代書目題跋叢書)

ISBN 978-7-5732-0016-7

Ⅰ. ①平… ②廉… ③孫… Ⅱ. ①孫… ②焦… ③杜… ④沙… Ⅲ. ①題跋-中國-清代-選集 Ⅳ. ①I264.9

中國版本圖書館 CIP 數據核字(2021)第 142301 號

中國歷代書目題跋叢書

平津館鑒藏書籍記　廉石居藏書記　孫氏祠堂書目

[清]孫星衍 撰

焦桂美　沙　莎 整理

杜澤遜 審定

上海古籍出版社　出版發行

(上海瑞金二路 272 號　郵政編碼 200020)

(1) 網址:www.guji.com.cn

(2) E-mail:guji1@guji.com.cn

(3) 易文網網址:www.ewen.co

蘇州越洋印刷有限公司印刷

開本 850×1168　1/32　印張 18.375　插頁 5　字數 326,000

2021 年 7 月第 1 版　2021 年 7 月第 1 次印刷

印數:1—1,500

ISBN 978-7-5732-0016-7

Z·470　定價:88.00 元

《中國歷代書目題跋叢書》出版説明

漢代劉向、劉歆父子編撰《别録》《七略》，目録之學自此濫觴，在傳統學術中發揮了重要作用。歷代典籍浩繁龐雜，官私藏書目録依類編次，繩貫珠聯，所謂「類例既分，學術自明」（《通志·校讎略》），學者自可「即類求書，因書究學」（《校讎通義·互著》），實爲讀書治學之門户。而我國典籍屢經流散之厄，許多圖書真容難睹，甚至天壤不存，書目題跋所録書名、撰者、卷數、版本、内容即爲訪書求古的重要綫索。至於藏書家於題跋中校訂版本異同、考述版本淵源、判定版本優劣、追述藏弆流傳，更是不乏真知灼見，足以津逮後學。

我社素重書目題跋著作的出版，早在二十世紀五十年代，我社就出版了歷代書目題跋著作二十二種，後彙編爲《中國歷代書目題跋叢書》第一輯。此後，我社又與學界通力合作，精選歷代有代表性和影響較大的書目題跋著作，約請專家學者點校整理。至二〇一五年，先後推出《中國歷代書目題跋叢書》第二至四輯，共收書目題跋著作四十六種，加上第一輯的二十二種，計六十八種，極大地普及了版本目録之學。面對廣大讀者的需求，我社將該叢書陸續重版，並擇要選入新品種，對原版進行訂補，以饗讀者。

上海古籍出版社
二〇一八年八月

整理説明

孫星衍（一七五三——一八一八），字伯淵，一字淵如，號季逑、薇隱、芳茂山人，室名岱南閣、平津館、五松園、廉石居等。清江蘇陽湖（今江蘇武進）人。乾隆五十二年（一七八七）進士，由翰林院編修官至山東督糧道，又曾主講杭州詁經精舍和江寧鍾山書院。

孫星衍博及羣書，勤於著述，在經學、小學、藏書、刻書、目録、版本、校勘、輯佚、金石、方志、諸子、詩歌、駢文諸領域均卓有建樹。所著《尚書今古文注疏》是乾嘉時期《尚書》學研究方面的最好成果，代表了乾嘉學派《尚書》學研究的最高水平。影刻的宋小字本《説文解字》，取代了汲古閣本珍若拱璧的地位，至今仍是學習、研究《説文解字》不可或缺的重要版本。刊刻的《岱南閣叢書》、《平津館叢書》集中反映了孫星衍一生在校勘、輯佚、注釋、影刻及個人著述方面的主要成果，以精校、精注、精刻享譽當時，影響後世。所撰《泰山石刻記》、《京畿金石考》、《寰宇訪碑録》三部金石學著作以著録全備、考證精審著稱。所纂《直隸邠州志》、《三水縣志》、《醴泉縣志》、《偃師縣志》、《廬州府志》、《松江府志》等多被《中國稀見地方志提要》列爲上乘，呈現出文獻豐富、考據精審、重視地理沿革、注重實地考察，體例有據、適當變通，經世致用、議論斐然的鮮明特點，是清代方志考據派的代表。孫星衍致力於《晏子春秋》、《孫子》、《吳子》、《司馬法》、《文子》、《商子》、《尸子》、《燕丹子》、《六韜》、《抱朴子》等的校勘、輯佚、刊刻、研究，爲諸子學的傳播、復興做出了貢獻。孫星衍的詩歌、駢文創作在當時亦首屈一指。總之，孫星衍以其在多個領域取得的卓著成就奠定了他在乾嘉學術史上的重要地位。

受其父孫勛影響，孫星衍年輕時即喜藏書，至老不輟。乾隆四十五年至五十二年，孫星衍供職於畢沅幕府。畢氏藏書之富，令其眼界大開，但作爲一名寒士，尚無力聚書。乾隆五十二年孫星衍考中進士，走上仕途的同時，也開始了他艱苦的聚書生涯。孫星衍喜歡結交朋友，他在京師的寓所是当時名士集會宴飲之處，這也爲他聚書提供了方便：「所交士大夫皆當代好學名儒。海內奇文秘籍，或寫或購，盡在予處。」他「又流覽釋、道兩《藏》，有子書古本及字書、醫學、陰陽術數家言，取其足證儒書者，寫存書麓」（《孫氏祠堂書目序》）。

乾隆六十年，孫星衍結束了九年的京官生活，外放爲山東兖沂曹濟兵備道。俸禄雖然更加優厚，但遠離京師，聚書相對困難，他只能靠抄録或朋友代購來擴大自己的藏書規模。《清史稿》本傳云：「聞人家藏有善本，借抄無虚日。」他自己也説：「或友人遠致古籍，酬以重值。」（《平津館鑒藏書籍記序》）這樣，孫星衍很大一部分收入都用在了買書上。他曾於詩中自嘲：「薄宦廿年徒立壁，買書錢是賣文錢。」（《得趙文敏所書「曝書」二字以署書樓口占二絶句》）經過幾十年苦心經營，孫氏藏書日豐，到嘉慶二十三年去世時，已擁有藏書兩千多種，且中多善本。

孫星衍不僅以自己豐富的藏書奠定了其在藏書史上的地位，更重要的是他以自己的藏書爲基礎編寫的三部書目——《平津館鑒藏書籍記》、《廉石居藏書記》和《孫氏祠堂書目》，在清代目録版本學史上舉足輕重，影響深遠。

目録版本學發展到清代而達鼎盛。清代的目録版本學主要沿兩個方向發展：一是繼承了劉向以來的目録學繼續推進，一是開創了版本目録的新領域。孫星衍在這兩個方面均有創獲，這從三部書目中可窺一斑。

「平津館」爲孫氏藏書处，在山東德州。漢公孫弘爲丞相，封平津侯，封地在勃海郡高成縣平津鄉，即今河北滄州鹽山縣東南，處於河北南部、山東北部。嘉慶十年（一八〇五），孫星衍任山東督糧道，治所在德州，離公孫弘封地不遠，故名其藏書處爲「平津館」。平津館所藏書籍絶大部分由金陵孫氏祠堂轉運過來，數量幾乎占孫氏藏書的一半，而《平津館鑒藏書籍記》只著録了其中的三三八部，堪稱孫氏藏書之精品。

《平津館鑒藏書籍記》（又稱《平津館鑒藏記書籍》）五卷（含《補遺》一卷、《續編》一卷），前三卷由洪頤煊幫助編寫而成，約編成於嘉慶十三年。《補遺》、《續編》則應是嘉慶十六年孫星衍引疾歸田以後編定而成。這部書目編成之後，並未刊刻，僅存稿本。道光十六年（一八三六），陳宗彝從孫星衍的兒子孫竹庲處借歸録存，於道光二十年刊入《獨抱廬叢刻》，這是《平津館鑒藏書籍記》最早的刻本。此時，孫星衍辭世已二十二年了。光緒十一年（一八八五），李盛鐸復刊入《木犀軒叢書》。光緒中葉，章壽康又刻入《式訓堂叢書二集》。光緒三十年，朱記榮《校經山房叢書》本即據《式訓堂叢書》本刻印。一九三六年商務印書館《叢書集成初編》本又據《式訓堂叢書》本排印。

《平津館鑒藏書籍記》在繼承《天禄琳琅書目》的基礎上後來居上，成爲清代私家版本目録中極爲重要的一個鏈環。

在編排次序上，該書繼承了《天禄琳琅書目》的做法，先按版本編排，每版内部基本按經史子集四部排列。版本依次爲宋版、元版、明版、舊影寫本、影寫本、舊寫本、寫本、外藩本。《補遺》、《續編》一依其例。從總體編序來看，先刻本後寫本，體現了刻本的主體地位。從數量分佈上看，宋版三十三種，元版五十種，共八十八種，占總量的四分之一，彰顯了這部書志的善本性質，體現了孫星衍崇尚宋元舊本的版本學思想。

在版本著録上，《平津館鑒藏書籍記》明顯受到《天禄琳琅書目》的影響，於每書之下對書名、卷數、作者、前後序跋、刊刻年代、鈔補情況、版口、行款、木印、藏印等均予細緻描述。孫星衍格外關注不同版本的不同標記，較早記載耳題，廣泛記載版心内容，把行款的著録作爲不可缺少的義項，明確提出並廣泛使用「黑口」概念，注重通過比較版框高低鑒定版本等做法，不僅《天禄琳琅書目》尚未全部涉及，就是與孫星衍同時，以版本鑒賞著稱的黄丕烈的書目題跋也僅對個别項目偶有記載，且遠没有孫星衍做得自覺而規範。直至清末，這些細微的特點才引起藏書家的普遍關注，成爲版本著録的重要内容。在這一過程中，孫星衍承上啓下、開拓創新之功不容忽視。

孫星衍將收藏印章作爲必録之項，力求通過藏印顯示書籍之遞藏。他不再採用《天禄琳琅書目》仿照《清河書畫舫》之例以真書摹入藏印的方法，而是用「朱文長印」、「朱文方印」、「朱文小長方印」、「白文方印」、「白文長方印」、「白文小連珠印」等進行客觀描述，言簡意明。後來藏書目録在藏書印的著録上多沿孫氏做法。

《平津館鑒藏書籍記》考訂版本，方法多樣，鑒定精審。孫星衍充分利用提行、避諱等封建社會特有的標誌來鑒定版刻年代。如在判斷元版《奇效良方》時，即根據「書中『詔』、『敕』、『上』、『命』等字俱提行寫」的情況，斷定該書爲「元時所刊」。孫星衍還根據書中内容來判斷刊刻時間或作者年代。如《羣書備數》十二卷，即據「此書地名、官制俱至元止」，判其爲「元時刻本」。明版《廣輿圖》一册，不題撰者朝代。孫星衍根據書中「《漕運圖》下所載歲運額數，自洪武卅年至嘉靖元年止。又《總圖》『王府禄米』下云：『以上係嘉靖卅二年十月前數。』」斷定該書即明羅洪先之《增補朱思本廣輿圖》。孫星衍在著録、考訂版本的同時，還根據序跋或史傳記載等糾正了一些前人著録的錯誤。如元版《古今韻會舉要》三十卷，舊多題昭武黄公紹撰。孫星衍據熊忠序稱「同郡在軒先生黄公公紹作《古今韻會》。僕惜其編帙浩瀚，隱屏以來，因取《禮部韻略》，增以毛、劉二韻及經傳當收未載之字，别爲《韻會舉要》一編」，斷定《舉要》爲熊氏所撰，糾正了前人之誤。在《平津館鑒藏書籍記》中，孫星衍注重考鏡版本源流，使之綱舉目張。如明版《三輔黄圖》傳世的版本不止一個，孫星衍指出：先有華容嚴公刻本，又有嘉靖劉景韶刻本，萬曆十五年郭子章本係從劉本翻刻。經其梳理，版本源流清晰可見。

孫星衍在鑒别版本的實踐中積累了豐富的辨僞經驗。如舊寫本《文苑英華》一千卷，中多闕卷，書賈往往割一卷爲兩卷以充全數。元版《分類補注李太白詩》，《天禄琳琅書目》著録爲二十五卷，此本僅十八卷，書賈割齊目録以充完書。元版《經史證類大觀本草》三十一卷，前有北宋大觀二年十月艾晟序，艾序後本有「大德壬寅孟春宗文書院刊行」木印，書賈剜去，以充宋刻。凡此種種，孫星衍都能從蛛絲馬跡中辨識真相。此書雖然主要从版本角度記載各書，但也觀照内容方面的價值。如《辯正論》條指出：「此本八卷俱完，其中徵引古書最多，如鄭康成《六藝論》之類，近時輯者皆未之見，尤足以資考證。」就是對該書輯佚價值的重要發現。

總之，《平津館鑒藏書籍記》在版本的著録與考訂上均取得了極大成就，尤其是孫星衍將當時最規範的官纂版本目録《天禄琳琅書目》的做法應用於私家版本目録之修撰，在繼承的基礎上，進一步完善、拓寬了版本目録的著録内容，在將私家版本目録向規範化推進的道路上做出了不可忽視的重要貢獻。

嘉慶十六年，孫星衍引疾歸田後居於金陵。他把未能收入《平津館鑒藏書籍記》的善本重加挑選並撰寫了解題。可惜的是，孫氏生前未能把這些解題編纂成書並刊刻行世。道光十六年，陳宗彝才從孫星衍的兒子孫竹庲處訪得稿本，分爲內、外編各一卷。因孫氏祠堂內有五松園，五松園的匾額叫廉石居，陳宗彝因以《廉石居藏書記》命名該書。

《廉石居藏書記》內編一百二十一篇，外編十四篇，共一百三十五篇。分爲經學、小學、諸子、天文、地理、醫律、史學、類書、詞賦、書畫、説部十一類。陳宗彝《序》云所載「乃先生於所藏宋元槧本及舊鈔諸善本，多《四庫》所未得之秘。録其刊刻年代、人名、前後序跋，視宋晁氏《讀書志》、陳氏《書録解題》更爲精確，洵爲可據之書」。由此可見，《廉石居藏書記》與《平津館鑒藏書籍記》一樣是孫星衍的善本目録。但與《平津館鑒藏書籍記》擬挑選善本進呈御覽的目的不同，《廉石居藏書記》雖然也在一些比較罕見的版本中表達了進呈朝廷的願望，但總體來看，該書沒有太强的功利目的，比較自由隨性。其基本特點是：篇幅長短不一，沒有統一規定的著録義項；版本價值與學術價值並重；理性著録與個性闡發結合，表現出書重宋元、伸漢抑宋、經世致用等比較鮮明的學術傾向。如將《平津館鑒藏書籍記》與《廉石居藏書記》結合起來看，更能體現孫氏收藏善本的面貌和撰寫解題的水平。道光中，陳宗彝將整理的《廉石居藏書記》刻入《獨抱廬叢刻》。光緒十一年，李盛鐸刊入《木犀軒叢書》。光緒中，章壽康復刻入《式訓堂叢書》。光緒三十年，朱記榮又刻入《校經山房叢書》。一九三六年商務印書館《叢書集成初編》本即據《式訓堂叢書》本排印。

除以上兩種善本書目，孫星衍另有一部著録所藏普通本書籍的目録——《孫氏祠堂書目》。嘉慶三年，孫星衍丁母憂歸居金陵，遵父命建孫氏祠堂，以紀念其十五世從祖、明開國功臣孫興祖。興祖謚忠愍，故稱孫忠愍公祠堂。孫星衍把書籍藏於祠堂中，作爲教課宗族子弟的教材。爲統計祠堂藏書的數量，也爲便利宗族子弟循序誦習，孫星衍於嘉慶五年編成《孫氏祠堂書目》。《孫氏祠堂書目》分爲内外編，内編四卷，外編三卷，著録書籍二千餘種。每書著録書名、卷數、著者及其朝代，有的兼及版本。一書有多本、一本有多部者，於版本項注明。

由《孫氏祠堂書目》可以看出，孫星衍與當時專嗜宋元舊本的一些藏書家不同，他的藏書中既有大量通行本，也有不少宋元秘笈，比較典型地體現了兼容並蓄的藏書特色。孫星衍收藏的明吴勉學刊本、明毛晉刊本、清通志堂刊本等在當時都是比較通行的本子。孫星衍特别重視近代和當代人的著作，在《孫氏祠堂書目》記載的兩千多種書中，清人編著、輯佚之作達五百八十餘種，占五分之一左右，另有大量清人校刊本不計在内。這一方面反映了清代著述之豐，另一方面體現了孫星衍古今並重的藏書思想。

《孫氏祠堂書目》的内外編猶如正目與附録，是從教課宗族子弟、使其循序誦習的角度進行編排的。編排順序昭示的是孫星衍的學術傾向與治學路徑。比如於「經學第一」中，把經説分爲古義和雜説，認爲漢魏六朝唐人的經説淵源有自，信實可據，是爲古義；宋明近代説經之書多參臆見，是爲雜説。通過「先以古義，附以雜説」的編排順序，爲家族子弟習經指明了方向。於「諸子第三」中，將周秦諸子之書視爲「古書」，認爲「僞書後出」、唐宋諸子「尤多遊戲之作」，採用「先以古書，附以僞本」的編排順序，旨在教給子弟習讀子書的門徑。在「詞賦第十」中，先列總集，次以别集，重唐前而輕宋後，以「漢魏六朝唐人之文，足資考古，多有舊章，美惡兼存」，自宋以下僅取其優者，入於書目。於「小説第十二」中，亦以宋爲界，尊前而抑後：「稗官野史，其傳有自。宋以前所載，皆有本末，或寓難言之隱，或注所出之書。今則矯誣鬼神，憑虚臆造，並失虞初志怪之意。擇而取之，餘同自鄶焉。」（本段引文皆出《孫忠愍侯祠堂藏書記》）

由上可見，《孫氏祠堂書目》編分内外，内編爲主、外編爲輔，内編所收多爲漢唐著述，外編所附多爲宋明之説，這樣的編排既是孫星衍伸漢抑宋思想的體現，也是他想在子弟身上延續自己的學術思想、治學路徑的具體實踐。

就分類來看，孫星衍没有採用當時已占統治地位的四部分類法，而是把自己的藏書分爲十二類，這是因爲孫星衍的私人藏書數量有限，如果按四部分類，不少小類可能出現收書很少或根本無書的情況，類目便有虚設之嫌，故從自己的藏書實際出發，本著教課宗族子弟、略具各家之學、使子弟循序誦習的實用原則，「分部十二，以應歲周之數」。這十二類是：經學、小學、諸子、天文、地理、醫律、史學、金石、類書、辭賦、書畫、小説。孫星衍又在大類之下設置小類，實行二級分類法。這樣的分類體系既基本符合孫星衍的藏書情況，又爲教課宗族子弟提供了一個循序漸進的閲讀順序，同時也更能體現出孫星衍作爲一個目録學家的革新意識。鄭鶴聲在《中國史部目録學》一書中對這一分類方法予以高度評價，認爲這種分類「實開目録學上未有之先例，而厘然有當於學術」。雖然有人也曾責難孫氏醫律合一不夠恰當，但筆者認爲，孫星衍對此可能有他自己的考慮。可能的原因有二：其一是爲達到「分部十二，以應歲周之數」的目的，以適應按日程教課宗族子弟的需要；其二可能是因爲他所收藏的醫書只有六十六種，律書只有十五種，如單列門類，與其他各類相比，不免有失重之感。但無論如何，孫星衍把醫、律從子、史中獨立出來，這與他「割小學於經學之外，出天文於諸子之中，析地理於史學爲二」（王重民《中國目録學史》分類篇）的革新思想是相一致的。後來，繆荃孫的《藝風藏書記》所採用的十部分類法即直接脱胎於此，是對孫星衍目録學思想的認同與繼承。嘉慶十五年，孫星衍將《孫氏祠堂書目》刊刻行世。

孫星衍二十四歲時，與他相愛甚篤的髮妻王采薇因病辭世。孫星衍以佳偶難得，誓不再娶。四十歲才在祖母勸逼之下納側室並於晚年得子。嘉慶二十三年，孫星衍去世時長子孫竹庼年僅七歲，不能守業，孫氏藏書迅速散出。太平天國時期，孫星衍的藏書散亡殆盡，唯賴此三部書目存其梗概。

今將三部書目合爲一帙，整理出版。《平津館鑒藏書籍記》以陳宗彝《獨抱廬叢刻》本、《廉石居藏書記》以《式訓堂叢書》本、《孫氏祠堂書目》以孫氏自刻本爲底本，並以《木犀軒叢書》本等進行了對校。原書避諱之處均予回改，訛誤、相異之處出校記説明。「平津館鑒藏書籍記」，《獨抱廬叢刻》本扉頁題名如此，各卷卷端題「平津館鑒藏記書籍」；《木犀軒叢書》本扉頁、各卷卷端皆題「平津館鑒藏書籍記」。本次整理，書名作「平津館鑒藏書籍記」，各卷卷端亦從之。《平津館鑒藏書籍記》、《孫氏祠堂書目》由焦桂美整理，《廉石居藏書記》由沙莎整理，全書由杜澤遜教授審訂。爲方便讀者，整理者新編了《平津館鑒藏書籍記》和《廉石居藏書記》的目録。《平津館鑒藏書籍記》於陳宗彝跋後附録《木犀軒叢書》本陶濬宣跋。限於學識，不妥之處，敬請讀者批評指正。

焦桂美　二〇二一年一月二十八日

總目

叢書出版説明……一
整理説明……一
平津館鑒藏書籍記……一
目録……三
序……一九
卷一……二一
卷二……五三
卷三……一〇四
補遺……一三八
續編……一六七
跋　陳宗彝……一八一
附録　跋　陶濬宣……一八三
廉石居藏書記……一八五
目録……一八七
序　陳宗彝……一九五
内編（卷上）……一九七
外編（卷下）……二六一
跋　孫廷鐻……二六八

孫氏祠堂書目

孫氏祠堂書目……二六九
目録……二七一
序……二七三
内編卷一……二七七
外編卷一……二九八
内編卷二……三一六
外編卷二……三四四
内編卷三……三五七
外編卷三……三八二
内編卷四……四〇〇
附録　跋……陶濬宣　四四九

索引

索引……1
書名索引……2
人名索引……74

平津館鑒藏書籍記

〔清〕孫星衍 撰　焦桂美 整理　杜澤遜 審定

平津館鑒藏書籍記目録

序……一九
卷一……二一
宋版……二一
附釋音毛詩注疏二十卷……二一
儀禮十七卷……二二
附釋音禮記注疏六十三卷……二二
附釋音春秋左傳注疏六十卷……二二
監本附音春秋公羊注疏二十八卷……二三
監本附音春秋穀梁注疏二十卷……二三
孝經注疏九卷……二三
釋名八卷……二四
纂圖互注老子道德經二卷……二四
纂圖互注南華真經十卷……二五
沖虚至德真經八卷……二五
纂圖互注荀子二十卷……二五
纂圖互注揚子法言十卷……二六
中説十卷……二六
纂圖互注荀子二十卷……二七

纂圖互注南華真經十卷……二七
劉子十卷……二七
疑龍經一卷……二八
新編方輿勝覽七十卷……二九
本草衍義二十卷……二九
東萊先生校正南史詳節二十五卷……二九
通鑑紀事本末四十二卷目録一卷……三〇
西山先生真文忠公文章正宗二十四卷
目録一卷……三〇
新刊唐陸宣公集二十二卷目録一卷……三〇
朱文公校昌黎先生文集四十卷……三一
增廣注釋音辯唐柳先生集四十三卷
別集二卷外集二卷附録一卷……三二
增廣注釋音辯唐柳先生集四十三卷……三二

元版

春秋啖趙二先生集傳纂例十卷……三三
讀論語叢説三卷……三三
古樂府十卷……三四
古今韻會舉要三十卷……三四
新增説文韻府羣玉二十卷……三五
吕氏春秋二十六卷……三五
夢谿筆談廿六卷……三六
困學紀聞二十卷……三六

中吳紀聞六卷……三六
金陵新志十五卷……三七
茅山志十五卷……三七
新刊補注釋文黃帝内經素問
十二卷……三八
經史證類大觀本草三十一卷……三八
類證增注傷寒百問歌四卷……三九
新刊東垣先生蘭室秘藏三卷……三九
奇效良方六十五卷……四〇
故唐律疏議三十卷……四〇
南史八十卷……四一
資治通鑑二百九十四卷……四一
通鑑續編二十四卷……四二
戰國策十卷……四二
吳越春秋十卷……四三
吳越春秋十卷……四三
范文正公遺跡一册不分卷數……四四
增入諸儒杜氏通典詳節四十二卷
……四四
新刊初學記三十卷……四五
事類賦三十卷……四五
新編古今事文類聚前集六十卷後集
五十卷續集二十八卷別集二十二
卷新集三十六卷外集十五卷……四六
玉海二百四卷……四六
新編事文類聚翰墨大全甲集十二卷
乙集九卷丙集五卷丁集五卷戊集
五卷己集七卷庚集二十四卷辛集
十卷壬集十二卷癸集十一卷後甲
集八卷後乙集三卷後丙集六卷後

丁集八卷後戊集九卷共一百三十四卷……四七
羣書備數十二卷……四七
文選六十卷……四八
唐詩始音輯注一卷正音輯注六卷遺響輯注七卷……四八
駱賓王文集十卷……四九
分類補注李太白詩十八卷……四九
集千家注分類杜工部詩廿五卷……五〇
集千家注分類杜工部詩廿五卷……五一
集千家注分類杜工部詩廿五卷……五一
增刊校正王狀元集注分類東坡先生詩廿五卷……五一
蒼崖先生金石例十卷……五二
卷二……五三
明版……五三
周易兼義九卷……五三
毛詩注疏二十卷……五四
吕氏家塾讀詩記三十二卷……五四
周禮注疏四十二卷……五四
儀禮注疏十七卷……五五
儀禮注疏十七卷……五五
儀禮注疏十七卷……五六
儀禮二十卷……五六
大戴禮記十三卷……五六
春秋公羊注疏廿八卷……五七

春秋穀梁注疏廿卷……五七
爾雅注疏十一卷……五八
白虎通德論二卷……五八
五經圖六册不著卷數……五八
六書本義十二卷……五九
新刊大廣益會玉篇三十卷……五九
大明正德乙亥重刊改併五音類聚四聲篇十五卷……六〇
新校經史海篇直音五卷……六〇
廣韻五卷……六一
韻補五卷……六一
大明正德乙亥重刊改併五音集韻十五卷……六二
洪武正韻十六卷……六二
六子全書……六三
六子全書……六三
劉向新序十卷劉向説苑二十卷……六四
管子廿四卷……六四
南華真經十卷……六五
新鐫葛稚川内篇外篇四卷……六五
太上黄庭内景玉經一卷……六五
神僧傳九卷……六六
墨子十五卷……六六
吕氏春秋廿六卷……六七
淮南鴻烈解二十八卷……六七
論衡卅卷……六八
中華古今注三卷……六八
北溪先生字義二卷附録嚴陵講義四篇……六八
東觀餘論二卷……六九

武經總要前集二十二卷後集
二十一卷行軍須知二卷……七〇
武經直解廿五卷……七〇
山海經十八卷……七一
三輔黄圖六卷……七一
大明一統志九十卷……七二
廣輿圖一册……七二
古今遊名山記十七卷……七二
重刊巢氏諸病源候總論五十卷
……七三
重修政和經史證類備用本草卅卷
……七三
重修政和經史證類備用本草三十卷
……七四
鼎雕銅人腧穴鍼灸圖經三卷……七四
千金寶要六卷……七五
律條疏議三十卷……七五
史記百三十卷……七六
漢書百卷……七六
漢書百卷……七七
後漢書百三十卷……七八
班馬異同卅五卷……七八
舊唐書二百卷……七九
漢紀三十卷……七九
元經薛氏傳十卷……八〇
古史六十卷……八一
司馬温公經進稽古録廿卷……八一
通鑑紀事本末四十二卷目録一卷
……八一
世説新語上中下三卷……八二

后鑒録三卷……………………八二
大唐六典三十卷………………八三
杜氏通典二百卷………………八三
文獻通考三百四十八卷………八四
至大重修宣和博古圖録三十卷…八四
泊如齋重修宣和博古圖録卅卷
……………………………………八四
歷代鐘鼎彝器款識法帖廿卷…八五
歷代帝王法帖釋文考異十卷…八五
秦漢印統八卷…………………八六
初學記卅卷……………………八六
太平御覽一千卷目録十卷圖書綱目
一卷……………………………八七
新編纂圖增類羣書類要事林廣記
前集十卷後集十卷……………八七
經籍考七十六卷………………八八
六臣注文選六十卷……………八八
六臣注文選六十卷……………八九
玉臺新咏十卷…………………八九
古文苑廿一卷…………………九〇
重校正唐文粹一百卷…………九〇
宋文鑑一百五十卷……………九〇
蔡中郎集十卷外傳一卷………九一
蔡中郎文集十卷外傳一卷……九一
曹子建集十卷…………………九二
嵇中散集十卷…………………九二
陸士衡文集十卷陸士龍文集十卷
……………………………………九三

梁昭明太子文集五卷……九三
陳伯玉文集十卷附録一卷……九三
張説之文集二十五卷……九四
王摩詰集十卷……九四
高常侍集十卷……九五
岑嘉州集八卷……九五
集千家注杜工部詩集廿卷……九六
顔魯公文集十五卷附補遺一卷年譜一卷行狀一卷碑銘一卷舊史本傳一卷新史本傳一卷……九六
唐劉隨州詩集十一卷……九七
河東先生集四十五卷目録一卷……九七
唐劉賓客詩集六卷……九八
孟東野詩集十卷……九八
樊川文集二十卷外集一卷别集一卷……九九
孫可之文集十卷……九九
唐皮日休文藪十卷……九九
歐陽文忠公全集一百五十三卷……一〇〇
蛟峰集七卷附山房先生遺文一卷外集四卷……一〇一
花間集十卷……一〇一
類編草堂詩餘四卷……一〇一
文心雕龍十卷……一〇二
全唐詩話三卷……一〇二
宣和書譜廿卷……一〇二
齊東野語廿卷……一〇三

卷三……一〇四

舊影寫本……一〇四

聖宋皇祐新樂圖記三卷……一〇四
琴史六卷……一〇四
廣黄帝本行記一卷……一〇五
軒轅黄帝傳一卷……一〇五
神機制敵太白陰經十卷……一〇六
玉曆通政經二卷……一〇六
五變中黄經一卷……一〇七
奇門遁法一册……一〇七
華陽國志十二卷……一〇七
臨安志六卷……一〇八
新定嚴州續志十卷……一〇八
南嶽總勝集三卷……一〇九
外臺秘要方四十卷……一〇九
洗冤集録一卷……一一〇
續資治通鑑長編一百八卷……一一〇
新刊監本大字册府元龜一千卷……一一一
朝野類要五卷……一一一
大金集禮四十卷……一一二
古玉圖譜卅二册……一一二
蘭亭博議一卷……一一三
北堂書鈔一百六十卷……一一三
全芳備祖前集廿七卷後集卅一卷……一一四
唐四傑詩集四卷……一一四
沈下賢文集十二卷……一一五
司空表聖文集十卷……一一五

禪月集廿五卷……一一五
徐騎省文集卅卷……一一六
王黃州小畜集卅卷……一一六
乖崖先生文集十二卷……一一七
東觀集七卷……一一七
徂徠文集廿卷……一一八
青山集六卷……一一八
陵陽先生詩四卷……一一九
雪溪詩五卷……一一九
玉瀾集一卷……一一九
方是閒居士小藁二卷……一二〇
馬石田文集十五卷附録一卷……一二〇
圭塘欸乃集一卷……一二一
續夷堅志前後集二卷……一二一

影寫本……一二二
春秋分記九十卷……一二二
樂書二百卷目録一卷……一二三
晏子春秋八卷……一二三
虎鈐經二十卷……一二三
靈臺秘苑十五卷……一二四
大唐開元占經一百二十卷目録二卷……一二四
乾象通鑑一百卷……一二五
乾道臨安志三卷……一二五
輿地紀勝二百卷……一二五
咸淳臨安志一百卷……一二六
重修毘陵志三十卷……一二六
吳都文粹十卷……一二六
華氏中藏經三卷……一二七

素問六氣玄珠密語十卷……一二七
廣成先生玉函經并序一卷……一二八
王氏百一選方八卷……一二八
皇朝編年備要卅卷……一二九
孔氏祖庭廣記十二卷……一二九
大唐開元禮一百五十卷……一三〇
秘書志十一卷目録一卷……一三〇
寶刻叢編廿卷……一三〇
蘭亭續考二卷……一三一
太平御覽一千卷……一三一
蔡中郎文集十卷外傳一卷……一三二
鮑氏集十卷……一三二
王無功集三卷……一三二
華陽陶隱居集二卷……一三三
樂府雅詞三卷拾遺二卷……一三三

外藩本……一三四
孝經一卷……一三四
孝經鄭注一卷……一三四
樂書要録三卷……一三五
羣書治要五十卷……一三五
兩京新記一卷……一三五
王翰林集注黃帝八十一難經五卷……一三六
文館詞林四卷……一三六
李嶠雜咏二卷……一三七

補遺……一三八

宋版……一三八
魯齋書疑九卷……一三八

纂圖互注南華真經十卷……一三八
元版……一三九
樂書二百卷目録一卷……一三九
老子鬳齋口義二卷……一四〇
傷寒論注解十卷……一四〇
通志二百卷……一四一
集千家注批點杜工部詩集廿卷……一四一
唐陸宣公集廿二卷目録一卷……一四二
松雪齋文集十卷外集一卷行狀謚文一卷目録一卷……一四二
明版……一四三
周禮十二卷……一四三
周禮十二卷……一四三
禮記廿卷……一四四
六書本義十二卷……一四四
金石韻府五卷……一四四
十二子書……一四五
性理大全書七十卷……一四六
北溪字義二卷……一四六
法顯傳一卷……一四七
高僧傳十四卷……一四七
辨正論八卷……一四八
甄正論三卷……一四八
集沙門不應拜俗等事六卷……一四九
新刊四明先生高明大字續資治通鑑節要廿卷……一四九
直説通略十卷……一四九

東萊先生音注唐鑑廿四卷……一五〇
劉向古列女傳八卷……一五〇
初學記三十卷……一五一
新增直音說文韻府羣玉廿卷……一五一
類聚古今韻府續編四十卷……一五二
陳伯玉文集十卷附録一卷……一五二
陳伯玉文集十卷附録一卷……一五三
龍川先生文集卅卷……一五三
多能鄙事十二卷……一五三
舊寫本……一五四
文苑英華一千卷……一五四
會通館印正文苑英華辨證十卷……一五四
李元賓文集六卷補遺一卷……一五五
白石道人詩集一卷……一五六
四明文獻集五卷……一五六
湛然居士文集十四卷……一五六
寫本……一五七
九經疑難四卷……一五七
集篆古文韻海五卷……一五七
續古篆韻六卷……一五八
通玄真經十二卷……一五八
列仙傳二卷……一五九
漢武帝内傳一卷……一五九
漢武帝外傳一卷……一五九
意林五卷……一六〇
大宋寶祐四年丙辰歲會天萬年
具注曆一册……一六〇
黄帝龍首經二卷……一六一

黄帝金匱玉衡經一卷……一六一
黄帝授三子玄女經一卷……一六一
遁甲符應經三卷……一六二
輿地廣記三十八卷……一六二
史載之方二卷……一六三
陳氏小兒病源方論四卷……一六三
穆天子傳六卷……一六三
疑獄集前集一卷後集一卷續集二卷
附録許襄毅公異政一卷……一六四
新刻平寃録一卷……一六四
新刻無寃録一卷……一六五
唐大詔令集一百三十卷……一六五
支遁集二卷……一六五
外藩本……一六六
高麗史一百卌七卷……一六六
續編……一六七
宋版……一六七
周易兼義九卷……一六七
中説十卷……一六八
類編朱氏集驗醫方十五卷……一六八
新刊名臣碑傳琬琰之集上廿七卷中
五十五卷下廿五卷……一六九
元版……一六九
書經集注十卷……一六九
圖繪寶鑑五卷補遺一卷……一七〇
春秋胡氏傳纂疏卌卷……一七〇
明版……一七一
埤雅廿卷……一七一

重修政和經史證類備用本草卅卷……一七一
重刊經史證類大全本草卅一卷……一七二
温隱居備急海上仙方一卷……一七三
南唐書卅卷……一七三
資治通鑑節要廿卷……一七四
大學衍義四十三卷……一七四
增修詩話總龜前集四十八卷後集五十卷……一七五
舊寫本……一七五
道命録十卷……一七五
晏元獻公類要卅七卷……一七六
隸續廿一卷……一七六
寫本……一七七
説文解字十五卷……一七七
錢氏小兒真訣四卷……一七八
急救仙方十一卷……一七八
伊尹湯液仲景廣爲大法四卷……一七九
大明實録六册……一七九
明成祖實録九册……一七九
唐太宗文皇帝集一卷……一八〇
跋……陳宗彝　一八一
附録　《木犀軒叢書》本陶濬宣跋……一八三

序

《平津館鑒藏書記》三卷，洪明經頤煊助予寫録成帙。凡刊刻年代、人名、前後序跋、收藏圖印悉具於册。余參藩東省，駐節安德，與江左一水相通，因擇要用書籍，攜載行笈。每年轉粟東歸，公事多暇，輒與同舍諸名士校訂撰述，以銷永日。於家園藏書纔十之四五耳。曩余游蘇杭及官京師時，所見秘府及市肆舊本甚多，既不能購寫。及官外臺，歲秩優厚，又以地僻無所得。先後從翰林院存貯底本及浙江文瀾〔一〕閣寫録難得之書。或友人遠致古籍，酬以重值，頗有善本及秘府未收之本。阮撫部既補採四庫遺書，進呈乙覽，蒙
御題「宛委別藏」以貯之。或從余寫録世間未有古書以圖續進。念古今藏書家率閱數十年一二世而散佚。獨范氏天一閣傳最久，亦未全備。伏讀《天禄琳琅書目》，知捐金藏珠之盛世，惟以稽古右文爲寶。監司不貢方物，無階附呈。異時擬以善本及難得本彙請名大府進御。存其賸本，藏於家祠。不爲己有，庶永其傳。復恐後人無所稽核，故爲之目。又爲《鑒藏書記》以備考。至此外家藏舊版尚有可觀，俟歸里後續記爲後編。或疑

其好古之僻，則非知我者。

太歲戊辰四月七日，孫星衍撰於河西務舟次。

〔一〕「瀾」原誤作「匯」，據《式訓堂叢書》本改。

平津館鑒藏書籍記卷一

陽湖孫星衍　撰　江寧陳宗彝　校刊

宋版

附釋音毛詩注疏二十卷

每卷又分卷數，首行大題下俱有小黑蓋子。共七十卷。次行題「鄘柏舟詁訓傳第四」。凡標題俱據卷一。此本卷一、卷二俱補寫，故據卷三題款。第三行題「毛詩國風」，空二字，題「鄭氏箋」，空二字，題「孔穎達疏」。每篇前俱載《詩譜》、《詩序》。凡詩俱連《詩序》寫，不另提行。前有孔穎達《毛詩正義序》、《詩譜序》，係後人鈔補。據岳珂《九經沿革例》云：「唐石本、晉銅版本、舊新監本、蜀諸本與他善本，止刊古注。建本、蜀中本，則附音於注文之下。」此本附釋音，當出於南宋閩中所刻。每葉廿行，行十七字，小字行廿三字。有明正德補刻葉。收藏有「襄史」朱文方印。

儀禮十七卷

前後無序跋。十七篇止載經文而無注。黑口版。每葉廿行，行廿字。内有補刻葉。板心上有「閩何校」三字，亦是南宋閩中所刻。末附《儀禮旁通圖》一卷，不題作者姓名。據《天禄琳琅・元刻本》，是宋楊復撰。通志堂有重刊本。

附釋音禮記注疏六十三卷

題「國子祭酒上護軍曲阜縣開國子臣孔穎達等撰，國子博士兼太子中允贈齊州刺史吳縣開國男臣陸德明釋文」。前有《禮記正義序》，不題姓名。孔穎達序係後人鈔補。黑口版。每葉廿行，行十七字，小字行廿三字。有明正德、嘉靖時暨不注年代補刻葉。此本與故相國和珅翻刻宋本行款相同，惟彼本孔穎達序後有「建安劉叔剛宅鋟梓」木長印。此本原序已缺，無從考證。收藏有「孫潛之印」白文方印。

附釋音春秋左傳注疏六十卷

題孔穎達等，陸德明銜名。與《禮記注疏》本同，唯「孔穎達等」字下有「奉勑」

二字。前有孔穎達《春秋正義序》。此與《禮記注疏》皆南宋閩中刊本。每葉廿行，行十七字，小字行廿三字。有明正德、嘉靖年間補刻葉。

監本附音春秋公羊注疏二十八卷

前何休序疏不在卷中。每卷某公俱與大題相連。每葉廿行，行十七字，小字行廿三字。亦有元明補刻葉。岳珂云：「舊新監本不附釋音。」此監本亦附音，當出於岳氏所見刊本之後。《天禄琳琅·宋本》，卷首有景德二年六月中書門下牒文，此本無之。

監本附音春秋穀梁注疏二十卷

題范寧集解，楊士勛疏。每卷某公亦與大題相連。前范寧序下題「國子四門助教楊士勛撰，國子博士兼太子中允贈齊州刺史吳縣開國男陸德明釋文」。序文標題「穀梁」下多一「傳」字。每葉廿行，行十七字，小字行廿三字。亦有元明補刻葉。

孝經注疏九卷

前有《孝經注疏序》，低二格，有《孝經講義小引》，次題「翰林侍講學士朝請大夫守國子祭酒上柱國賜紫金魚袋臣邢昺等奉勅校定」。注疏序文前題「成都府學主鄉貢傅注奉右撰」。每葉廿行，行十七字，小字行廿三字。此本亦南宋刊本，正德六年補刻，而殘缺過多。版心上不標年代者，僅數葉存矣。

釋名八卷

題「劉熙字成國撰」。前有劉熙《釋名序》，後題云「右《釋名》八卷。《館閣書目》云：『漢徵士北海劉熙字成國撰。推揆事源釋號，致意精微。』《崇文總目》云：『熙即物名以釋義，凡廿七目。』臨安府陳道人書籍鋪刊行」六十字。每葉廿行，行廿字。

纂圖互注老子道德經二卷

題「河上公章句注釋」。自《體道》至《顯質》八十一章，目録分作四卷。前有葛玄《道德經序》、《老氏聖紀圖》、《混元三寶圖》、《初真内觀静定圖》、《金丹圖》。卷中有重意、重言、互注、解曰者，俱非本注，用黑蓋子别之。黑口版。每葉廿二行，行廿一字。

纂圖互注南華真經十卷

題「晉郭象子玄注，唐陸德明音義」。前有郭象《南華真經序》、《莊子太極説》、《周子太極圖説》。重意、重言、互注俱用黑蓋子別出。黑口版。每葉廿二行，行廿一字。

沖虛至德真經八卷

次行題「列子」、「張湛處度注」。前有張湛《列子序》，《沖虛真經目録》，題「唐當塗縣丞殷敬順釋文」。目録後有劉向校上《列子》奏。黑口版。每葉廿行，行廿一字。

纂圖互注荀子二十卷

題「唐大理評事楊倞注」。自《勸學》至《堯問》三十二篇。前有元和十三年楊氏《荀子序》、《荀子敧器圖》、《天子大路圖》、《龍旗九斿圖》。重意、重言、互注俱用黑蓋子別出。黑口版。每葉廿二行，行廿一字。

纂圖互注揚〔一〕子法言十卷

題「晉李軌、唐柳宗元注」。次行題「聖宋宋咸、吴秘、司馬光重添注」。前有宋咸《重廣注揚子法言序》，景祐四年宋咸《進法言表》，司馬温公《注揚子序》、《渾儀圖》、《五聲十二律圖》。重意、重言、互注俱用黑蓋子别出。黑口版。每葉廿二行，行廿一字。宋咸序後有「本宅今將監本四子纂圖互注附入重言重意，精加校正，竝無訛謬，謄作大字刊行，務令學者得下損」木長印。

〔一〕「揚」原作「楊」，據《式訓堂叢書》本改。

中説十卷

題「阮逸注」。前有阮逸《文中子中説序》、《文中子纂事》。一爲世系，一爲年表。黑口版。每葉廿二行，行廿一字。自《老子》以下巾箱本《六子》，皆南宋坊間所刻。據《法言序》後木印，纂圖互注監本大字，止有《四子》，後改巾箱本，又添人重言、重意暨《列子》、《中説》共爲六子。《天禄琳琅》所藏纂圖互注本，止有《荀子》、《南華真經》

兩種，而此册《六子》猶全。

纂圖互注荀子二十卷

標題、行數、字數、序文、圖説俱與前巾箱本無異。唯每版稍高一分，字畫亦有減省之異，當是南宋中重刊别本。收藏有「鼐印」白文方印、「大季氏」朱文方印。

纂圖互注南華真經十卷

晉郭象子玄注，唐陸德明音義。前圖已殘缺。巾箱本「互注」等字俱用黑蓋子，此本俱以重欄綫别之。巾箱本、音義本字用方綫，此本多用黑蓋子。此本當出於巾箱本之後。黑口版。每葉廿四行，行廿六字。收藏有「書帶草堂」朱文長印。

劉子十卷

目録前題「劉子《新論》，梁通事舍人劉勰撰，播州録事參軍袁孝政注」。自《清神》至《九流》五十五篇。巾箱本。每葉廿二行，行十八字。左欄綫外上俱標篇名。宋諱貞、慎、恒字俱缺筆。字畫清勁，是宋刻之佳者。此書《唐志》作劉勰撰，陳氏《書録解題》、晁氏《讀書志》俱據袁孝政序文，作北齊劉晝撰。此本無袁序而題作劉勰，與《唐志》同。又目録與卷一、卷二字畫不同，是後人補刻。據盧氏《羣書拾補》所校《道藏》本，此本殘脱猶多。收藏有「趙氏子昂」朱文方印、「揚州季氏」藍文長印、「滄葦」藍文長印、「振宜之印」藍文方印、「季振宜藏書」藍文小長方印、「御史振宜之印」白文方印、「良惠堂沈淪九川印」朱文長印、「鑒定法書之印」朱文長方印、「九川」朱文方印、「志雅齋」朱文方印、「沈文私印」白文長方印、「宗伯」朱文方印、「菽谿」白文長印、「菽谿草堂」朱文方印。

疑龍經一卷

題唐國師楊筠松撰。《疑龍》三篇，後附《疑龍十問》、《衛龍篇》、《變星篇》。又《補遺》下有長木印記云「《龍經》一書，刊行久矣。今得贛本，於《疑龍》、《變星》之外，又有《斷制粹言》及《形穴》所屬星象，議論尤爲詳備，併刊於後」云云。黑口版。每葉廿八行，行廿五字。

新編方輿勝覽七十卷

題「建安祝穆和父編」。前有嘉熙己亥吕午序、嘉熙己亥祝穆序。所述止南宋版圖。首載建置沿革。次事要，分十八子目。末四六聯句，皆備南京幕府酬應之用。黑口版。每葉小字廿八行，行廿八字。收藏有「高卧樓」白文方印、「臣璐私印」朱文方印、「半查」朱文方印、「叢書樓」白文長方印、「李氏寒香閣藏書記」朱文方印。

本草衍義二十卷

題通直郎添差充收買藥材所辨驗藥材寇宗奭編撰。前有政和六年十二月二十八日付寇宗奭劄，後題「宣和元年月本宅鏤板印造，姪宣教郎知解州解縣丞寇約校勘」。書本二十卷，目録作十七卷，未知其故。黑口版。每葉廿四行，行廿一字。

東萊先生校正南史詳節二十五卷

題「唐李延壽」。前有南北國都地理圖、宋齊梁陳世系圖。巾箱本。黑口版。每葉廿八行，行廿四字。欄綫上有每事標題，又帝紀、列傳，俱記其名於欄綫之左。東萊吕氏本有《十七史詳節》，此特其一種耳。

通鑑紀事本末四十二卷目録一卷

題「建安袁樞編」。前有淳熙元年楊萬里叙。此書宋有二刻本。一刻於嚴陵，即萬里叙本。一刻於寶祐，趙與篡以嚴陵版小易爲大字。此即大字本也。而缺與篡叙一篇。每葉廿二行，行十九字。

西山先生真文忠公文章正宗二十四卷目録一卷

前當有序文，此本已失。書分辭命、議論、叙事、詩賦四類。黑口版。每葉廿行，行廿一字。旁有句讀圈點。與《天禄琳琅》寬行大字宋本不同。洪頤煊曰：《三國志·諸葛亮傳》裴注引亮《再出師表》云：「自臣到漢中，中間朞年耳，然喪趙雲、陽羣、馬玉、閻芝、丁立、白壽、劉郃、鄧銅等。」學者疑趙雲此時尚存，不應有此言。及觀此書卷十一載亮《再出師表》「喪」字實作「表」字，始悟俗本之譌。收藏有「寶樹借觀」朱文方印。

新刊唐陸宣公集二十二卷目録一卷

分《制誥》十卷、《奏草》六卷、《中書奏議》六卷。前有權德輿《翰苑集序》、

《本朝名臣進奏議劄子》二篇，唐陸宣公像。據權序，《制誥集》十卷，《奏草》七卷，《中書奏議》七卷。此本《奏草》、《奏議》各少一卷，與序所稱不同。陳氏《書録解題》有《翰苑集》十卷、《牓子集》十二卷。《翰苑集》疑即《制誥》，《牓子集》疑即《奏草》與《中書奏議》，然又别是一本。黑口版。版心俱題「奏議」。每葉廿行，行廿字。收藏有「獲古堂印」朱文方印。

朱文公校昌黎先生文集四十卷

題「晦庵朱先生考異、留耕王先生音釋」。目録一卷，題「李漢編集」。前有朱文公《韓文考異序》，闕末葉。寶慶三年王伯大序，闕首二葉。諸家姓氏，李漢序，汪季路書，朱文公校集凡例。末有題識云「右凡例十二條，乃南劍官本所載。按：朱文公校《昌黎集》，又著《考異》十卷，在正集之外自爲一書。留耕王先生倅南劍時，并將《考異》附於正集本文之下，以便觀覽。又集諸家之善，更定音釋，猶未附入正集，仍於逐卷之左，空其下方以待竄補。今本宅所刊，係將南劍州官本爲據，併音釋附正集焉，使觀者一目可盡」云云。此刻又當在寶慶後矣。末附《遺文》一卷、《集傳》一卷。黑口版。每葉廿六行，行廿三字。收藏有「讀書樓」白文長印、「任奎之印」白文方印。

增廣注釋音辯唐柳先生集四十三卷別集二卷外集二卷附録一卷

題「南城先生童宗説注釋，新安先生張敦頤音辯，雲間先生潘緯音義」。前有夔州刺史劉禹錫序、《柳先生年譜》。據後本，當有陸之淵序文，疑此本脱去。別集、外集、附録、總目，既列在正集目録之後，又別刻在當卷之首，殊爲重複。黑口版。每葉廿六行，行廿三字。收藏有「季振宜藏書」朱文小長方印。

增廣注釋音辯唐柳先生集四十三卷

題童宗説、張敦頤、潘緯，俱同前本。前有劉禹錫序，又有乾道三年陸之淵《柳文音義序》，即爲潘緯作也。末附別集上下兩卷，已殘缺不全。黑口版。每葉廿六行，行廿三字。此本與前本行款毫髮無異，惟前本目録後有別集、外集、附録、目録，此本雖有別集而無目録，亦無別刻之葉。細審之，版式與前本差減一分，間有字畫減不減之異。又紙色頗不及前，故知其模刻當在後也。

元版

春秋啖趙二先生集傳纂例十卷

題「陸淳纂」。前有慶曆戊子朱臨序，《春秋集傳辨疑》凡例。每葉廿行，行廿字。孫退谷墨蹟題識云「延祐五年十一月，集賢學士曲出言：『唐陸淳所著《春秋纂例》、《辨疑》、《微旨》三書，有益後學，請令江西行省鋟梓以廣其傳。』從之。此當日鋟本，余求之十年，始見之」云云。其爲前輩珍重如此。收藏有「北平孫氏」朱文方印、「北平孫氏硯山齋圖書」朱文方印、「范士楫印」白文方印、「其生父」白文方印、「禹蹟」朱文方印、「敏求齋圖書印」白文長印、「靜遠齋藏書記」朱文長印、「匪棘堂」朱文長印、「果親王府圖籍」朱文方印又朱文長印、「果親王點定」朱文長印。

讀論語叢説三卷

題「東陽許謙」。前有至正七年張樞序，稱：「右白雲先生文懿許公所著《讀書叢説》六篇，先生之子元與門人俞實殳等之所校讐。」此本止《論語》三卷，《四庫全書》

本又止《大學》一卷、《中庸》一卷、《孟子》二卷，或即此書之缺。據張序稱：「先生所著《詩名物鈔》八篇、《四書叢説》二十篇、《讀書叢説》六篇。」《元史》本傳作廿卷者，非此書也。黑口版。每葉小字卅二行，行廿六字。

古樂府十卷

題「豫章左克明編次」。前有至正丙戌左克明序，稱其爲卷十，爲類八，冠以古歌謡詞，終以雜曲。每葉廿四行，行廿一字。收藏有「海鹽姚叔祥藏」白文方印。

古今韻會舉要三十卷

前有壬辰劉辰翁《韻會序》、丁酉熊忠序、孛朮魯翀序、至順二年余謙題字。又有《古今韻會舉要凡例》一卷，題「昭武黄公紹直翁編輯，昭武熊忠子中舉要」。《禮部韻略七音三十六母通考》一卷。黑口版。每葉廿二行，行廿三字。熊序稱：「同郡在軒先生黄公公紹作《古今韻會》。僕惜其編帙浩瀚，隱屏以來，因取《禮部韻略》，增以毛、劉二韻及經傳當收未載之字，别爲《韻會舉要》一編。」是《舉要》爲熊氏所撰。熊序後有坊刻陳宲告白木印云：「宲昨承先師架閣黄公在軒先生委刊《古今韻會舉要》，凡卅卷。」

孛朮魯翀序亦稱：「文宗皇帝御奎章閣，得昭武黄氏《韻會舉要》寫本。至順二年春，敕應奉翰林文字余謙校正。」竝以《舉要》爲黄氏原書，皆不考之過。

新增説文韻府羣玉二十卷

題「晚學陰時夫勁弦編輯，新吳陰中夫復春編注」。前有翰林滕賓序、至大庚戌江邨姚雲序、吳興趙孟頫題字、大德丁未陰竹埜序。陰復春自序，末題「延祐改元甲寅幼達書」。陰勁弦自序，末題「時遇謹白」。據《千頃堂書目》，時夫名時遇，中夫名幼達，時夫乃中夫之季。竹埜、倦翁又其伯叔也。黑口版。每葉廿二行，行小字廿九字。收藏有「季振宜印」朱文方印、「滄葦」朱文方印。

吕氏春秋二十六卷

前有遂昌鄭元祐序，後有「嘉興路儒學教授陳華至正下有闕字。吳興謝盛之刊」一行，即所謂元嘉禾學宮本也。目録後有《鏡湖遺老記》稱：「此本從太清樓本校定，故視他本爲善。」每葉廿行，行廿字。

夢谿筆談廿六卷

題「沈括存中」。前有括自序。書中「國家」、「詔書」等字俱空一格，知從宋版翻雕。黑口版。每葉廿四行，行十八字。每條次行又低二字。收藏有「陸爰子引」朱文方印、「陸字」朱文小方印、「陸陸子」朱文長印、「東岡病叟」朱文方印、「石塘居士」朱文方印。

困學紀聞二十卷

題「浚儀王應麟伯厚」。卷二以下下有「甫」字。前有泰定二年門人袁桷叙。至治二年牟應龍序，後有「牟應龍印」、「牟伯成父」、「儒林世家」三木小方印。目録前有深寧叜識語，後有「伯厚甫」、「深寧居士」二木方印。黑口版。每葉廿行，行十八字。此書後有泰定二年十二月癸卯慶元路儒學教授吳郡陸晉之叙，今缺。

中吳紀聞六卷

題「崑山龔明之」。前有淳熙元年龔明之序，次目録一卷，末有至正廿五年武寧盧熊記。卷六「石湖」下八條，有目無書。明毛晉刊本即從此本翻雕。黑口版。每葉廿二行，行廿一字。

金陵新志十五卷

前有甲申四月江南諸道行御史臺都事索元岱序，鈔録修志文移，臺府提調官掾職名，修志本末。題「前奉元路學古書院山長張鉉輯」。末有督刊姓氏。此即元至正四年刊本也，内亦有明補刊葉。十八行，行十八字。

茅山志十五卷

題「上清嗣宗師劉大彬造」。自《誥副墨》至《金薤編》，凡十二篇。小題俱與大題相連。前有泰定甲子趙世延、泰定丁卯吳全節、天曆戊辰劉大彬三序。末卷後有「金華道士錢塘西湖隱真庵開山何道堅施梓」十八字。據明道士張全恩刻本，有舊序稱：「此志編於劉大彬，傳於趙孟頫，贊於虞集，書於張伯雨，世稱四絕。」此本疑即伯雨所書。洪頤煊曰：《金薤編》有續刻三葉，又有明淮南冀綺《登茅山詩》，皆後人所附。黑口版。每葉廿六行，行廿三字。

新刊補注釋文黄帝内經素問十二卷

題「啟玄子次注，林億、孫奇、高保衡等奉勅校正，孫兆重改誤」。前有啟玄子王冰《黄帝内經素問序》，後題「將仕郎守殿中丞孫兆重改誤」。《明史·藝文志》「孫兆《素問注釋考誤》十二卷」，誤以孫兆爲明人。《總目》一卷，後題云：「元本廿四卷，今併爲一十二卷刊行。」《總目》前有「本堂今求到元豐孫校正家藏善本重加訂正分爲一十二卷」云云木長印。《總目》後亦有木長印，字已滅去。卷十二後有「至元己卯菖節古林書堂新刊」十二字木長印。洪頤煊曰：晁氏《讀書志》、陳氏《書録解題》此書廿四卷，《四庫全書》本亦廿四卷，皆與此本異。末附《素問入式運氣論奥》三卷，前有元符己卯朝散郎太醫學司業劉温舒序，《黄帝内經素問遺篇》一卷。黑口版。每葉廿三行，行廿三字。

經史證類大觀本草三十一卷

題「唐慎微纂」。前有大觀二年十月朔通仕郎行杭州仁和縣尉管句學事艾晟序，即陳氏《書録解題》所見本也。然惟序文、目録、卷一題作《經史證類大觀本草》，卷二以下「大觀」改「大全」。據艾序，又本名《經史證類備急本草》。艾序後本有「大德壬寅孟春宗文書院刊行」木印，爲書賈剜去，以充宋刻。又闕三十、三十一兩卷。黑口版。每葉廿四行，行廿字。收藏有「全之」朱文方印、「狀元裔」朱文方印、「文璧印」白文方印、「徵明」朱方印、「明榮禄大夫少保兵部尚書□□□節愍公書畫子孫保鬻及借人爲不孝□□□□□□□」卅八字朱文大方印。

類證增注傷寒百問歌四卷

卷一爲《傷寒解惑論》，前有乾道癸巳湯尹才序，《解惑論》即尹才所撰。末有淳熙壬寅韓玉跋。卷二以下爲《傷寒百問》，題「建寧府通守錢聞禮撰」。前有至大己酉武夷詹清子子敬序。此書爲曹仲立取湯、錢兩書合刻，詹氏序而行之。黑口版。巾箱本。每葉廿二行，行廿一字。

新刊東垣先生中、下兩卷作《東垣十書》。**蘭室秘藏三卷**

題「東垣老人李杲撰」。目録一卷。《四庫全書》本，前有至元丙子羅天益序，此本無之。巾箱本。黑口版。每葉廿行，行十七字。

奇效良方六十五卷卷一「方」下有「論」字。

題「奉政大夫太醫院院使吴興方賢纂集，修職郎太醫院御醫臨江楊文翰較正」。前後無序跋。《明史·藝文志》「方賢《奇效良方》六十九卷」。此本尚缺四卷。書中稱「中書右丞相合剌合孫至元癸未季春一日奉勅治之」。賢乃元人，書中詔、勅、上、命等字俱提行寫，當爲元時所刊。黑口版。每葉廿二行，行廿四字。

故唐律疏議三十卷

題「太尉楊州都督監修國史上柱國趙國公長孫無忌等撰」。前有目録一卷，進律表疏一卷，總目一葉，泰定四年柳贇序，泰定二年劉有慶序。《唐律釋文序》，不題撰人姓名。每卷後各附釋文并圖，俱題「奉訓大夫江西等處行中書省檢校官王元亮重編」。末卷後有「考亭書院學生余資編校」十字。柳贇序後有「至順壬申五月印」七字。劉《唐律釋文序》後有「崇化余志安刊於勤有堂」木長印。黑口版。每葉廿四行，正文行廿一字，注行廿三字。嘉慶丁卯余重雕於吴門。

南史八十卷

小題在上，大題在下。次行題「李延壽」三字。前後無序跋。末卷末葉板心下，題「桐學儒生趙良粢謹書，自起手至閣筆凡十月」小字二行。《宋史・宗室世系表》「商王房」下有良粢，未知是此人否。然審其模印紙色，宋諱俱不缺筆，當是元時所刻。每葉廿行，行廿字。收藏有「史鑑之章」、「子孫保之」、「西史邨人」三白文方印、「果親王府圖書記」朱文長印。

資治通鑑二百九十四卷

題「朝散大夫右諫議大夫權御史中丞充理檢使上護軍紫金魚袋臣司馬光奉敕編集，此據第一卷所題銜名，餘卷首銜名隨官改換。後學天台胡三省音注」。前有元豐七年光進書表并獎諭詔書，元祐元年下杭州鏤版銜名，紹興二年下紹興府餘姚縣印造銜名。皆宋刊《資治通鑑》原帙。袁桷《清容集》載：「胡三省，天台人，寶祐進士。賈相館之，釋《通鑑》三十年。兵難，稿三失。乙酉歲，留袁氏家塾，日手鈔注定。己丑，寇作，以書藏窖中，得免。」三省《通鑑》本有自序，亦云乙酉撤編。乙酉爲元世祖至元廿二年。温公《考異》

本別行，此本散入於各條之下。據黄溥《簡籍遺聞》稱「是書刊於臨海。洪武初，取其版藏南京國學」。即此本也。洪頤煊曰：此本模印皆用明成化年間案牘廢紙，其紙背有和州之印、應天府經歷司印、江寧縣印、當塗縣印、建陽衛指揮使印、六安衛指揮使印，完全可辨，皆可爲版藏南京國學之證。黑口版。每葉廿行，行廿字。

通鑑續編二十四卷

題「陳桱」二字。前有至正廿一年周伯琦序，末有「太史氏」、「行中書」、「周氏伯温」三木印。至正十八年陳基序，末有「陳基私印」、「陳氏敬初」二木印。至正廿二年張紳序，末有「雲門山樵」、「山東張紳士行」二木印。至正十年陳桱自序，末有「陳桱私印」、「陳氏子經」、「隆國世家」三木印。書紀盤古至高辛爲一卷，契丹建國之始合五代爲一卷，宋爲廿二卷。黑口版。每葉十八行，行廿一字。收藏有「弱侯」朱文長印。

戰國策十卷

題「縉雲鮑彪校注，東陽吴師道重校」。前有《戰國策》劉向序、曾鞏序、紹興十七年鮑彪《國策校注序》、泰定二年吴師道序。至正十五年陳祖仁序稱：「浙西掾劉瑛廷修刻梓學宮。」末卷尾有「平江路儒學正徐昭文校勘」十一字。黑口版。每葉廿二行，行廿字。

吳越春秋十卷

題「後漢趙曄撰」。前有徐天祐序，不題年月，稱：「曄書，越舊嘗鋟梓，歲久不復存。汴梁劉侯來治越，校蒐遺文，重刻於學。不鄙謏聞，屬以考訂。既刊正疑訛，復爲之音注，并考其與傳記同異者，附見於下而互存之。」末卷後有「大德十年歲在丙午三月音注，越六月書成刊版，十二月畢工」廿四字。每葉十八行，行十七字。《四庫全書》元大德十年刻本，序文不著名姓。卷末有徐天祐、留堅、陳昺伯、梁相、劉克昌五人銜名。此本尾張缺半葉，無從考證。未知别爲一本，抑即此本。殘缺互異，不能明也。

吳越春秋十卷

題「後漢趙曄撰」。此即徐天祐音注之本。前無序文，後無刻書年月。其模印紙色是元時所刻。大字板。每葉十八行，行十八字。版收藏有「徵」「明」白文小連珠印、「綺黄」朱文方印、「仲夏世家」白文方印。

范文正公遺跡一册

不分卷數，亦不著撰人姓氏。分山東、吳中、西夏、洛陽。公所至之處，各記其名勝碑記雜文，并冠以圖。收藏有「毗陵九松迂叟藏書記」朱文長印、「周良金印」朱文方印、「顧元慶印」白文方印、「大有」朱文方印、「大石山人」白文方印、「吳郡顧元慶氏珍藏印」朱文方印。

增入諸儒杜氏通典詳節四十二卷

前有唐李翰序，《新纂圖譜》一卷，佑自序。題旨諸儒姓氏，自歐陽修至葉適，凡二十一人。綱目一卷，後有「至元丙戌重新繡梓」八字，不著撰人姓氏。今本《通典》兵、刑分爲二，此本兵附於刑之首，標題不别言兵。晁氏《讀書志》云：「《通典》以食貨、選舉、職官、禮、樂、刑法、州郡、邊防八門，分類叙載。」足證宋本皆如此也。黑口版。每葉廿八行，行廿三字。收藏有「濟之」朱文長印、「王時敏鑒賞書畫記」白文方印、「啟南」朱文方印。

新刊初學記三十卷

題「光禄大夫行右散騎常侍集賢院學士副知院事東海郡開國公徐堅等奉勅撰」。前有紹興四年福唐劉本序，目録一卷。末卷後有題云：「《初學記》三十卷，宋後刻於麻沙。」下尚有字，書賈已剜去。據此，則此本爲元時所刻。黑口版。每葉廿行，行廿字。洪頤煊曰：此本卷一引《爾雅》「疾雷爲霆」，寧壽堂本作「疾雷謂之霆」。「謂之霆」三字，是後剜改。俗本《北堂書鈔》卷一百五十二《事類賦》卷三引《爾雅》「疾雷爲霆」。及觀影宋本《北堂書鈔》、元刻《事類賦》，皆作「疾雷爲霆霓」，此皆俗本妄改之失。臧氏琳《經義雜記》反據以訂《爾雅》，誤矣。

事類賦三十卷

題「宋博士渤海吴淑撰注」。前有淑《進注事類賦狀》，紹興丙寅邊惇德序。末卷後有「宋紹興丙寅右迪功郎特差監潭州南嶽廟邊惇德、左儒林郎紹興府觀察推官主管文字陳綬、右從政郎充浙東提舉茶鹽司幹辦公事李端民校勘」銜名三行。此本爲元時依宋版翻刻，故「紹興」上冠以「宋」字。每卷吴淑銜名後空一行。黑口版。每葉廿二行，行廿字。

新編古今事文類聚前集六十卷後集五十卷續集二十八卷别集二十二卷

題「建安祝穆和父編」。新集三十六卷外集十五卷，題「南江富大用時可編」。前有淳祐丙午祝穆序。每集前俱有目録。《外集》引元官制，書中稱爲「大元」，富大用本元人。《外集》目録後有「泰定丙寅廬陵武溪書院新刊」木長印。巾箱本。黑口版。每葉廿六行，行廿四字。收藏有「莊秀卿家藏圖籍私印」朱文方印、「子孫世享」朱文方印。

玉海二百四卷

題「浚儀王應麟伯厚甫」。《玉海》本二百卷，末四卷爲《詞學指南》。前有至元四年戊寅東陽胡助序，後有「東陽胡助」、「古愚」兩木印。次至正十一年慶元路總管阿殷圖序，至正辛卯王分序。中山李桓序後有「李桓」、「晉仲」兩木印。次至元三年十一月浙東道宣慰使司刊刻《玉海》指揮後有也乞里不花等銜名。目録後有慶元路儒學刊造《玉海》書籍提調官銜名。其《詩考》、《地理考》、《漢藝文志考》、《通鑑地理通釋》、《集解踐阼篇》、《補注急就篇》、《王會篇》、《漢制考》、《小學紺珠》、《姓氏篇》、《六經天文編》、《康成易注》、《通鑑答問》十三種，據至元六年厚孫跋語，亦同時並刊，唯不在目録之中。每葉廿行，行廿字。《玉海》原板藏江寧府學，近年始燬於火。據乾隆五十六年補版印本，元板僅見一二。此本雖亦有正德二年、嘉靖庚戌至丁巳補葉，以視近世行本，真不啻天淵之隔矣。

新編事文類聚翰墨大全

甲集十二卷乙集九卷丙集五卷丁集五卷戊集五卷己集七卷庚集二十四卷辛集十卷壬集十二卷癸集十一卷後甲集八卷後乙集三卷後丙集六卷後丁集八卷後戊集九卷，共一百三十四卷，題「鄉貢進士省軒劉應李希泌編」。前有大德十一年熊禾序，元興地圖十四。此書雖爲時俗酬應而設，其中諸款式、稱謂、禮制，頗見一時風尚。紀元一代官制、輿地、科舉條式尤詳。每葉廿八行，行廿八字。

羣書備數十二卷

題「臨江張九韶美和編」。目録前有自序，後有「臨江張氏」、「美和」、「林下一人」三小木印。書分十二門，略如《小學紺珠》以備記誦之學。九韶，元時累舉不第。洪武間，辟爲清江教諭。此書地名、官制俱至元止，是元時刻本也。黑口版。每葉廿行，行廿一字。收藏有「璜川吴氏收藏圖書」朱文方印。

文選六十卷

題「梁昭明太子選，唐文林郎守太子右内率府録事參軍事崇賢館直學士臣李善注，上奉政大夫同知池州路總管府事張伯顔助率重刊」。前有唐李崇賢《上文選注表》，又載吕延祚《進五臣集注文選表》，開元六年口勑《梁昭明太子文選序》，廉訪使余璉序。據余序，此本爲元池州學所刊。黑口版。每葉廿行，行廿二字。收藏有「吴煒彤文氏字赤岸之印」朱文方印、「高氏一青」朱文方印、「勃海詩宗」朱文方印。

唐詩始音輯注一卷正音輯注六卷遺響輯注七卷

題「襄城楊士弘伯謙編次，新淦張震文亮輯注」。每集有目序、小序。前有唐音名氏，又有至正四年八月楊士弘序并凡例。序後有「楊氏伯謙」木方印、「鑑池春草」木方印、「尚白齋」木長印。《始音》目録後有「廣勤堂」鼎式木印、「建安葉氏鼎新繡梓」木長印。每集後有「鑑池春草」、「尚白齋」兩木印。黑口版。每葉廿行，行十八字。收藏有「季振宜印」朱文方印、「滄葦」朱文方印、「季滄葦圖書記」朱文長印。

駱賓王文集十卷

前有《唐書》本傳。明刻駱集，有四卷、六卷、八卷之本。此本乃元時所刻，與晁氏《讀書志》、陳氏《書録解題》卷數相同。據《書録解題》，卷首有魯國郄雲卿序，而此本無之。洪頤煊曰：宋彭叔夏《文苑英華辨證》引駱賓王《帝京篇》、《寄東臺詳正學士詩》、《釣礠應詰文集》中字，俱與此本相同。俗本《代徐敬業討武氏檄》，此本作《李敬業以武后臨朝移諸郡縣檄》。俗本「六尺之孤何託」，此本作「六尺之孤安在」。與《書録解題》引同。每葉廿二行，行十八字。

分類補注李太白詩十八卷

題「舂陵楊齊賢子見集注，章貢蕭士贇粹可補注」。前有至元辛卯蕭士贇序，目録後有「建安余氏勤有堂刊」八字篆書長木印，又有李陽冰、樂史、宋敏求、曾鞏、毛漸五序，劉全白《李君碣記》，共爲一卷。黑口版。每葉廿四行，行廿字。天禄琳琅藏本，此書本廿五卷。此本缺十九以下七卷。目録作十八卷者，蓋書賈割齊以充完書，末葉版心猶有參差痕迹可辨。洪頤煊曰：此本十八卷止古賦、古風、樂府、歌吟、贈寄、留別、送八類。據繆日芑本分類，當有酬答、遊宴、登覽、行役、懷古、閑適、懷思、感遇、寫懷、詠物、題詠、雜詠、閨情、哀傷十四類。《竹汀先生日記鈔》所見本亦廿五卷。收藏有「朱氏家藏書畫」朱文長印、「葑溪朱氏圖書」朱文方印、「石湖漫士」朱文方印、「顧孔殷印」白文方印、「禹功」朱文方印、「顧氏德育」白文方印、「克承私印」白文方印。

集千家注分類杜工部詩廿五卷

題「東萊徐居仁編次，臨川黄鶴補注」。前有杜工部傳、序、碑銘一卷，後有「廣勤書堂新刊」六字長木印。《杜工部詩年譜》一卷，題臨川黄鶴撰。目録一卷。集注姓氏。《詩門類》後有「三峯書舍」四字鐘式木印、「廣勤堂」三字鼎式木印。黑口版。每葉廿四行，行廿字。據集注姓氏，韓愈、元稹，題唐賢。王禹偁至謝枋得，題宋賢。劉會孟，題時賢。則元時刻本也。收藏有「馮氏藏本」朱文方印、「宋本」二字朱〔一〕文小橢圓印、「長興吳氏汝貴家藏」朱文方印。

〔一〕「朱」，原誤作「宋」，據《木犀軒叢書》本改。

集千家注分類杜工部詩廿五卷

題次、目録、鐘鼎木印、行款，俱同前本。紙色模印，亦不相遠。唯杜工部傳、序、碑銘後無「廣勤書堂新刊」六字長木印，疑後人取别本補之。

集千家注分類杜工部詩廿五卷

題次、目録、鐘鼎木印、行款，俱同前本。紙色模印，亦不相遠。唯失杜工部傳、序、碑銘一卷，年譜一卷。收藏有「爗印」白文小長印、「江陰葛惟善氏珍藏」朱文方印、「旌表節義之門」朱文方印、「用賓」白文方印。

增刊校正王狀元集注分類東坡先生詩廿五卷

題「宋禮部尚書端明殿學士兼侍讀學士贈太師謚文忠公蘇軾、廬陵須溪劉辰翁批點」。前有《東坡先生詩序》，王十朋一篇，趙公夔一篇。集注姓氏題「狀元王公十朋龜齡纂集」，後有「廬陵□□□□原刻靡去。書堂新刊」十字長木印。《東坡紀年録》題「僊溪傅藻編纂」。目録一卷。黑口版。每葉廿四行，行廿一字。旁有黑圈點，注中有增刊者，用黑蓋子別之，亦間載批語。邵長蘅作《王注正譌》，謂此書非十朋所作。《四庫全書》王氏注本三十二卷，分廿九類，此本分七十六類，與《天禄琳琅》本同。而内府本姓氏後長木印作「汪氏誠意齋集書堂新刊」十字，與此本又異。收藏有「退翁」白文方印、「虚寂齋」朱文方印。

蒼崖先生金石例十卷

題「鄱陽楊本編輯校正」。目録前又題「廬陵王思明重校正」。前有至正五年楊本序，至正乙酉傅貴全序，至正五年湯植翁序，至正戊子王思明序。此書爲元潘昂霄所撰。蒼崖者，其號也。至正乙酉，楊本刊於饒州。戊子，王思明復梓之。此本即思明所刻。黑口版。每葉廿行，行廿二字。收藏有「吳翼鳳家藏文苑」白文長印、「鄭敷教印」白文方印、「惠定宇借觀」白文長印、「一字南孫」白文方印。

平津館鑒藏書籍記卷二

陽湖孫星衍　撰　江寧陳宗彝　校刊

明版

周易兼義九卷

題「魏王弼注，唐孔穎達正義」。《繫辭》以下三卷，題「晉韓康伯注」。上下經《兼義》下，連題「上經乾傳卷第一」、「上經需傳卷第二」。餘《隨傳》、《咸傳》、《夬傳》、《豐傳》俱倣此。《繫辭》以下，則別行起。附陸德明《釋文》一卷，《周易畧例》一卷。前有孔穎達《周易正義序》，後有八論。汲古閣本《釋文》、《畧例》俱別刊。唯萬曆北監本與此本，俱附《周易》之後。每葉十八行，行廿一字。版心下有刻字人姓名。收藏有「松陵王氏禹胄孫謀圖書」朱文方印、「王氏禹胄」朱文方印、「孫謀王氏書畫」朱文長印、「繩河」朱文方印。

毛詩注疏二十卷

題「漢鄭氏箋，唐孔穎達疏」。「毛詩國風」四字，汲古閣本在第四行，此本在第二行「漢鄭氏箋」上。前有《詩譜序》，孔穎達《毛詩正義序》。陸德明《音義》附於書中而不別出其名。每葉十八行，行廿一字。版心下刻字人姓名同前。

吕氏家塾讀詩記三十二卷

前有嘉靖辛卯陸釴序，稱：「近得宋本，柱史應臺傅公刻于南昌郡。」又有淳熙壬寅朱子叙。盧氏《羣書拾補》所據以補萬曆癸丑南都刻本缺葉者，即此本也。每葉廿八行，行廿九字。收藏有「陳子龍印」朱文方印、「穎川陳氏較定典籍之章」朱文長印、「練江陳昂之印」朱文方印、「陳先生後人」白文方印、「天都陳氏承雅堂圖籍」朱文方印、「陳氏藏書子孫永寶」朱文長印。末卷後有康熙癸酉陳昂墨蹟二跋。

周禮注疏四十二卷

題「漢鄭氏注，唐賈公彦疏」。鄭氏注下又題「陸德明釋文」，爲他經所無。前有賈公彦《周禮正義序》。結銜，汲古閣本作「唐散騎大夫」，此本作「唐朝散大夫」，與宋本《五經正義表》合。每葉十八行，行廿一字。版心下刻字人姓名同前。

儀禮注疏十七卷

題「漢鄭氏注，唐賈公彦疏」。前有賈公彦《儀禮注疏序》。結銜亦作「唐朝散大夫」。每葉十八行，行廿一字。版心下刻字人姓名同前。

儀禮注疏十七卷

此即前本而摹印稍在後。卷一脱「唐賈公彦」四字，卷七脱「唐〔一〕賈公彦疏」五字，卷八脱「漢鄭氏注唐賈〔二〕公彦疏」九字，卷十一脱「唐賈」二字，卷十四脱「唐」字。

〔一〕「唐」字原缺，據《木犀軒叢書》本補。

〔二〕「賈」字原缺，據《木犀軒叢書》本補。

儀禮注疏十七卷

題「漢鄭玄注，唐賈公彥疏，後學廬陵陳鳳梧編校」。前有賈公彥《儀禮注疏序》。結銜亦作「唐朝散大夫」。鄭注、《釋文》皆作小字，「疏」字用小圓圈别之。前本恒、桓等字，俱依宋本缺筆，此本不缺。黑口版。每葉廿行，行廿二字。收藏有「思日書齋」白文長印、「諸邦正印」白文方印、「貞叔諸氏收藏」朱文長印。

儀禮二十卷

篆書，不著寫人姓氏。末卷後有「□學廬陵陳鳳梧校刊」一行。《儀禮》經文十七篇，又益以《奔喪禮》、《投壺禮》、《深衣》三篇，每篇爲一卷。每葉十八行，行十三字。收藏有「煙客」白文方印、「掃花庵藏書」朱文方印、「楝亭曹氏藏書」朱文長印。

大戴禮記十三卷

題「漢九江太守戴德撰」。前有淳熙乙未韓元吉序。每葉廿行，行十八字。宋諱俱有缺筆。末卷後有「嘉靖癸巳吴郡袁氏嘉趣堂重雕」十三字。收藏有「蔣士弘印」朱文方印、「顧氏循吉」朱文方印。

春秋公羊注疏廿八卷

題「漢何休學」。撰疏人姓名，留黑蓋一行，未刻。何休序疏不刻入卷中，亦題漢何休學。次行題：「明御史李元陽、提學僉事江以達校刊。」前有景德二年中書門下牒。徐彦《公羊疏》，《唐志》不著録。宋《崇文總目》始稱「或云徐彦」，明監本因之。此本不著姓名，頗勝於俗本。每葉十八行，行廿一字。收藏有「蕭山王氏珍藏」朱文方印、「允達別字敬齋」白文方印。

春秋穀梁注疏廿卷

題「晉范寧集解，唐楊士勛疏」。范寧序疏亦不列入。卷中桓、恒等字，俱從宋本缺筆。每葉十八行，行廿一字。版心下刻字人姓名，同前各本。收藏有「訒葊圖書」白文方印。

爾雅注疏十一卷

題「晉郭璞注，宋邢昺疏」。前有邢昺《爾雅注疏序》。每卷俱有下卷標題而不別爲卷，汲古閣本俱删。每葉十八行，行廿一字。版心下刻字人姓名，同前各本。

白虎通德論二卷

題「漢玄武司馬班固纂集」。前有大德元年張楷序，大德乙巳嚴度題。前尚有嘉靖改元冷宗文序，稱：「遼陽傅公希準，乃正其誤而刻之太平以傳。」又稱：「公名鑰，以給諫出守。」今本失此序。每葉廿行，行十六字。余又以元刻十卷本校勘其上，即《崇文總目》、晁氏《讀書志》所見本也。

五經圖六册

不著卷數並撰人姓氏。《周易》、《尚書》、《詩》、《禮記》、《春秋》五經之外，益以《周禮》。前有彭城癠聰氏序，稱：「余忝訓廬江，堂列石碑十二，上載是圖。得之江右信州，在前兼有木刻，燬於兵火。余乃索其遺帙，仍舊梓成。」末有淮陰梁承祖跋，稱：「此書載於信州頖宫，至廬江學訓先生而廣其傳，余重爲校訂，用是殺青，公諸國門。」《尚書堯曆象圖》下有云：「慶曆甲申至大明萬曆壬子，共計五百四十九年。」梁氏此刻當在明萬曆四十年後。收藏有「大學士章」白文方印、「夏言之印」朱文方印。考《明史》，夏桂谿死於嘉靖廿七年，下距萬曆四十年已六十四年，其爲僞造無疑。又有「廣運之寶」、「白松堂」、「明卿氏」白文方印、「兩朝講官陳仁錫」朱文方印、「春草閣鑒賞圖書印」朱文長印、「季振宜印」朱文方印、「滄葦」白文方印，皆書賈僞造。此書本無足存，因尚未變亂石本，並爲前人珍秘，姑録之，而辨其僞如此。

六書本義十二卷

題「餘姚趙古則編注」。前有綱領一卷，圖一卷，始豐徐一夔序。亦是重刊之本。每葉小字廿八行，行廿八字。末卷後有「秦川胡文質刊」六字。

新刊大廣益會玉篇三十卷

前有總目。第三十卷，張士俊本凡四十七部，此本增一雜字部。如一部，張本九字，此本十二字。上部，張本九字，此本十二字。示部，張本一百四十五字，此本一百六十五字。又每字之下，添注其韻，用小方圈以别之。考其部分，俱依《洪武正韻》，其爲明人更改刊刻無疑。黑口版。每葉十八行，行大字約十五字。

大明正德乙亥重刊改併五音類聚四聲篇十五卷

題「滹陽松水昌黎郡韓孝彦、次男韓道昭改併重編」。前有正德十五年建安滕霄序，後有衍法寺沙門覺恒等重刊題名，本讚嘉靖己未修補字板序説。次泰和八年姪男韓道昇序，後有五音改併增添明頭號様、十黏號頌、檢篇入册頌，重編、同編、校正、重校正等題名。目録後有三十六母再顯之圖、新集背篇列部之字。據滕霄序，《篇海》、《集韻》故刊於成化之初，衍法寺覺恒重鋟諸梓，而真空實校正之，併以《貫珠集》諸門法及安西劉士明《切韻指南》一卷，正德乙亥告成。黑口大字版。每葉廿行，行大字十六字，小字卅二字。

新校經史海篇直音五卷

不題撰人名氏。前有背篇列部之字。據韓道昭《四聲篇》，前有新集背篇列部之字，「外」字以上題云：「大金丙辰松水昌黎門人浚川竇慶進補添，大明辛卯五月端陽日刊完。」「乙」字以下題：「辛卯重編增改。」雜部末又題：「崇慶己丑所集雜部，至今成化辛卯删補重編。」此本部分俱依《篇海》，下及重編之字，當是明成化以後人所撰。黑口版。每葉廿二行，行大字約十八字。

廣韻五卷

不題撰人名氏。前有天寶十載孫愐《唐韻序》。《廣韻》，《永樂大典》引有二本：一曰陸法言《廣韻》，一曰宋《重修廣韻》。「東」字注引「東不訾事」，《重修》本作「舜七友」，此本作「舜之後」，與元熊忠《韻會舉要》引本相同。《重修》本「二十一欣」，此本作「二十一殷」，在未避宋諱以前。此即《永樂大典》所稱陸法言原本，明内府所刊。朱竹垞謂「中涓删節本」，非也。戴東原見顧亭林刊本，去聲十八隊注：「代、廢同用。」此本隊注：「代同用。」廢注：「獨用。」又與此本不同。黑口版。每葉十八行，行大字約十六字。

韻補五卷

前有乾道四年徐蕆序。又《韻補書目》。後有吳棫自識語，末有《刻韻補序》，書賈已剜去年月姓名。序中稱:「從都太僕所獲嘉禾舊刻,又重假楊儀部所藏,參伍以校。」又自稱「許子曰」,未知爲何人。書中多用古字。每葉十八行,小字行十七字。收藏有「煙客」朱文方印、「蓴鄉徐氏藏書記」朱文方印、「如南山之壽」白文方印、「子孫永保」白文方印。

大明正德乙亥重刊改併五音集韻十五卷

題「滹陽松水昌黎郡韓道昭改併重編」。前有崇慶元年姪男韓道昇序。次崇慶元年改併《五音集韻》原序,末不署名。次隨唐長孫訥言、郭知玄、孫愐舊序。目録前有論,後有入册檢韻。銜、序文、目録、標題俱冠「至元庚寅重刊」六字。此本從元板翻雕,與《四聲篇》同時並刊,末附《切韻指南》一卷。黑口大字版。每葉廿行,行大字十六字,小字卅二字。

洪武正韻十六卷

前有洪武八年宋濂序,凡例一卷。同修者,樂韶鳳、宋濂、王僎、李叔允、朱右、趙壎、朱廉、瞿莊、鄒孟達、孫蕡、答禄與權,凡六謄藁始成。黑口版。每葉十六行,小字行廿四字。

六子全書

《老子道德經》二卷、《南華真經》十卷、《沖虛至德真經》八卷、《荀子》二十卷、《新纂門目五臣音注揚子法言》十卷、《中説》十卷。標題、序文俱同宋刻巾箱本。宋本《四子》，注中有重言、重意、互注等目，又卷首有圖説，爲南宋人所撰者，此本俱删。唯前有景定改元龔士卨序，統論《五子》而不及《列子》，當從别本移入。洪頤煊曰：《四庫全書》雜家類有《五子纂圖互注》四十二卷，宋龔士卨編。前有序，題「景定改元」。又題作《老子道德經序》，殊失之不考。大字本。每葉十六行，行十七字。版心上有「世德堂刊」四字。末有嘉靖癸巳顧春《刻六子書跋》。收藏有「會稽鈕氏世學樓圖籍」朱文方印。

六子全書

標題、序目俱同世德堂刊本。末亦載顧春跋。改大字作小字。每葉廿二行，行廿三字。版心有「六子全書」四字，刊當在世德堂本後。收藏有「楊中子兆登胤先父印」白文方印。

劉向新序十卷劉向説苑二十卷

前俱有曾鞏序，兩本合刻。每葉二十行，行十八字。天禄琳琅藏本目録在序前，此本目録在序後。宋本《新序》每卷首有劉向銜名，《説苑》前有劉向奏，此本無之。收藏有「季振宜讀書」朱文長印、「師竹齋圖書」朱文方印。

管子廿四卷

題「唐司空房玄齡注」。前有劉向序。又《管子書序》一篇，稱：「余求善本幾二十年，始得之友人秦汝立氏。」序末年月姓名，書賈已剜去，不知何人所作。據凡例：「此本悉從宋本刊定，不敢輕加更易，」亦明刻之佳者。余又以黄蕘圃孝廉所藏瞿源蔡潛道宅本校勘其上，與此本無大異，唯《幼官圖》一篇，前後更易，稍爲不同。每葉十八行，行十九字。張寶德藏序末題：「萬曆壬午春三月，前史官吳郡趙用賢撰〔一〕。」

〔一〕「撰」，《木犀軒叢書》本作「跋」。

南華真經十卷

題「郭象子玄注，陸德明音義」。前有郭象序。每葉十六行，行十七字。版式、行欵，俱同世德堂《六子》刊本，唯版心無「世德堂刊」四字。有毛扆從宋槧本紅筆校字，稱：「宋槧每葉廿行，行十五字，注倍之。不載音義。」足證此本脱譌。收藏有「小安樂窩」白文方印、「邵恩多印」白文方印、「沛霑」朱文方印。

新鐫葛稚川内篇外篇四卷

即所謂《抱朴子》也。題「金陵張可大或題志庵盧舜治評校，慎懋官閱」。前有盧舜治序，稱：「偶得宋本一，王府本一，《藏》本一，殫力磨勘。萬曆己亥歲，古泉氏請付剞劂。」每葉廿行，行廿字。每卷下尚有《藏》本字號，又有舊人硃筆校字。據《意林》、《太平御覽》諸書所引《抱朴子》，補脱正譌處頗多，不題年月名姓，不知何人所書。

太上黄庭内景玉經一卷

自《上清》至《沐浴》三十六章。《太上黄庭外景經》一卷，分上中下三篇，俱題梁邱子注。附《黄庭内景五臟六腑圖説》一卷，題唐胡愔撰。前有梁邱子《内景玉經序》，洪頤煊曰：《宋史·藝文志》「梁邱子注《黄庭内景玉經》一卷，《黄庭外景經》一卷」。《唐書·隱逸傳》「白履忠，汴州浚儀人，號梁邱子」。萬曆癸未喬懋敬《刻黄庭内外景經注解序》，末有萬曆癸未程應魁、王圻跋。每葉十六行，行廿字。硃砂搨本。版心下有「黄鶴樓雕」四字。

神僧傳九卷

自摩騰至元帝師膽巴，凡二百八人，不題撰人名氏。前後亦無序跋。王圻《續文獻通考》：「《神僧傳》，永樂間命侍臣輯。」其言當有所据。錢少詹載入《元史·藝文志》，非也。黑口版。每葉廿四行，行廿一字。

墨子十五卷

自《親士》至《雜守》七十一篇，内缺《節用下》第二十二、《節葬上》第二十三、《節葬中》第二十四、《明鬼上》第廿九、《明鬼中》第卅、《非樂中》第卅三、《非樂下》第卅四、《非儒上》第卅八，凡八篇。又第五十一、第五十四、第五十五、第五十七、第五十九、第六十、第六十四、第六十五、第六十六、第六十七，凡十篇，並篇目而亡之矣。

洪頤煊曰：《書録解題》稱：「《漢志》七十一篇，《館閣書目》有十五卷六十一篇者，多譌脱，不相聯屬。」是無題十篇，宋本已缺。有題八篇，缺當在宋本後。

前有嘉靖癸丑陸穩序，江藩七十七翁白賁枘叙。末有南昌唐堯臣跋。此本即唐所刻也。每葉十六行，行十七字。收藏有「枕經閣」朱文長圓印。

呂氏春秋廿六卷

題「高氏訓解，明雲間宋邦乂、張邦瑩、徐益孫、何三畏校」。前有王世貞序，方孝孺《讀呂氏春秋》一篇，又高誘原序。每葉廿行，行廿字。

淮南鴻烈解二十八卷

題「漢太尉祭酒許慎記上，後學劉績補注，後學王溥校刊」。即高誘注本。前有高誘序，亦不署名。末有弘治辛酉劉績識語，稱：「據他書補數千字，改正數百字，删去百字。」據各家《淮南》，俱廿一卷，唯金陵朝天宫《道藏》本、黄蕘圃孝廉所藏宋本，俱作廿八卷，與此本同，注文亦無删落。黑口版。每葉十八行，行十七字。

論衡卅卷

題「王充」二字。末有慶曆五年楊文昌序，稱：「先得俗本七，率廿七卷。又得史館本二，各卅卷。然後互質疑謁，又爲改正塗注，凡一萬一千二百五十九字。」此本即從楊本翻雕。每葉廿行，行廿字。版心下有「通津草堂」四字。末卷後有「周慈寫陸奎刻」六小字。收藏有「嘉靖己未進士夷齋沈瀚私印」朱文方印。

中華古今注三卷

題「國子監太學博士馬縞集」。目録前有小序。此乃宋左圭《百川學海》中之一種。《百川學海》，据左圭自序，宋時有刊本。此本驗其板樣，當是明人所刊。余別有《百川學海》不完本，紙色、字畫皆不及此本之善。每葉廿四行，行廿字。收藏有「元美」白文方印，又有「文氏天祥」白文方印，是書賈僞作。

北溪先生字義二卷附録嚴陵講義四篇

目録前題「門人清源王雋編」。北溪，宋陳淳號。卷末有文山林同跋，稱：「舊本歲久字漫，公暇特加考正，命工刻梓。」不著年月。《宋史》有林同，附見《林空齋傳》，官至監丞。《明史》有林同，附《蔡清傳》。《萬姓統譜》有林同，天順進士，官至廣東布政。未知誰氏所作。驗其摹印、紙色，當出於明代，疑即《四庫全書》所稱弘治庚戌重刻本。黑口版。每葉廿行，行廿一字。收藏有「克庵」朱文方印、「快閣主人」朱文方印、「豫園主人」白文方印。

東觀餘論二卷

上卷題「《法帖刊誤》，左朝奉郎行秘書省秘書郎黄伯思撰」。大題下俱題「秀水項篤壽重校」。總目前有嘉定年樓鑰序，末有紹興丁卯黄訒跋。序與每卷後有「建安漕司刻梓」六字。又前有序，稱「川本去卅一篇」云云。後有跋，稱是書刊於庚午之秋。俱不題年月名氏。核以書中，皆建安本所有，此本又明項篤壽從建安本翻雕。序、跋、卷尾有「嘉禾項氏萬卷堂梓」三長方木印，一圓木印，一方木印，一長圓木印。字畫精工，流傳絶少。内府天禄琳琅亦珍藏之。每葉十八行，行約十七字。

武經總要前集二十二卷後集二十一卷行軍須知二卷

前有宋仁宗序，後有紹定四年趙休國跋，紹定辛卯鄭魏挺跋。據仁宗序〔一〕，天章待制曾公亮等同加編定，司天監楊惟德等參考舊説，共勒成四十卷。内制度十五卷、邊防五卷、故事十五卷、占候五卷，目曰《武經總要》。晁氏《讀書志》、陳氏《書録解題》，卷數俱同此本。《前集》廿二卷，目録作廿卷，尚是原本之舊。趙休國跋稱：「《武經總要》條目故事，凡四十四卷。」此本共四十三卷，分爲前後集，則又非宋本之舊矣。《行軍須知》前有正統四年李進序，稱是書永樂初李公元凱已壽諸梓，是亦舊人所作。黑口版。每葉廿行，行廿一字。

〔一〕「序」字原缺，今補。

武經直解廿五卷

《孫武子》三卷、《吳子》二卷、《司馬法》三卷、《唐太宗李衛公問對》三卷、《尉繚子》五卷、《黃石公三畧》三卷、《六韜》六卷。題「前辛亥科進士太原劉寅解」。前有成化廿二年李敏序。洪武壬午序，無撰人姓名。洪武戊寅劉寅自序。又有讀法一卷，凡例一卷，陳圖一卷，國名一卷，附録一卷。《武經七書》，世無善本。此本從宋國子司業朱服本校定，寅復加訂正，故經文譌舛最少。黑口版。每葉廿行，行廿字。末有成化丙午知保定府趙英跋，後有「嘉靖十六年三月知保定府旌德汪堅重修」十七字。

山海經十八卷

題「郭氏傳」。每卷俱大題前有郭璞《山海經序總目》。每篇下皆有本文及注字數。後有劉秀《山海經奏》。余以別本相校，惟此本與宋本相同。每葉廿四行，行廿字。收藏有「中吴錢氏收藏印」朱文方印、「介石」朱文長印、「錢氏叔寶」白文方印、「循齋」白文方印。

三輔黄圖六卷

前有原序，不題撰人姓名。又有嘉靖己未劉景韶序，稱：「《三輔黄圖》，舊有華容嚴公刻本，歷歲滋久，字漫漶莫可讀，余故重刻之。」卷三後有「以上參校古本諸書，補正四十二字」，卷六後有「以上參校古本諸書，補正九十六字」二行，爲別本所無，當即劉氏所校正。末有嘉靖己未江一山跋。前又有萬曆乙酉郭子章《合刻秦漢圖記序》，稱此書併《西京雜記》刻於粵中，是又從劉氏本翻刻也。每葉十八行，行十八字。

大明一統志九十卷

前有天順五年御製序文，勑修官銜名，李賢、彭時、吕原《進大明一統志表》，《大明一統志圖叙》。大字，黑口版。每葉廿行，行廿二字。

廣輿圖一册

前有元朱思本輿圖舊序。次《廣輿圖序》，稱「偶得元人朱思本圖，其圖有計里畫方之法，於是增其未備，因廣其圖至於數十」云云，不題撰人姓氏。據《漕運圖》下載歲運額數，自洪武卅年至嘉靖元年止。又《總圖》「王府禄米」下云：「以上係嘉靖卅二年十月前數。」《明史·藝文志》有羅洪先《增補朱思本廣輿圖》二卷，當即此書。

古今遊名山記十七卷

題「括蒼何鏜振卿甫編輯，盧陵吴炳用晦甫校正」。前有嘉靖四十二年黄佐、吴炳、王世貞、王穉登四序，總録三卷。末有嘉靖四十年何鏜序，萬曆五年蔡文範跋。此書録前人名山游記及自記所經游者，合爲一編。雖出明人所撰，而刻手工整，頗可觀覽。天禄琳琅亦藏此本，因録存之。每葉廿八行，行廿七字。

重刊巢氏諸病源候總論五十卷

題「隋太醫博士巢元方撰」。前有翰林學士宋綬序。晁氏《讀書志》稱：「元方大業中被命與諸醫共論衆病所起之源。皇朝昭陵時，校本刻牘頒行，宋綬爲序。」目録後有「歙巖鎮汪氏主一齋校刊」木印。《四庫全書》所録爲明汪濟川、方鑛刊本。此本卷一巢元方銜名後當有汪、方二人名，已爲書賈剜去。每葉廿行，行十九字。

重修政和經史證類備用本草卅卷

題「成都唐慎微續證類，中衛大夫、康州防禦使、勾當龍德宫總轄、修建明堂所醫藥提舉、入内醫官編類《聖濟經》提舉、太醫學臣曹孝忠奉敕校勘」。每卷題下有「已酉新增衍義」六字。前有政和六年《御製重刻證類本草序》，政和六年曹孝忠《新修經史證類備用本草序》，所出經史方書三葉，目録一卷。《本草》今世所傳有兩本：一大觀本，一政和本。其實皆一書，唯前序異耳。別本有大定己酉麻革序及劉祁跋，並稱平陽張存惠增入。寇宗奭《本草衍義》，元大德所刻，大觀本亦有之。黑口大字版。每葉廿四行，行廿三字。

重修政和經史證類備用本草三十卷

標題及每卷題下注字，所出經史方書目録，俱同前大字本。前有商輅序，稱：「《經史證類本草》，舊有龐氏得其善本。後平陽張存惠因龐氏本，附以宗奭《衍義》，爲之版行。今山東按察僉事茂君彪購求得之，副都御史原君傑命工重鋟諸梓。」末年月姓名，已爲書賈剜去。末卷後有「龍飛萬曆己卯春□□□新梓」木長印。每葉廿行，行廿一字。版心上有「大觀本草」四字。

鼎雕銅人腧穴鍼灸圖經三卷

題「錦城紹錦徐三友校正，書林宗文堂繡梓」。前有正統八年御製序。晁氏《讀書志》有此書，云「皇朝王維德撰」。據序文，宋天聖刻諸石，復範銅肖人。於今四百餘年，石刻漫滅，銅像昏暗，乃命重作。此又坊間梓而行之，尚是未改變原本，勝於今世所行七卷本多矣。每葉廿行，行廿五字。

千金寶要六卷

前有隆慶六年秦王守中序，云：「《千金寶要》者，宋徽猷閣直學士郭思按唐孫真人先生所集《千金方》中纂要者也。」自《婦人》至《痔》凡十七篇。第六卷《千金論》、《千金須知》，題「小有居士河陽郭思纂」。此書宋宣和六年刻石於華州，明景泰六年復易刊木板。秦王既刻諸梓，復刊石於耀州真人洞。此即耀州石刻本。末有跋，後題：「委官李海立、生員謝沾書，投栩鄒鳳皋刻。」

律條疏議三十卷

前有序文，稱：「四明張公式之，因歷官憲府，考訂始末。述沿革之由，著律文之義，設問答以辨其疑，爲總説以詳其意。編次成書，名曰《疏議》。」又稱：「西江僉憲宗魯宋君，募其寫本，繕録鋟梓。」序文末葉已缺，不知何人所作。據《明史》，洪武初，命儒臣詳定明律，其篇目一準於唐。至洪武廿二年，始分吏、户、禮、兵、刑、工六律，而以名例冠於篇首。此本名例在前，當作於改編之後。黑口版。每葉廿二行，行廿四字。

史記百三十卷

小題在上，大題在下。前有裴駰《史記集解序》、小司馬《補史記序》、《史記目録》一卷，張守節《正義論例》、《謚法解》一卷，小司馬《三皇本紀》一卷。《史記》列傳，各本俱以《伯夷》爲第一，此依《正義》本，以《老子》爲第一。每葉廿行，行十八字。每卷後或注史計若干字，注計若干字。宋諱俱缺筆，係明人仿宋重雕本。裴駰《集解序》後、《史記》目録後俱有補痕，當有木印以記刻書年月姓名，爲書賈剜去。收藏有「欽訓堂書畫記」白文長印。

漢書百卷

小題在上，大題在下。題「漢班固撰，唐顔師古注，明福建按察司按察使周采、提學副使周琉、巡海副使柯喬校刊」。亦有題汪文盛、高瀫、傅汝舟三人姓名。前有顔師古《漢書序例》一卷，目録一卷。末卷後有「嘉靖己酉年孟夏月吉旦侯官縣儒學署教諭事舉人廖言監修」。注中載原父、貢父、仲馮三劉之説，俱以黑蓋子别之。錢少詹云：「《趙廣漢傳》、《長老傳》以爲『自漢興以來，治京兆者莫能及』，北宋乾興本，無『以來』二字。」此本雖有之，其增添痕迹分明，故知此本原出於北宋。洪頤煊曰：《五行志》南監本「思心之不容」，又云：「容，寬也。」此本兩「容」字俱作「容」。《地理志》「遼東郡番汗」下，南監本「沛水出塞外，西南入海」，此本「沛水」上有「應邵曰」三字。據宋本，作「沛水出塞外，西南入海。應邵曰：汗水出塞外，西南入海」。引應邵者，以證沛、汗之異。此本無上「沛水」九字，下「汗水」故作「沛水」，與上交誤併爲一，皆傳刻之譌。每葉廿四行，行廿二字。收藏有「厲」「鶚」朱文小連珠印。

漢書百卷

小題在上，大題在下。題「正議大夫行秘書少監琅邪縣開國子顔師古注」。大題中間間有「班固」二字。前有《漢書序例》一卷。目録後并卷末尾葉，疑有題識，已爲書賈剜去。唯《地理志》卷第八下、《司馬相如傳》卷第廿七上、《王貢兩龔鮑傳》第四十二，題「漢班固撰，唐顔師古注，明歐陽鐸刊，田汝成重校」。歐刊本無三劉説，田補刊俱羼入當條之下。其有當條不能容者，附刊於每卷之後。每葉廿行，行廿二字。鐸字崇道，泰和人。正德戊辰進士，歷官吏部右侍郎，贈工部尚書，謚恭簡。

後漢書百三十卷

題「南宋范曄撰，唐太子賢注，明福建按察司按察使周采、提學副使周琉、巡海副使柯喬校刊」。小題在上，大題在下。前有目録一卷。梁劉昭《注補續漢書八志序》，各本俱失刊，此本有之。洪頤煊曰：《孔融傳》「父宙，太山都尉」。顧亭林、朱竹垞所見皆作「伷」。伷字公緒，别是一人。此本作「宙」，與漢碑合，足訂俗本之譌。每葉廿四行，行廿二字。收藏有「厲」「鶚」朱文小連珠印。

班馬異同卅五卷

題「宋倪思撰，元劉會孟評，明李元陽校」。前有目録一卷，後有永樂壬寅楊士奇跋，嘉靖丁酉汪佃序。據楊、汪兩跋，此書本名《史漢異同》，不題撰人姓名。舊未有刻本，李元陽付梓。據《文獻通考》，題作倪思，改名《班馬異同》。洪頤煊曰：《史記·司馬相如列傳》「相如乃與馳歸成都，家居徒四壁立」，今本無「成都」二字，惟此本與南宋大字本有之。每葉十八行，行十九字。《史記》大字作正文，《漢書》小字注末後有「嘉靖十六年〔一〕歲次丁酉山人高瀫覆校」十五字。

收藏有「新安汪氏」朱文方印、「啟淑信印」白文方印。

〔一〕「年」字原缺，據《木犀軒叢書》本補。

舊唐書二百卷

題「監修國史推誠守節保運功臣特進守司空兼門下侍郎同中書門下平章事上柱國譙國公食邑五千户食實封四百户臣劉昫等奉勅修，皇明奉勅提督南畿學政山西道監察御史餘姚聞人詮校刻，蘇州府儒學訓導門人嘉興沈桐同校」。前有聞人詮序，稱：「弭節姑蘇，得《列傳》於光禄張氏、長洲賀子，得《紀》、《志》於守溪公遺籍。俱出宋時模板。乃督同蘇庠，嚴爲校刻。肇工於嘉靖乙未，卒刻於嘉靖戊戌。」又有嘉靖十七年楊循吉序，文徵明序，并惠借藏書、捐俸助膳、分番校對、出貲經費姓氏。每葉廿八行，行廿六字。吳門黄蕘圃孝廉所藏有不全宋本，每葉廿八行，與此本同。收藏有「養和堂印」白文大方印、「白鶴主人」朱文大方印。

漢紀三十卷

題「荀悦著，吕柟校正」。目録後有悦序。前有何大復序，稱：「是書余得之侍讀徐子容氏，世無刻本。余至關中，涇野子呂仲木氏移書求之，乃遂請呂子校正，而付高陵令翟清氏刊布焉。」序末年月姓名，已爲書賈剜去。此書近世有蔣氏刻本。《高帝紀》「蕭何無有汗馬之勞，徒持文墨議論而已」，《史記》、《漢書》皆作「文墨」，蔣本改作「文物」。《宣帝紀》「昔周公躬吐握之勞，故有周室之隆」，蔣本反據俗本《漢書》，改「周室」作「圄空」。皆不及此本。每葉廿行，行廿四字。收藏有「馮彦淵收藏記」朱文横方印、「知一印」白文小方印。

元經薛氏傳十卷

題「阮逸注」。前有河東薛收序。王通《元經》本九卷，末卷收所續也。《元經》有明程榮刊本。《經》：「元康二年，賈庶人殺太后於金墉城。」「永康元年癸酉，倫殺皇太孫。」程本「殺」俱作「弒」。「永康元年，立皇孫臧爲皇太孫」，程本「臧」誤作「減」。「永興元年，顒將方劫帝幸長安」，程本「方」上有「張」字。案：《傳》云：「張去姓何也？」則原本無「張」字。此單行本皆勝於程本。每葉廿四行，行廿二字。收藏有「辛巳」白文長印、「琴書自娱」朱文長印。

古史六十卷

分《本紀》七、《世家》十六、《列傳》卅七。小題在上，大題在下。前後有蘇氏原序志。審其紙板，當是明嘉靖以前所刊。後有缺葉，又補成之。大字本，每葉廿二行，行廿二字。

司馬温公經進稽古録廿卷

「進」字空一格。前有弘治辛酉黄珣序，温公《進稽古録表》，朱文公《與鄭知院書》，又《語録》中語一條。末有弘治辛酉楊璋序。《書録解題》云：「越本彙聚諸論於一卷，潭本則分係於各代之後。」此本次第同潭本。黑口版。每葉廿行，行廿字。收藏有「雪晴齋藏書記」朱文大長印。

通鑑紀事本末四十二卷目録一卷

題「宋建安袁樞編，明巡按湖廣監察御史豐城李栻校刊」。前有淳熙元年楊萬里序，寶祐丁巳趙與簒序，延祐六年陳良弼序，萬曆二年李栻《重刻通鑑紀事本末序》。此書楊誠齋所序者，嚴陵小字本。趙節齋重刻，改爲大字。明南京國學所藏，即節齋本也。歲多漫漶殘缺，李栻復加校正，因酌損其版而重刻焉。每葉廿四行，行廿八字。

世説新語上中下三卷

每卷又分上下，題「宋臨川王義慶撰，梁劉孝標注」。前有嘉靖乙未袁褧序，稱：「余家藏宋本，是放翁校刊本。謝湖躬耕之暇，手披心寄，自謂可觀。爰付梓人，公之同好。」序後有「時萬曆己酉春周氏博古堂刊」十二字。此書世無完本。張懋辰刻，正文與注，俱多删落。唯此本特爲完善。每葉廿行，行廿字。

后鑒録三卷

題「京本」。前有嘉靖二年謝蕡序，有「三山之英」、「惟成」、「嘉靖龍飛首策進士」三木印。後有嘉靖二年陶麟跋。書紀趙風子、張偉、何錦、劉瑾、劉吉等定罪籍没始末，皆録京本檔册，不加論斷，蕡所撰也。每葉廿行，行廿字。收藏有「幼貞吳氏家藏」白文長印。

大唐六典三十卷

首行題「御撰」，次行題「集賢院學士兵部尚書兼中書令修國史上柱國開國公臣李林甫等奉敕注」。上小題俱與大題相連。前有正德乙亥王鏊《重刊六典序》，末有紹興四年温州州學教授張希亮校正，永嘉縣主簿詹棫題誌。每葉廿四行，行廿字。收藏有「穿曲田安鑒藏」朱文長印、「春水船」白文方印、「不足齒之傖耳」白文方印、「鷗心鶴貌翁」白文方印、「沂山漁父」朱文方印。

杜氏通典二百卷

題「唐杜佑君卿纂，明御史後學李元陽仁甫校刊」。大題下有「增入宋儒議論」六小字。前有唐李翰《杜氏通典序》，目録一卷，天文、地理、歷代傳繼世次、紀年等十八圖，杜佑《唐書》本傳。增入宋儒議論姓氏，自歐陽修至葉適，共廿一家。增入者即前元刻詳節本。又有福州校刻官生姓氏。此本字畫清晰，較勝俗刻。卷一百後有大德丁未李仁伯跋，稱：「錦山楊公牧臨川，乃命諸學院協力刊成。自廿六至百，共七十五卷。區區點勘再四，凡正一千七百六十八字，删三百廿三字，增三百八十八字。」唯增入宋儒議論，致失本書面目，良可惋惜。每葉廿行，行十八字。

文獻通考三百四十八卷

題「宋鄱陽馬端臨貴與著，明蘄陽馮天馭應房校刊」。前有至大戊申李謹思序，延祐六年王壽衍《進文獻通考表》，至治二年下樂平州鈔白發端一卷，目録一卷。每葉廿六行，行廿四字。收藏有「卓顯卿」白文方印。

至大重修宣和博古圖録三十卷

前有序云：「爰屬掌鹽司者黄君景星，再博佳木而翻刊之。」末行已爲書賈所剜。據《天禄琳琅》，是嘉靖七年蔣暘撰。内府所收萬曆卅一年吴公宏本，已稱流傳稀少。吴本即從蔣本翻雕，則此本尤可寶重。大字本。每器俱注「元樣製」、「減小樣製」。别本縮爲小字，故悉删之。序跋每葉十六行，行十七字。

泊如齋重修宣和博古圖録卅卷

前有萬曆戊子程士莊序。《天禄琳琅》有《泊如齋重修考古圖》，稱其「刊刻極精」。

此書疑其同時並刻之本。面葉題「丁南羽、吳左千繪圖，劉季然書録」。南羽，丁雲鵬字也。叙説每葉十六行，行十七字。

歷代鐘鼎彝器款識法帖廿卷

目録前有崇禎癸酉朱謀垔序，稱：「得山陰錢德平所藏尚功手書本授梓。」後有靈武幹王倫、徒克莊王行、趙孟頫、楊伯嵒、周密、柯九思、張天雨、周伯温、豐坊各親款題識，摹刻精工。阮雲臺中丞重刊是書，僅得影寫本，則此本彌可珍貴矣。目録并每卷，凡每器俱有總題，如題「商鼎」下列庚鼎、辛鼎，題「商尊」下列象尊、父乙尊之類。俗本皆無之。收藏有「黄氏鑒賞圖書」朱文長印、「桐華主人藏書印」朱文長印、「愛閒居士」朱文印、「留餘堂」白文方印、「留爲永寶」朱文方印。

歷代帝王法帖釋文考異十卷此據第一卷，餘卷俱依閣帖原題。

題「武陵顧從義編并書，太原王常校」。前有太原王穉登序，新都王常書。此書專釋淳化閣本法帖，裒集諸家所刻，辨其同異，毫髮必審，摹刻精工，初印本流傳甚少。大字。每葉十八行，行十九字。收藏有「嚴氏公奕」朱文方印、「松陵朱柳塘珍藏」白文方印。

秦漢印統八卷

題「鄣郡羅王常延年編，新都吳元維伯張校」。或題武陵顧晉亨伯明校。前有萬曆戊申臧懋循序，乙亥王穉登序，隆慶辛未黄姬水序。臧序稱：「自雲間顧氏《印藪》行於世，一時摹印者咸自侈其法古，於是太原王常氏，遍購諸博古家，積若干稔，增廣若干册，以授新安吳元維氏合刻之，命曰《印統》。」凡例三葉，舊序一卷。印文皆用硃搨。卷一後有「萬曆丙午春王正月望日新都吳氏樹滋堂繡梓，新安程利見元龍、新安潘最茂卿同校」四行字。版心下有「吳氏樹滋堂」五字。

初學記卅卷

目録前題「唐光禄大夫行右散騎常侍集賢院學士副知院事東海郡開國公徐堅等撰，大明萬曆丁亥太學生徐守銘重校，於寧壽堂梓行」。前有茅坤序，稱：「錫山安氏故有刻本，久且漫漶，而徐光禄父子別爲梓而傳之。」此本即從安氏桂坡館本翻雕。余以元版本校之，知此本删改脱落荒謬殊甚。每葉十八行，行十八字。版心上有「寧壽堂」三字。

太平御覽一千卷目録十卷圖書綱目一卷

題「翰林院學士承旨正奉大夫守工部尚書知制誥上柱國隴西縣開國伯食邑百户賜紫金魚袋臣李昉等奉敕纂」。銜後空二行。前有慶元五年蒲叔獻序，李廷允跋。别本前有萬曆元年黄正色序，稱「宋世刻本，俱已湮滅。海内鈔本，譌舛益甚。吾錫士大夫，因閩省梓人，用活字校刊。始事於隆慶二年，至五年纔印其十之一二。閩人散去，於是浙人倪炳文鋟諸梨棗，弗克終事。薛憲副應登有校得善本，藏於家塾，仲子逢繕寫付梓」云云。《四庫全書》稱「活字印本」。其板心稱「共印五百部」，此本無之。然細審此本，有用活字摹印，有係補刻葉，當即倪氏續定之本。黄氏序，收藏偶失耳。每葉廿二行，行廿二字。

新編纂圖增類羣書類要事林廣記前集十卷後集十卷

前有序文，稱：「閩方伯瑞安鍾公景清，取《事林廣記》，是定其舊本而增新焉。」後不書年月姓名，不知何人所撰。書中曰「大元」者，原書也。曰「大明」、曰「國朝」者，明人所續也。大畧與《事文類聚》相同。黑口版。每葉廿六行，行廿三字。收藏有「傳是樓」朱文長印、「崑山徐氏鑒藏」朱文長印、「乾學」朱文方印、「徐健庵」白文方印、「崑山徐氏乾學健庵藏書」白文方印。

經籍考七十六卷

題「鄱陽馬端臨貴與著」。此即《文獻通考》中之一門，後人别刻單行。審其紙板，當出於明代嘉隆以前。黑口版。每葉廿行，行十九字。收藏有「□雷」白文方印、「吳門王獻臣家藏書印」朱文長方印、「詩禮傳家」朱文方長印、「王氏圖書子子孫孫永寶之」朱文方印、「虞性堂書畫印」朱文長印。

六臣注文選六十卷

題「梁昭明太子蕭統撰，唐李善、吕延濟、劉良、張銑、李周翰、吕向注」。前有昭明太子《文選序》，吕延祚開元六年《進五臣集注文選表》，上遺將軍高力士宣口敕，顯慶三年李善《上文選注表》，目録一卷。《文選序》前，六臣俱有銜名。目録前又題「宋奉議大夫崔孔昕、奉議大夫党馨、承直郎朱守行承事郎郭宗磐同校」。每葉十八行，行十八字。

六臣注文選六十卷

題同前本。前有昭明太子《文選序》，次呂延祚開元六年《進五臣集注文選表》，上遣將軍高力士宣口敕，顯慶三年李善《上文選注表》。《諸儒議論》一卷，題古迂陳仁子輯。又前有嘉靖廿八年田汝成《重刻文選序》，稱：「錢唐洪君子美，得宋本而重鋟之。校讎精緻，逾於他刻。」每葉廿行，行十八字。

玉臺新咏十卷

題「陳尚書左僕射太子少傅東海徐陵字孝穆撰」。前有徐陵序。後有嘉定乙亥永嘉陳玉父後序，稱：「得舊京本、豫章刻本、石氏藏本，補亡校脱，於是其書復全。」此本又明人從玉父本翻雕，字畫精工，與宋本無異。每葉卅行，行卅字。收藏有「任邱龐氏藏書」朱文方印、「龐塏之印」白文方印、「史官」朱文方印、「吾邱壽王臺畔人家」朱文長印、「見在龐公」白文方印。

古文苑廿一卷

前有紹定壬辰章樵序。《書録解題》稱：「不知何人集。皆漢以來遺文，史傳及《文選》所無者。世傳孫洙巨源於佛寺經龕中得之，韓无咎類次爲九卷，刻於婺州。」此本廿一卷，乃樵作注時更定。黑口版。每葉廿行，行十八字。

重校正唐文粹一百卷

題吳興姚鉉纂。目録前有鉉《文粹序》。卷末有「嘉靖六年張大輪」木長印題識，稱：「《文粹》，閩坊舊本，舛不可句。蘇州近本，視昔加善。」此本從蘇州本校刊。每葉廿八行，行廿五字。收藏有「黄燦之印」白文方印、「惟含氏」朱文方印。

宋文鑑一百五十卷

題「朝奉郎行秘書省著作佐郎兼國子院編修官兼權禮部郎官吕祖謙奉聖旨銓次」。前目録三卷，末有嘉靖七年晉藩養德書院識。錢少詹《日記鈔》所見明嘉靖五年晉府至道堂刊本，前有周必大奉敕撰序及吕祖謙進書劄子，《謝賜銀絹除直秘閣表》，此本無之。

前有天順八年商輅序，亦係後人據别本鈔補，非此本所有。黑口版。每葉廿六行，行廿一字。

蔡中郎集十卷外傳一卷

題「漢左中郎將蔡邕伯喈撰」。前有天聖癸亥歐靜序，稱：「《唐書·藝文志》洎《吴氏西齋書目》並云邕集十五卷。今之所傳纔十卷，亡《外傳》，計六十四篇。」此本止六十三篇，無《宗廟頌贊》一篇，又《外傳》八篇不在數中。目録後有「正德乙亥春三月錫山蘭雪堂華堅允剛活字銅板印行」廿二字，末卷後亦有，唯不署年月。洪頤煊曰：《天禄琳琅》有《白氏長慶集》，錫山蘭雪堂華堅活字銅板印本。錢氏《日記鈔》有《容齋五筆》，弘治八年錫山華煜序，板心有「會通館活字銅板」八字。每篇題作單行，正文作雙行。每葉十四行，行十三字。

蔡中郎文集十卷外傳一卷

題「漢左中郎將蔡邕伯喈撰」。前有天聖癸亥歐靜序，亦無《宗廟頌贊》一篇。此即從前本翻雕，而字句較完善。世有八卷、六卷之本，殘舛譌脱，不可寓目。每葉十八行，行廿一字。

曹子建集十卷

題「魏陳思王曹植撰」。前有吳郡徐伯虯序，不署年月，稱：「郭子萬程雅好是集，刊布以傳。」萬程，閩清人。嘉靖己未進士，官刑部主事，見《明詩綜》。末有《曹集疑字音釋》二葉。即晁氏《讀書志》所見本。每葉十八行，行十七字。收藏有「吳氏連星閣藏書」朱文長印。

嵇中散集十卷

每卷目録在前。前有嘉靖乙酉黄省曾序，稱：「校次瑶編，彙爲十卷。」疑此本爲黄氏所定。然考王楙《野〔一〕客叢書》已稱得毘陵賀方回家所藏繕寫十卷本。又詩六十六首，與王楙所見本同。此本即從宋本翻雕，黄氏序文特誇言之耳。每葉廿二行，行廿字。版心下方有「南星精舍」四字。收藏有「世業堂印」白文方印、「繡翰齋」朱文長圓印。

〔一〕〔野〕字原缺，今補。

陸士衡文集十卷陸士龍文集十卷

前有慶元庚申徐民瞻《晉二俊文集序》，稱：「得《機集》於淮西撫幹林君，又得《雲集》於册府。」晁氏《讀書志》、陳氏《書録解題》所見本，卷數俱與此同。每集後有正德乙卯都穆跋。每葉廿行，行十八字。

梁昭明太子文集五卷

題「梁昭明太子撰，第三行大明遼國寶訓堂重梓，第二行明成都楊慎、周滿，東吴周復俊、皇甫汸校刊」。前有梁簡文帝《昭明太子集序》，梁劉孝綽《昭明太子集序》，梁簡文帝《上昭明太子集别傳等表》，梁蕭子範《求撰昭明太子集表》，二表皆周滿補入，原編所無。末有淳熙八年袁説友跋，嘉靖乙卯周滿後序。《昭明集》，《宋志》本作五卷，别有明葉紹泰六卷本，收入《四庫全書》者，詩文參差互異，不及此本之古。每葉十六行，行十六字。

陳伯玉文集十卷附録一卷

題「新都楊春重編，射洪楊澄校正」。前有唐盧藏用序。据重刊本，前後當有張頤、楊澄序跋，此本無之。目録分五卷，以前爲前集，以後爲後集。《四庫全書》：「《陳拾遺集》十卷」，缺《禡牙文》、《禜海文》、《弔塞上翁文》、《祭孫府君文》，據《文苑英華》鈔補。此本猶完。其《餞陳少君序》，目録本注缺文，非脱葉也。洪頤煊曰：《附録》中有《陳子昂别傳》一首，不題作者。據《文苑英華》，是盧藏用所撰。《餞陳少君序》一篇，《文苑英華·序類》有此文。黑口版。每葉廿二行，行廿一字。

張説之文集二十五卷

前有永樂七年伍德序，後有「嘉靖丁酉冬十月朔旦椒郡伍氏龍池草堂家藏本校刊」廿二字，又張九齡撰《燕國公墓誌銘》并序一篇。《新唐書·藝文志》、晁氏《讀書志》、陳氏《書録解題》集本三十卷，此本止廿五卷。《四庫全書》蒐輯《唐文粹》、《文苑英華》諸書所藏在此集之外者，得頌、箴、表、疏等六十一首，足證此本缺佚尚多。每葉廿行，行廿字。收藏有「落花三徑雨，鳴鳥半牀書」朱文方印、「鷺水浪仙書籍之印」白文方印。

王摩詰集十卷

前有王縉進表，代宗批敕。晁氏《讀書志》、陳氏《書録解題》皆即此十卷之本。陳氏云：「建昌本與蜀本次序皆不同，大抵蜀刻唐六十家集多異於他處本，而此集編次尤無倫。」今本卷一至卷六爲賦與詩，卷七以下爲表、狀、書、序、記、讚、文、碑、墓誌，編次皆有條理，疑從建昌本翻雕。每葉廿行，行十八字。收藏有「扶風」朱文方印、「馬氏叢書樓珍藏圖記」朱文方印。

高常侍集十卷

前後無序跋。賦與詩八卷，文二卷。《四庫全書》影宋鈔十卷之本，七言絶句無《聽張立本女吟》一首，此本有之，當别是一本。每葉廿行，行十八字。收藏有「江左」朱文小長印、「子孫保之」朱文葫蘆印、「福□齋」藍文長印。

岑嘉州集八卷

前有唐杜確序，稱：「區分類聚，勒成八卷。」陳氏《書録解題》無此集，而晁氏《讀書志》有之，亦引杜確序，惟作十卷，與此本不同。每葉廿行，行十八字。此與王摩詰、高常侍兩集，皆同時並刻之本。收藏有「古吴」朱文小葫蘆印、「無礙散人」白文方印、「子孫保之」朱文葫蘆印。

集千家注杜工部詩集廿卷

題「大明嘉靖丙申明易山人校刻」。前有宋王洙、王安石、胡宗愈、蔡夢弼舊序四篇。一即前元板須溪批點高楚芳編本，删去圈點，改作大字本。《天禄琳琅》所收，後附《文集》二卷，又載甫墓誌、本傳二篇，此本無之。又一部，標題次行題「玉凡山人校刊」，亦與此本不同。每葉十六行，行十七字。

顔魯公文集十五卷附補遺一卷年譜一卷行狀一卷碑銘一卷舊史本傳一卷新史本傳一卷

題錫山安國刊。前有嘉靖二年楊一清序，劉敞《顔魯公文集序》，後有留元剛序，嘉靖癸未都穆序。此集，據劉敞序，本十五卷，後留元剛僅得十二卷附以補遺、年譜、行狀。明都穆復重爲編次，仍作十五卷，以符舊集之數。碑銘、新舊史本傳，則又穆所附益也。每葉廿行，行廿字。版心上有「錫山安氏館」五字。收藏有「吳周之爽圖書」朱文方印、「吳周之爽」朱文方印、「周燕生氏」白文方印、「昆山周氏家藏經籍」朱文長印、「顧氏伯念」白文方印。

唐劉隨州詩集十一卷

末卷爲文。題「隨州刺史劉長卿」。前後無序跋。卷二《送河南元判官赴河南勾當苗税充百官俸錢詩》，不書「勾」字，注云：「御名」，是避宋高宗諱「構」嫌名。知此本從南宋本翻雕。《四庫全書》所收本，有《外集》一卷，此本無之。每葉廿行，行廿字。收藏有「留耕堂」朱文長印、「朱之赤印」白文方印、「子孫保之」朱文方印、「朱之赤印」白文大方印、「卧庵老人」白文大方印、「休寧朱之赤印珍藏圖書」朱文長印、「馮子玄家藏」朱文長印、「劉氏惟喆珍藏」朱文方印、「敬一主人」朱文方印、「清賞無厭」白文方印、「劉氏家藏」朱文方印、「子孫保之」白文圓印。

河東先生集四十五卷目録一卷

題「夔州刺史劉禹錫編」。末附《集傳》一卷、《外集》二卷、《龍城録》二卷、《附録》二卷。前有劉禹錫《河東先生集序》。每卷後俱有「東吳郭雲鵬校壽梓」木長印。宋刊本《唐柳先生集》四十三卷，此并入《非國語》二卷，故四十五。《外集》增

《處士段宏古墓誌》三篇，附録篇目與宋本不同。《龍城録》，宋本所無也，注不題撰人名氏。郭雲鵬，明嘉靖時人。每葉十八行，行十七字。版心下方有「濟美堂」三字。

唐劉賓客詩集六卷

題「太子賓客禮部尚書劉禹錫夢得撰」。前後無序跋。與上隨州詩集同時並刊之本。每葉廿行，行廿字。收藏圖書俱同。

孟東野詩集十卷

題「唐山南西道節度參謀試大理評事武康孟郊著，明進士文林郎知武康縣事無錫秦禾重刻，曾孫秦伯欽鎡藏板」。目録前有常山宋敏求序，不題年月。景定壬戌天台國材序，景定壬戌舒岳祥贈詩一首，嘉靖丙辰秦禾《刻孟東野詩集序》。此本國氏得宋敏求定本鋟梓，秦氏又從國本翻刊，卷帙、行款尚是宋本之舊。末附《與韓退之聯句》十首，不在目録中者，亦宋敏求原編所有。每葉十八行，行十八字。收藏有「愛日堂藏書」朱文方印。

樊川文集二十卷外集一卷别集一卷

題「中書舍人杜牧字牧之」。前有裴延翰序。《别集》前有熙寧八年田槩序。集本廿卷，晁氏《讀書志》有《外集》一卷。王漁洋《居易録》見宋雕本，有《續别集》三卷。此本無《續别集》，而有《外集》、《别集》各一卷。《外集》，晁氏本所有。《别集》，田槩所益。與《居易録》所見别一本。每葉廿行，行十八字。

孫可之文集十卷

每卷目録在前。前有中和四年樵自序。正德丁丑王鏊序，稱：「内閣秘本，手録以歸，户部主事王君直夫請刻以傳。」末有丁丑三月王諤跋。直夫，即諤字也。每葉廿四行，行廿一字。

唐皮日休文藪十卷

前有柳開序。皮日休自序云：「咸通丙戌中，日休射策不上第，退歸州，來别墅，編次其文。」又云：「凡二百篇，爲十卷。」此本即其所自定，文九卷，詩一卷。已見《松陵唱和集》者，不在卷中。每葉廿二行，行廿字。

歐陽文忠公全集一百五十三卷

内分《居士集》五十卷、《外集》廿五卷、《易童子問》三卷、《外制集》三卷、《内制集》八卷、《表奏書啟四六集》七卷、《奏議集》十八卷、《雜著述》十九卷、《集古録跋尾》十卷、《書簡》十卷。又《附録》六卷，不在數中。前有蘇軾《居士集序》、《集古録目序》，六一先生小影，《四朝國史》本傳，《廬陵歐陽文忠公年譜》。後有胡柯記。又有周必大序，稱：「《歐陽文忠公集》，自汴京江浙閩蜀皆有之。後世傳録既廣，又或以意輕改，殆至譌謬不可讀。廬陵所刊，抑又甚焉。今郡人孫謙益、承直郎丁朝佐徧搜舊本，傍采先賢文集，與鄉貢進士曾三異互加編校。起紹熙辛亥春迄慶元丙辰夏，成一百五十三卷，别爲《附録》五卷。」疑當作六卷。末有編定校正孫謙益等四人銜名，覆校葛潨等八人銜名。每卷首皆小題在上，大題在下。卷後皆有考證。卷百五十三後有嘉靖庚申何遷重刻跋。每葉廿行，行廿字。

蛟峰集七卷附山房先生遺文一卷外集四卷

蛟峰，方逢辰字。逢辰，登宋淳祐十年進士，官禮部尚書。山房，則其弟逢振也。前有天順七年錢溥序，拱辰跋，嘉靖甲午胡宗明序。黑口版。每葉廿行，行廿二字。

花間集十卷

題「銀青光祿大夫行衛尉少卿趙崇祚集」。後有紹興十八年晁謙之跋。每葉廿行，行十八字。每句讀有小圈點。明毛晉重刻宋本，前有蜀翰林學士中書舍人歐陽炯序，後有陸游二跋，此本無之。收藏有「方外司馬」白文方印、「雲壑」白文方印。

類編草堂詩餘四卷

題「武陵逸史編次，開雲山農校正」。有嘉靖庚戌何良俊序，稱顧子汝所刻。是編乃其家藏宋刻本，比世所行本多七十餘調，附以《詞話》，爲汲古閣本所無。每葉廿二行，行十九字。

文心雕龍十卷

題「梁通事舍人東莞劉勰彦和著」。前後無序跋。此書各本俱缺《隱秀》篇，此本亦無此篇。唯《宗經》篇頗與俗本不同。每葉十八行，行十七字。

全唐詩話三卷

分上中下。不題撰人名氏。末有跋，題「咸淳辛未重陽日遂初堂書」，亦不書名氏。近刻本皆題作宋尤袤撰。考袤爲紹興廿一年進士，光宗時卒。此當其後人所撰，不知者誤題作袤耳。近刻或作十卷，或作六卷。此尚是舊帙。黑口版。每葉廿行，行十八字。

宣和書譜廿卷

前有嘉靖庚子楊慎序，稱：「《博古圖》，南國監有刻本，而此書雖中秘亦缺。余得之於亡友許吉士稚仁，轉寫一帙，冀傳播無絶」云。每葉十八行，行十九字。

齊東野語廿卷

題「齊人周密公謹父」。前有密自序，提行猶是宋本原款。後有正德十年胡文璧序，正德乙亥盛杲序。每葉廿二行，行十八字。卷四以上，每葉空二格。卷十以上，每葉空一格。收藏有「日潤堂」朱文長印。

平津館鑒藏書籍記卷三

陽湖孫星衍　撰　　江寧陳宗彝　校刊

舊影寫本

聖宋皇祐新樂圖記三卷

題「朝奉郎前尚書屯田員外郎輕車都尉賜緋魚袋臣阮逸、承奉郎守光禄寺丞充國子監直講同詳議修制大樂臣胡瑗奉聖旨撰」。後有直齋陳伯玉識，稱：「嘉熙己亥良月借虎丘寺本録。」蓋當時所賜，藏之名山者也。一切仿元本，無毫釐差。又有天曆二年吴壽民跋，萬曆三十九年清常道人跋。

琴史六卷

題「朱長文伯原」。前有元豐七年朱長文序，末有紹定癸巳姪孫正大跋。巾箱本。

每葉廿二行，行十七字。凡從宋板影寫者，俱載行數、字數。余又以吳山尊侍講所藏至正八年俞和手鈔本校正之。收藏有「南梧沈氏家藏」朱文長方印、「春草閑房手定」朱文方印、「璜川吳氏收藏圖書」朱文方印、「惠棟之印」白文方印、「定宇」朱文方印、「紅豆書屋」朱文方印、「士英」上圓下方朱文小印、「吳氏珍翫」白文長印。

廣黄帝本行記一卷

題「唐閬州晉安縣主簿王瓘進」。《新唐書・藝文志》作「王瓘《廣軒轅本紀》三卷」，宋以後皆不著録。王瓘始末無考，據書末云「自黄帝乙酉，至今大唐廣明二年辛丑歲，計三千四百七十二年矣」，當是僖宗時人。

軒轅黄帝傳一卷

不題撰人姓氏。末有「臣道一曰」，亦未詳何人。注中引有劉恕《外紀》，當是宋人所作。此與《廣黄帝本行記》共一册。錢氏《讀書敏求記》有此二書。余得於嚴長明侍讀。收藏有「壹是堂讀書記」朱文方印。

神機制敵太白陰經十卷

題「唐都虞候李筌撰」。前有唐永泰四年秋河東節度使都虞候李筌進書序。後有秘閣楷書臣羅士良謄，御書祇候臣張永和監，入内黄門臣朱永中監，入内内侍高班内品臣譚元吉監，入内内侍〔一〕高班内品臣趙承信監。末卷後有跋，稱「瑞南宋公先世有傳而得之以輔聖明」，知此本爲明人所鈔。《四庫全書》本止八卷，前缺「天無陰陽」、「地無險阻」二篇，又失卷八《分野》、《風角》、《鳥情》，卷九《遁甲》，卷十《玄女式》等篇，此本猶全。

〔一〕〔侍〕字原缺，據《木犀軒叢書》本補。

玉曆通政經二卷

題「唐太史令李淳風編輯」。前有李淳風序。又有《玉曆通政經引》，不著年月姓名。《宋史·藝文志》、陳氏《書録解題》俱作三卷。此本二卷，凡卅四篇。

五變中黃經一卷

不著撰人姓氏。自《釋己身》至《釋應期》凡四十二章。焦竑《經籍志》「六壬」類有此書，作二卷。《五行章》注稱：「今河中府龍門縣有《寶鑒全書》。」河中府爲唐時所置，此書當爲宋人傳鈔舊帙。《四庫全書》本亦作二卷，自《釋己身》至《疾病》爲正經，《釋盜賊》至《來意》爲後集。此本不分卷數，《來意》第九，《疾病死生》第廿二，《疾病形症》第廿三，《賊盜》第廿五，編次尚未變亂。收藏有「東啟」朱文方印。

奇門遁法一册

無卷數。前有《廿四氣圖》、《陽遁九局圖》、《陰遁九局圖》。淳祐辛丑郭子晟序稱：「集胡舜申《陰陽備用》、郇慶長《樞要》及《經國書》爲一。」此書即子晟所撰。

華陽國志十二卷

前有嘉泰甲子李𡍼序。𡍼[一]守臨邛時所鋟。缺四卷、五卷、六卷三卷，較今世所行本多卷十上、卷十中兩卷，卷十下《漢中士女傳》亦多出贊詞數語。收藏有「季振宜印」

朱文方印、「滄葦」朱文方印。

〔一〕「至」原作「烝」，據《木犀軒叢書》本改。

臨安志六卷

不題撰人名。前後亦無序跋。書中稱引，止於淳祐十一年，并稱「今上御書」。《咸淳臨安志》引《淳祐臨安志》，皆核與此本相同，此當即施鍔所撰《淳祐臨安志》也。書僅《城府》、《山川》兩類，其小序曰：「《城府》第三，《山川》第四，前後當有缺卷。」此題卷一至卷六，影寫者改之以欺世耳。每葉十四行，行廿字。

新定嚴州續志十卷

前有景定壬戌方逢辰序。末卷後題編纂銜名：浙漕進士州學學録方仁榮、迪功郎差充嚴州州學教授兼鈞〔一〕臺書院山長鄭珤。嚴州紹興中本有舊志。此編所紀，始於淳熙，訖於咸淳。標題曰《新定續志》者，蓋附刊在紹興舊志之後。

〔一〕「鈞」原作「鈎」，據《蕘圃藏書題識》、《善本書室藏書志》改。

南嶽總勝集三卷

前有隆興甲申拙安序，隆興改元陳田夫耕安序。此書即耕安所撰。晁氏《讀書志》有此書。衡山名蹟，峯巒寺觀，高僧異人，莫不纂録。前有《南嶽總勝圖》。每葉廿行，行廿字。

外臺秘要方四十卷

題「朝散大夫守光禄卿直秘閣判登聞檢院上護軍臣林億等上進」。前有天寶十一載王燾自序，宋孫兆《校正外臺秘要方序》。皇祐三年内降劄子，後列富弼、曾公亮、趙抃、王安石、林億、孫奇、高保衡等銜名。目録并每卷後，有趙子孟、張寔校勘，裴宗〔一〕元校正銜名。據孫兆《校正序》：「唐王燾撰《外臺秘要方》四十卷，自唐列五代傳寫，其本譌舛。國家詔儒臣校正醫書，臣承命以其書方證之，重者删去，以從其簡。經書之異者，注解以著其詳。」然則燾書孫兆已有更改。此從宋刊本影寫。明程衍道重刊本，删内降劄并後銜名。細注按語，亦多不同。收藏有「王文鐸印」白文方印、「伯振字」朱文方印。

〔一〕「宗」，原作「字」，據《木犀軒叢書》本改。

洗冤集録一卷

目録題「朝散大夫新除直秘閣湖南提刑充大使行府參議官宋慈惠父編」。前有淳祐[一]丁未宋慈序，稱：「四叨臬寄，博採近世所傳諸書，自《内恕録》以下凡數家，會粹釐正，增以己見，總爲一編，名曰《洗冤集録》，刊於湖南憲治。自《條令》至《驗狀説》凡五十四條。」前有《頒降新例》五條，後有《續附無冤集録》六條，皆元時刑司所附。

〔一〕「祐」原作「熙」。淳熙丁未爲一一八七年，淳祐丁未爲一二四七年，宋慈生卒年爲一一八六年至一二四九年，故此當爲「淳祐丁未」。

續資治通鑒長編一百八卷

前有乾道四年進書表，附録《文獻通考》等書紀載《長編》故事一卷，目録一卷。書起太祖建隆元年正月，終英宗治平四年閏三月。内又分出重卷，實則一百七十五卷也。《四庫全書》稱：「康熙初，崑山徐乾學始獲其本於泰興季氏，凡一百七十五卷，嘗具疏進之於朝，」即此本也。此書卷帙繁多，燾隨時寫進，故傳本卷數多不同。據《文獻通考》，隆興元年進本，自建隆迄開寶，共十七卷。乾道四年進本，自建隆迄治平四年閏三月，共一百八卷。淳熙元年進本，自治平以後至中興以前，共二百八十卷。至淳熙九年重寫進本，共九百八十卷。又有修整事目録十卷，舉要六十八卷，總目五卷，凡四種，共一千六十三卷。此即乾道四年進本也。

新刊監本大字册府元龜一千卷

題「推忠協謀同德守政佐理功臣使特進行吏部尚書檢校太尉同中書門下平章事修國史上柱國太原郡開國公食邑七千户實封二千八百户臣王欽若等奉敕纂」。前有序修書始末。目録十卷，分自《帝王》至《外臣》卅一部，每部有總序。又分子目一千一百四門，每門有小序。景德二年詔修，至祥符六年始成。《玉海》此書有《音義》十卷，今傳寫已佚。所采各書，不載書名，不及《太平御覽》之善。惟五代事跡頗足補歐、薛二史所未備，世亦以此重之。

朝野類要五卷

題「文昌趙昇集録」。自《班朝》至《餘紀》，凡廿類，每類又分小目。書作於理宗端平三年。收藏有「開萬樓藏書印」朱文長方印。

大金集禮四十卷

不題撰人姓氏。前後亦無序跋。據黄虞稷《千頃堂書目》，明昌六年，禮部尚書張暐等所進。原闕第廿六卷、第卅三卷、第六卷《悼平皇后篇》、第廿七卷《立仗篇》。第十二卷至十七卷，俱有闕文。

古玉圖譜卅二册

題「銀青光禄大夫上柱國翰林學士承旨檢校禮部尚書開府儀同三司永興郡開國公食邑七百户實封三百户提舉嵩山崇福宫使賜紫金魚袋臣龍大淵等奉敕編纂」。前有乾道元年龍大淵等《古玉圖譜序》，後列奉敕編纂、校閲、排次、寫圖、設色、裝潢銜名，又有至大元年柯九思後序。《四庫全書存目》有《古玉圖譜》一百卷，題「宋龍大淵等奉敕撰」，稱：「諸臣修書職銜，有總裁、副總裁之名。」又稱：「大淵於乾道四年死，此書作於淳熙三年，在大淵死後九年。」皆與此本不同。此本爲宋時原進官本，尚未經後人改造變亂，洵可寶也。

蘭亭博議一卷

前有開禧元年高文虎序，後有陸槱跋，俱不言卷數。陳氏《書録解題》：「《蘭亭博議》十五卷，淮海桑世昌澤卿撰。」「《蘭亭考》十二卷，即前書。浙東庾司所刻，視初本頗有删改。初十五篇，今存十三篇，去其《集字篇》、《附見篇》。其書始成，本名《博議》，高内翰文虎爲之序。」葉適《水心集》亦有《蘭亭博議跋》。此本僅一卷，共卅五葉，分本序、詩、睿賞、紀原、八法、臨摹、審定、推評、習法、詠贊、傳刻、集字、釋禊十三類，首尾尚爲完具。桑氏先成《博議》，後改作《蘭亭考》，此本或出於初定，或後人節鈔。今十五卷之本已亡，無可考證矣。

北堂書鈔一百六十卷

題「秘書郎虞世南撰」。前有《文獻經籍考題語》一葉，目録一卷。此書今世所行，惟有陳禹謨删改本。此本猶從宋本摹鈔，絶不易得。惟字畫譌舛，幾於不可句讀。陳禹謨《凡例》所引武功部、車部、酒食部闕篇以及黄泉出楚宋汝疾有反諸譌字，俱與此本相同。洪頤煊曰：《讀書敏求記》云：「聞嘉禾收藏家有原書，蒐訪十餘年而始得，繕寫精妙，繙閲之，心目朗然。」當勝於此本。收藏有「南泉」白文長印、「紉佩齋清賞印」朱文長印、「雲章閣收藏圖籍印」朱文長印。

全芳備祖前集廿七卷後集卅一卷

題「天台陳景沂編輯，建安祝穆訂正」。前有寶祐元年韓境序。寶祐丙辰景沂自序，稱「江淮肥遯愚一子」。卷中又有題作「天台陳先生類編花果卉木全芳備祖，江淮肥遯愚一子陳景沂編輯」，參錯不齊，當是其原刻如此。收藏有「西浦樓嚴敬思」朱文長印、「西浦藏書」朱文長方印、「開萬樓藏書印」朱文長方印。

唐四傑詩集四卷

楊炯、王勃、盧照鄰、駱賓王各一卷。前有景德四年汪楠序。每卷不標大題，惟題作人姓名。又楊、王、盧詩前無目，駱賓王詩前有之。此本從北宋本影摹，序文後有「琴泉生」三字、「世恩堂」三字、「汪良用印」四字，影摹墨印。巾箱本。每葉廿六行，行十九字。每葉左方上有「錢遵王述古堂藏書」八字。收藏有「吴元潤印」白文方印、「澤均」朱文方印、「長洲吴謝堂氏香雨齋珍藏書畫印」朱文方印。

沈下賢文集十二卷

題「吳興沈亞之下賢」。前有元祐丙寅序，不題姓名。錢氏《讀書敏求記》作廿卷，又「丙寅」作「丙申」，皆傳寫誤也。王漁洋《池北偶談》所見本，有萬曆丙午徐渤跋，云：「鈔諸焦太史者，後附張祐、杜牧、李商隱三詩。」此本無之。

司空表聖文集十卷

題「司空圖字表聖」。大題下又題《一鳴集》。前有光啟三年司空氏自序。陳氏《書録解題》：「《一鳴集》十卷，蜀本但有雜著，無詩。」此本前後八卷俱題「雜著」，唯五六兩卷題作「碑」，洪頤煊曰：卷七雜著中有《復安南碑》，不應此二卷獨題作碑，當由後人誤改。即陳氏所見之本。

禪月集廿五卷

題「浙江東道婺州蘭溪縣和安寺西岳賜紫蜀國禪月大師貫休述」。前有己未歲翰林學士吳融序，後有門人曇域後序二篇，嘉熙四年婺州重刊題字，嘉熙戊戌周伯奮跋，嘉熙戊戌童必明跋，附載楊傑、江衍詩三首，末有正德九年吴中布衣柳僉大中手鈔題識，并詩一首。《禪月集》，曇域刊於乾道五年。嘉熙中，可燦復刊於婺州。此本乃柳僉從可燦本影寫。明毛晉刊有《補遺》一卷，在此本之後矣。收藏有「葉氏菉竹堂藏書」朱文圓印。

徐騎省文集卅卷

前有天禧元年胡克順《進徐騎省文集表》并批答，淳化四年陳彭年序、行狀、墓誌銘、祭文、挽詩，大中祥符元年晏殊後序，紹興十九年明州重刊徐琛跋。鉉集爲其壻吴淑所編。天禧中，都官員外郎胡克順得其本於陳彭年，刊刻表進〔一〕。此從明州重刊本影鈔。卷數與晁氏《讀書志》、陳氏《書録解題》同。

〔一〕［進］字原缺，據《木犀軒叢書》本補。

王黄州小畜集卅卷

前有紹興戊辰沈虞卿序，後有紹興十七年黄州刊書契勘銜名。洪頤煊曰：末記「印書紙并副板四百四十八張，表褙碧紙一十一紙，大紙八張，共錢二百六文足。賃板檯墨錢五百文足。裝印工食錢四百三十文足。除印書紙外，共計錢一千一百三十六文足。見成出賣每部價〔五貫〕文。可省宋時印書工價如此。晁氏《讀書志》、陳氏《書録解題》，《小畜集》卅卷，有王禹偁自序。《書録解題》本，又有《外集》廿卷。此本皆無之。此從南宋黄州刊本影寫。每葉十六行，行廿三字。

乖崖先生文集十二卷

前有宣教郎知鄂州崇陽縣主管勸農營田公事天台郭森卿序。《乖崖集》，宋刻有兩本。趙希弁《讀書附志》本，十卷。《書録解題》本，十二卷，稱：「郭森卿宰崇陽刻。此集舊本十卷，今增廣，并《語録》爲十二卷」，即此本也。《四庫全書》「《乖崖集》十二卷《附録》一卷」，在此本之後。收藏有「隨處體認」白文方印、「疏窗蔭緑筠」朱文圓印、「細嚼梅花讀杜詩」白文長印、「户映花叢當下簾」白文方印。

東觀集七卷

題「宋魏野仲先著」。前有天聖元年薛田《鉅鹿東觀集序》，稱：「其子閑出所著新舊詩四百篇，彙爲七卷。」《四庫全書》本作十卷，薛田序「四百篇」，「四」改作「三」。

又別有《補遺》三卷本。皆後人重改。此從宋本影寫。每葉十二行，行十四字。

徂徠文集廿卷

題「徂徠石介守道」。目録一卷。每卷前又各有目録。末附歐陽文忠所撰墓誌銘一首，詩二首。書中有「祖宗」、「朝廷」等字，俱空一格，知從宋本影寫。《四庫全書》：「《徂徠集》廿卷」，無《附録》三篇，第四卷闕《寄元均叔仁》、《讀易堂》、《永軒》、《暫憩》四詩，此本俱完。收藏有「隨處體認」白文方印、「疏窗蔭緑筠」朱文圓印、「户映花叢當下簾」白文方印。

青山集六卷

題「當塗郭祥正字功父」。前後無序跋。《四庫全書》：「《青山集》卅卷，《續集》七卷。」此本《古詩》二卷，《近體詩》四卷，即王漁洋《居易録》所見閩謝氏寫本。收藏有「新安汪氏」朱文方印、「啟淑信印」白文方印。

陵陽先生詩四卷

次行題「江西詩派」。三行題「中書舍人韓駒子蒼」。書中「祖宗」、「朝廷」等字俱空格，當是宋刊《江西詩派》中之一種。每葉廿行，行十九字。收藏有「宋筠」朱文方印、「蘭揮氏」白文方印、「吳元潤印」白文方印、「謝堂」朱文方印、「香雨齋吳氏珍藏圖書」朱文長印、「香雨齋」朱文圓印。

雪溪詩五卷

題「潁人王銍」。《宋史・藝文志》、陳氏《書録解題》銍詩俱作八卷，此本止五卷。影寫原本，字多殘闕。收藏有「吳元潤印」白文方印、「澤均」朱文方印、「長洲謝堂吳氏香雨齋珍藏印」朱文長印、「宋氏蘭揮藏書善本」白文長印、「筠」朱文圓印、「緜松庵」白文方印、「雪苑宋氏蘭揮藏書記」朱文長印。

玉瀾集一卷

題「新安朱槔逢年撰」。前有淳熙辛卯尤袤序，稱：「槔有兄曰韋齋，韋齋之子南康使君，今又以道學倡。」韋齋爲朱文公父松別號，此即文公之叔也。明弘治中，鄺氏嘗取《玉瀾集》附刊於《韋齋集》之後。此本單行，猶是宋時舊帙。收藏有「隨處體認」白文方印、「細嚼梅花讀杜詩」白文長印、「疏窗蔭緑筠」朱文圓印、「户映花叢當下簾」白文方印。

方是閒居士小藁二卷

前有嘉定戊寅趙必愿序，後有嘉定丁丑劉學箕記，游郴方、陳以莊、劉瑑三跋。此編即劉學箕所撰。據《四庫全書》本，前尚有建陽劉淮、東里趙蕃兩序，此本無之。又稱：「宋時已鋟板，因兵亂散失。元至正辛丑，其裔孫名張者，復重刊之。」此本無重刊題識，或所失二序中言之，或即是宋鋟原本。巾箱本。每葉廿行，行廿字。卷首有影摹「家住花谿石藥南」圓印、「門無剥啄，松影參差，禽聲上下，午睡初足」方印。

馬石田文集十五卷附録一卷

前有至元五年江北淮東道肅政廉訪司請刊馬祖常文集文録，後列廉訪使阿合馬等銜名，至元五年王守誠序，至元五年蘇天爵序，應奉翰林陳旅序，弘治癸丑李東陽序，弘治六年張頤序，康熙二十九年王士禛題字。此集始刊於至元五年，《讀書敏求記》稱其「雕刻精妙」。此又從明弘治中山西按察使熊騰霄刊本影鈔者也。收藏有「五硯樓」朱文長印、「袁又愷藏書」朱文長印、「五硯樓袁氏收藏金石圖書印」朱文方印。

圭塘欸乃集一卷

前有至正十年周伯琦序，後有汴段天祐、周溥、至正辛卯哈剌台、天台丁文昇、臨川黄唁、鎮陽張守正、金臺王翰、浚儀王國寶、洹濱九跋，又有山東陸焕然、襄邑趙恒詩二首。此集本安陽許有壬與其弟有孚子楨客馬明初唱和之作。圭塘者，其别業也，在相城西二里。凡詩二百八十五首。末洹濱跋，稱：「右倡和集一帙，江湖友人躬録而裒潢者。廿八年兵後所存唯此本爾。」當是明人所題。每葉廿行，行十八字。收藏有「海寧查聲山名昇印」白文方印、「太史之章」朱文方印、「璜川吴氏收藏圖書」朱文方印、「吴省蘭印」白文方印、「稷堂」朱文方印。

續夷堅志前後集二卷

題「太原元好問裕之纂」。前集目録後有窋窊宊題識，後集目録後有至順三年石巖民瞻題識，末有《金史·元遺山傳》，又有至正戊子吴下王東、吴道輔〔一〕、孫道明三跋。王東跋稱：「予鈔北地棗本《續夷堅志》四册，至正戊子武林新刻，《金史·遺山先生傳》附於所書之後。」孫道明於至正癸卯又從王本借録。末有「徵峯乾隆三年筠」墨筆題識，知是宋牧仲家舊本。收藏有「吴元潤印」白文方印、「謝堂」朱文方印、「香雨斋吴氏珍藏圖書」朱文長印。

〔一〕「輔」原作「輯」，據《木犀軒叢書》本改。

影寫本

春秋分記九十卷

題「宋程公説譔」。前有淳祐三年游侶序，開禧二年程公説自序，淳祐三年程公許序，又劉光祖所撰《程公説墓志銘例要》一卷，目録一卷。書分年表九卷、世譜七卷、名譜二卷、書廿六卷、天王二卷、内魯六卷、晉齊以下世本廿六卷、次國二卷、小國七卷、四夷附録三卷。揚州馬曰璐家所藏影宋鈔本作《春秋分紀》，此作《分記》，與《書録解題》

本同。

樂書二百卷目録一卷

題「迪功郎建昌軍南豐縣主簿林宇沖校勘」。前有慶元庚申楊萬里、三山陳先生《樂書序》，宣德郎秘書省正字陳暘《進樂書表》并序一篇，又建中靖國元年牒并議、詔、勅爲一卷。此本目録、篇題、行款，俱與元本少異。又中多闕葉，余因以元本補鈔完足。

晏子春秋八卷

前有目録，劉向校上晏子奏。每篇又分小篇目，列於每卷之首，總二百十五章。盧氏《羣書拾補》稱：「吴槎客示余元人刻本，其每卷首有總目，又各標於當篇」，即此本。每葉十八行，行十八字。

虎鈐經二十卷

前有許洞《上虎鈐經表》。許洞自序稱：「創始於辛丑之初，成於甲辰之末，其書二百十篇，分爲廿卷。」今本《老人星》第一百五十七至《鶉尾》第一百六十八十二篇，止有圖八，而闕其四。又闕《回兵文》第二。二百十篇末有徐達、沐英等戰事，不完五葉，是明人所附。

靈臺秘苑十五卷

不題撰人姓氏。前有看詳官王安禮、歐陽發，編修官丁洵、于大吉四人銜名，末有《天體》、《地體》、《日月經緯》、《星説》，不在卷，未知何人所附。《四庫全書》本題作北周庾季才原撰，宋人重修。卷一《步天歌》，星俱有圖，此本無之。

大唐開元占經一百二十卷目録二卷

題「銀青光禄大夫太史監事門下同三品臣瞿曇悉達等奉敕修撰」。前有萬曆丙辰程明善跋，稱：「南北靈臺，俱無藏本。余因布施裒金，得此書於古佛腹中，不知藏於何代，録於何人。」又有萬曆戊午兄明哲跋。《四庫全書》本卷首有萬曆丁巳張一熙識語，謂是書歷唐迄明，約數百年，始得之挹元道人。此皆同時傳鈔之本，而此本稍詳。

乾象通鑑一百卷

前有《星宿總説》一篇，《古變異》一卷，目録一卷，後題「河間府免解進士李季奉聖旨」，又有季進呈序。《玉海》引《繫年録》：「初，河間府進士李季，集天文諸書，號《乾象通鑑》。建炎四年六月癸酉，命婺州給札上之。」錢氏《讀書敏求記》有此書。

乾道臨安志三卷

題「吴興周淙彦廣撰」。前有杭世駿、厲鶚兩跋，稱：「《書録解題》『周淙《臨安志》十五卷』。此本僅卷一至卷三，乃孫晴崖得宋槧本於京師故家，因鈔録以傳，實不完本也。」《四庫全書》所録，即此本。宋槧本但題作《臨安志》，「乾道」二字，是後人所加。

輿地紀勝二百卷

題「東陽王象之編」。前有嘉定辛巳王象之自序，寶慶丁亥李𡌴序。此本從宋板影摹。每葉廿行，行廿字。左右欄線外俱標卷數篇目，缺卷十三至十六，卷五十一至五十四，卷一百廿六至一百廿八，卷一百卅六至一百四十四，卷一百六十八至一百七十四，卷一百八十五至二百，共卅五卷。

咸淳臨安志一百卷

前有潛説友序。此編即説友咸淳庚午以中奉大夫權户部尚書知臨安軍府事時所撰。末有朱彝尊、盧文弨兩跋，稱是書海鹽胡氏、常熟毛氏所藏。宋槧本止八十卷，朱氏鈔補十三卷，盧氏又鈔補二卷，惟六十四、九十暨最末三卷闕焉。《四庫全書》本九十三卷，即朱氏鈔本也。

重修毘陵志三十卷

前有咸淳四年史能之序。此書舊無完本，錢辛楣少詹始借各本鈔足成之，惟闕第廿卷。吴縣袁上舍廷檮録以贈予。末有吴翌鳳、張德榮暨少詹三跋。

吴都文粹十卷

題「蘇臺鄭虎臣集」。前後無序跋。《四庫全書》本作九卷。此書全依《吴郡志》録寫詩文，疑是坊賈所作，非虎臣原書。

華氏中藏經三卷

前有應靈洞主探微真人少室山鄧處中序，稱：「華先生佗未六旬爲魏所戮，余乃先生外孫也。因弔先生寢室，夢先生引余坐語：『《中藏經》，真活人法也。子可取之，勿傳非人。』余覺，獲石函一具，開之，得書一帙，乃《中藏經》也。」《宋史·藝文志》誤作《黄氏中藏經》一卷，靈寶洞主探微真人撰。陳氏《書録解題》有此書，亦作一卷。此本卷上第十篇「性急則服急」以下及下卷，爲趙孟頫手書，張太史錦芳所藏。第十篇以上及中卷，余以明江澄中刻本補寫成之。

素問六氣玄珠密語十卷

題「唐啟玄子述」。前有《五運六氣數訣》。大唐麟德元年啟玄子王冰序，稱乃玄珠子密而口授之言也。又王冰《内經序》云：「别撰《玄珠》，以陳其道。」林億等校正云：「詳王氏《玄珠》，世無傳者。」今有《玄珠》十卷，蓋後人附託之文。雖非王氏原書，亦於《素問》第十九卷至廿二四卷，頗有發明。

廣成先生玉函經并序一卷

題「傳真天師特進檢校太傅太子賓客主管大學士戶部侍郎徽國公廣成先生杜光庭、盱江水月黎民壽」。分《生死歌決》上中下三篇。前有小序。案：杜光庭《玉函經》，唐、宋史志俱不載，唯錢氏《讀書敏求記》有杜光庭《了證歌》一卷，云：「謹傍《難經》，各推《了證歌》爲之，以決生死。」此本序云：「謹傍《難經》，畧依決證，迺成《生死歌決》一門。」疑即此書。黎民壽校注，亦未詳何時人。

王氏百一選方八卷

題「宋王璆著」。前有皇統四年楊用道序。陳氏《書録解題》有晉葛洪《肘後百一方》三卷。宋王璆增修至卅卷，卷帙繁重。金楊用道乃復録其方，分以類例，而附於《百一隨證》之下，目之曰《百一方》。余別有明李栻所刻，題作《葛仙翁肘後備急方》，其實同一書也。

皇朝編年備要卅卷

題「壺山陳均編」。前有陳均自序，紹定二年真德秀序，林岊序，紹定己丑鄭性之序，凡例一卷，引用諸書二葉，目録一卷。陳氏《書録解題》云陳均所撰有《皇朝編年舉要》卅卷，《備要》卅卷，「《舉要》者，綱也，《備要》者，目也」。二書本合爲一。此本每卷「編年」下空二格，當是「舉要」二字。別本又題作《宋九朝編年備要》。

孔氏祖庭廣記十二卷

前有正大四年襲封衍聖公五十一代孫元措《祖庭廣記序》，正大四年張行信題辭，又有宣和六年四十七代孫傳《祖庭雜記舊引》，元豐八年四十六世孫宗翰《家譜舊引》。《家譜》與《雜記》，本各自爲書，元措始合爲一。增益門類，冠以圖象十二，因「祖庭」之名，改稱《廣記》。又前有正大四年刊書銜名。後有「大蒙古國壬寅年重刊」，題「壬寅」，宋理宗淳祐二年也。每葉廿二行，行廿字。

大唐開元禮一百五十卷

前有序文，附録《新唐書·禮樂志》及《文獻通考》諸條。陳氏《書録解題》作唐集賢院學士蕭嵩、王仲邱等撰。附録引《集賢注記》：「開元禮序例三卷，吉禮七十五卷，賓禮五卷，嘉禮四十卷，軍禮十卷，凶禮廿卷。」此本賓禮二卷并序例三卷，爲百五十卷。又軍禮在嘉禮之前，俱與《集賢注記》異。

秘書志十一卷目録一卷

題「承務郎秘書監著作郎王士點、承事郎秘書監著作佐郎商企翁編次」。前有至正二年文牒。書分《職制》至《題名》，凡十九門，皆紀元秘書監故事。每葉十八行，行十六字。

寶刻叢編廿卷

題「錢唐陳思纂次」。前有紹定二年元鶴山翁序，紹定五年孔山居士序，紹定辛卯陳伯玉父序。又有一序，已闕其半。目録後有近人程炎跋，稱：「予得璜川吳氏本，蓋從天一閣范氏本影鈔，缺譌校他本爲善。今年四月，借帶湖沈中翰藏本，又借稷堂吴編修本，繕寫成帙。卷内大半脱落，亥豕魯魚，其誤甚多，與璜川本大相逕庭。」此本即程氏續鈔之本。其闕卷闕葉視《四庫全書》本又甚。

蘭亭續考二卷

題「吴山俞松」。末有淳祐甲辰自跋，嘉靖乙卯姚若跋。康熙丁亥金風亭長跋，稱：「俞氏《續考》刊本未之見，蓋求之廿載始得傳鈔。」收藏有「安麓邨藏書印」朱文長印。

太平御覽一千卷

題「翰林學士承旨正奉大夫守工部尚書知制誥上柱國隴西縣開國伯食邑七百户賜紫金魚袋臣李昉等奉敕纂」。前有圖書綱目一卷，目録十卷，總目二葉，慶元五年蒲叔獻序，李廷允跋。此書世無善本，吴門周明經錫瓚藏有明文淵閣殘宋本三百六十卷，黄孝廉丕烈藏有明季舊鈔本闕一百十五卷，孫茂才衡亦藏有不全影宋本。余屬何上舍元錫合鈔成書，尚共闕六十五卷，以明刊本鈔補。雖視黄正色本較爲完善，然譌舛處終不免，余嘗欲釀金梓之而未能也。

蔡中郎文集十卷外傳一卷

題「漢左中郎將蔡邕伯喈撰」。前有天聖癸亥歐靜序。此即從前蘭雪堂活字銅板本影寫。唯前本「正德乙亥春三月錫山蘭雪堂」題識兩行，前本在目録後上半葉，此本在下半葉。又脱「正德」二字，行款俱同前本。此本板心上有「蘭雪堂」三字。

鮑氏集十卷

前有散騎侍郎虞炎《鮑照集序》。晁氏《讀書志》：「虞炎，唐人。」每卷前俱有目録，卷一即在序文後，不另葉起。《四庫全書》朱應登十卷刊本，《行路難》第七首「蹲蹲」字下注云：「《集》作樽樽。」「椓」字下注云：「《集》作逐。」此本正作「樽樽」、「逐」字。宋諱俱有缺筆，是從宋刊本影寫。每葉廿行，行十六字。

王無功集三卷

前有唐吕才《東皐子集序》。末有近人余蕭客跋，稱從北宋本録出。《讀書敏求記》

云：「今世罕傳，清常道人從金陵焦太史本録出。」亦即此三卷之本。巾箱小字本。每葉十八行，行十六字。

華陽陶隱居集二卷

題「昭臺弟子傅霄編，大洞弟子陳桷校勘」。此從《道藏》本影寫。上卷有「尊一」、下卷有「尊二」字號。《陶弘景集》，隋、唐《志》俱作卅卷，此本不知何時編集。唐、宋《藝文志》、晁氏《讀書志》、陳氏《書録解題》、《讀書敏求記》、《四庫全書》俱不載。每葉十行，行十七字。

樂府雅詞三卷拾遺二卷

前有紹興丙寅曾慥序，後有朱竹垞曝書亭題跋。曾慥原編卅四家，書止五卷。《文獻通考》引陳氏《書録解題》作十二卷，是傳寫之誤。

外藩本

孝經一卷

日本刻本。分經一章，傳十四章。前有從一位政家、大相國冬良、關白、尚通内大臣尚基、權大納言親長、正三位爲富、正二位教秀、權大納宣宣允、三議基富、右中辨宣秀、前大僧正良法十一人草書題字。末有寶永三年大頭藤信篤《孝經跋》。寶永三年當康熙四十五年。每幅八行，行十二字。面葉籤題「天下至寶萬世不易人倫孝道經」。

孝經鄭注一卷

影寫本。前有序文，題「癸丑之秋尾張岡田挺之撰」。末有跋云：「右《今文孝經》鄭注一卷，《羣書治要》所載也。其經文不全者，據注疏本補之，以便讀者。寬政癸丑之秋尾張岡田挺之識，書林片野東四郎梓。」别葉有寬政六年甲〔一〕寅正月書林題字，又書目三種。寬政六年當乾隆五十九年。《孝經》鄭注久亡，彼國此本，以《經典釋文》并諸書所引較之，尚多殘脱。

〔一〕「甲」字原缺，據《木犀軒叢書》本補。

樂書要録三卷

影寫本。《新唐書·藝文志》：「武后《樂書要録》十卷。」宋以後俱不見著録。此本亦僅存五、六、七三卷。末有己未仲秋天瀑跋。

羣書治要五十卷

影寫本。題「秘書監鉅鹿男臣魏徵等奉敕撰」。前有魏徵《羣書治要序》。又有天明七年國子祭酒林敬信序，天明五年尾張國校，督學臣細井德民考例，皆日本人。天明五年当乾隆五十年。《玉海》引魏徵《羣書治要序》，與此本同。其所引子書，多近今闕佚之本。缺第四、第十三、第廿共三卷。

兩京新記一卷

影写本。題「唐韋述撰」。《新唐書·藝文志》：「韋述《兩京新記》五卷。」《宋志》

猶著録，不知亡於何時。彼國僅第三卷，卷首又闕數葉。末有己未天瀑跋。

王翰林集注黄帝八十一難經五卷

影寫本。題「盧國秦越人撰，吕廣、丁德用、楊玄操、虞庶、楊康侯注解，王九思、王鼎象、石友諒、王惟一校正」。附音釋。前有楊玄操序。《文獻通考》引晁氏、陳氏書目：《吕楊注八十一難經》五卷、《丁德用注難經》五卷、《虞庶注難經》五卷。此本又明王九思所集，各家書目皆不載。末有癸亥天瀑跋。

文館詞林四卷

影寫本。題「中書令太子賓客監修國史弘文館學士上柱國高陽郡開國公臣許敬宗等奉勅撰」。《新唐書・藝文志》：「《文館辭林》一千卷，許敬宗、劉伯莊等撰。」《宋志》存詩一卷。此卷亦僅六百六十二、六百六十四、六百六十八、六百九十五詔令四卷，然所採皆正史暨各家文集所未載。末有庚申天瀑跋。又前有《佚存叢書》寬政辛酉天瀑跋。此與《樂書要録》、《兩京新記》、《李嶠雜咏》皆嘉慶六年彼國所刻叢書本也。

李嶠雜咏二卷

影寫本。前有唐天寶六載張庭芳序。自《乾象》至《玉帛》十二部，每部十首，共百廿首。《全唐詩》李嶠集本有此詩，中多缺句，此本俱完。末有己未天瀑跋。

平津館鑒藏書籍記補遺

陽湖孫星衍　撰　江寧陳宗彝　校刊

宋版

魯齋書疑九卷

前有寶祐丁巳王柏自序，次定書篇目，次《書疑》目録。柏此書，直取經文，或删或補，重爲編定。變亂妄作，久爲通人詬病。此本尚是宋時所刻。黑口版。每葉廿二行，行廿一字。收藏有「古香齋」朱文小長印、「丘南小隱」朱文方印、「草堂」白文方印。

纂圖互注南華真經十卷

題「晉郭象子玄注，唐陸德明音義」。前有郭象序、《莊子太極説》、《周子太極圖説》。「互注」等字，亦用黑蓋子别之。與巾箱本行款式樣無異，而刻略在後。板心間有

「張輝刊」三字。收藏有「汝範之印」朱文方印。

元版

樂書二百卷目録一卷

題「迪功郎建昌軍南豐縣主簿林宇沖校勘」。前有慶元庚申楊萬里、三山陳先生《樂書序》，陳暘《進樂書表》并序一篇，建中靖國元年牒并議、詔、敕一卷，慶元己未三山陳岐跋。後有林宇沖題識，稱：「暘進《樂書》，建中靖國初給筆札繕寫以進，儲之秘府。史君陳先生得其家藏副本，令子沖校勘，以廣其傳。」洪頤煊曰：跋文稱「子沖」，跋後并目録前題俱作「林宇沖」，當係重刊之譌。明淩迪知《萬姓統譜》林子沖，字通卿，之奇從子。淳熙中登進士第。初爲南豐簿，時郡守陳岐欲修二陳禮樂書，以子沖大儒之後，延以特榻。子沖隨文釋義，補闕訂譌。書成，周必大、楊萬里皆稱其精密。内府所藏嘉泰二年本亦作「子沖」，此本作「宇沖」者譌也。此本筆畫工整，而宋諱字俱不缺筆。又楊萬里序藝祖、真宗等字皆空格而不跳行，當出於後人重刊。《天禄琳琅》有嘉泰二年樓鑰序刊本，稱其中多俗字，此本正與之同。每葉廿六行，行廿六字。收藏有「弱侯讀書記」白文長印、「毛」「晉」朱文聯印、「汲古主人」朱文方印、「甲字」朱文方印、「宋本」朱文橢圓印。

老子鬳齋口義二卷

題「須溪劉辰翁會孟」。下卷題作「須溪劉辰翁點校」。鬳齋爲宋林希逸號。希逸，紹定間進士，官中書舍人。《萬姓統譜》作「獻齋」。所著有《老莊列口義》，此特其一種耳。《老子》依纂圖互注本，分八十一章，而又以首句爲章名，與纂圖本異。注先解釋其義，後又題「林曰」別之，然則前注非鬳齋作也。劉須溪評語羼入注中，俱用黑蓋子。正文字旁俱有圈點。巾箱黑口版。每葉廿二行，行十八字。收藏有「水東草堂」白文方印。

傷寒論注解十卷

題「仲景述，王叔和撰次，成無已注解」。前有甲子洛陽嚴器之序，目録一卷，《圖解運氣圖說》一卷。後有「孝口」木方印、「東山」鼎式木印、「大德甲辰歲孝永堂重刊」木長印。每卷後俱有釋音。卷七、卷八本合爲一卷。錢少詹《日記鈔》所見毛氏影金刻鈔本，小字密行，前有皇統甲子洛陽嚴器之、大定壬辰黽池令魏公衡、武安王綷三人序，後有冥飛退翁王鼎序，又別是一本。黑口版。每葉廿四行，行廿四字。收藏有「古婁龔生」白文方印。

通志二百卷

前有總目一卷，總序一篇，下題「右迪功郎鄭樵」。至治壬戌吴繹序，下有「繹」、「可堂吴氏」兩木方印。至治元年福州路總管可堂吴繹《通志疏》後有「至治二年九月印造，福州路總管府所委提調官福州路録事司判官蓋從杞」等七人銜名。據吴序云「是集繡韻梓於三山郡庠，亦既獻之天府，藏之秘閣，北方學者猶未之見，乃募僚屬捐己俸，摹印五十部，散之江北諸郡」云云。據劉壎《隱居通議》云：「近大德歲間，東宫有令下福州刊《通志》，凡萬幾板。」然則此書是元初刻於閩中，繹摹印頒行，記歲月於後，非繹所刊也。大字本。每葉十八行，行廿一字。

集千家注批點杜工部詩集廿卷

題「須溪先生劉會孟評點」。前有大德癸卯劉將孫序，序後有「須溪劉氏」、「將孫」、「尚友父」五木印。二印不可識。《杜工部年譜》一卷，目録一卷。據序云：「先君子須溪先生平生屢看杜集，既選爲興觀，他評論尚多，批點皆各有意。高楚芳類稡刻之，復删舊注無稽者、泛濫者，特存精確必不可無者，求爲序以傳。」然則此本是高楚芳所編。每卷後有補注刻葉。末卷已缺，係後人鈔補。黑口版。每葉廿二行，行廿二字。收藏有陸貽典墨蹟題識、「貴生堂印」白文方印、「淩氏云翼」朱文方印、「起家二千石」朱文方印、「陸貽典印」白文方印、「人中爽」白文方印、「敕先」白文方印、「陸貽典名貽芬」白文小方印、「敕先」朱文小方印、「陸氏敕先收藏書籍」白文方印。

唐陸宣公集廿二卷目録一卷

前有權德輿《翰苑集序》、《本朝名臣進奏議劄子》一篇，唐陸宣公像，至大辛亥厲一鶚序。目録後有題識，云：「至大辛亥秋教官厲心齋奏總管王公子中命重新繡梓，詳加校訂。任其責者，學正四明陳沆，學録毗陵蔣臈、孫路，掾廬陵易偉也。」又有監督直學二吏姓名。黑口版。板心題「苑十卷，奏十二卷」。每葉廿二行，行十九字。

松雪齋文集十卷外集一卷行狀謚文一卷目録一卷

前有大德戊戌戴表元序，後有「戴氏率初」木方印，末有至元後己卯何貞立後序，後有「長沙何貞立印」木長印。《正集》後有至元後己卯沈璜跋，稱：「松雪翁薨幾廿年，今從公子仲穆求假全集，與友原誠鄭君再加校正，總五百卅四，并公行狀、謚文一卷，目録一卷，合爲一十二卷，亟録諸梓。」《外集》一卷，則貞立所附刊也。每葉廿四行，行廿二字。收藏有「金陵顧謙字以牧圖書印」朱文長印、「漱芳窩圖書印」朱文長印、「新安汪氏」朱文方印、「啟淑信印」白文方印。

明版

周禮十二卷

每卷次行依注疏本，小題在上，大題在下，下題「鄭氏注」三字。前後無序跋。每卷後俱注經若干字，注若干字。顧澗蘋文學以爲明嘉靖中翻宋本。每葉十六行，行十七字。收藏有「嘉平」白文方印、「清修室主」白文方印、「皆□堂印」朱文方印、「芳草王孫」白文方印。

周禮十二卷

次行題「天官冢宰第一」，下題「鄭氏注」。餘卷仿此。前有目録。版式大小與前本無異，唯此本兼載陸德明音義，句讀俱有小圈。每葉十八行，行十七字。

禮記廿卷

每卷次行依注疏本，小題在上，大題在下，下題「鄭氏注」三字。每卷俱注經若干字，注若干字。每篇分章俱用圈以别之，與上《周禮》嘉靖翻宋本同時竝刊。前後無序跋。每葉十六行，行十七字。

六書本義十二卷

題「餘姚趙古則編注」。前有綱領一卷，圖一卷，凡例一葉，洪武十一年趙古則自序，天台林右序，洪武十三年鮑恂序，始豐徐一夔序，正德己卯盛希明《重刊六書本義序》。《綱領》卷後有「刊生趙仲彰」五字。據盛序，此本是于氏器之所刊。每葉小字廿八行，行廿八字。收藏有「奕熊私印」白文方印、「梅溪」朱文方印。

金石韻府五卷

題「毗陵朱雲時望輯篆，雲間俞顯卿子如校正」。前有凡例，古文所出書傳目録，嘉靖十年豐坊序，後有「豐氏存叔」、「南禺外史」、「南崖□□」三木印。又俞顯謨序不題年月，下有「子昭父」木印，稱：「此書獨以繕本相傳，予伯兄子如付之棃棗。」硃印本。每葉十二行，行字多寡不等。

十二子書

《鬻子》一卷，題「華州鄭縣尉逄行珪注」。前有《鬻子序》，永徽四年逄行珪《進鬻子表》。《鄧析子》一卷，前有《崇文總目》及舊叙録。《關尹子》一卷，前有劉向《叙録》。《尹文子》一卷，前有山陽仲長氏序。《鬼谷子》一卷《外篇》一卷，前有長孫無忌《上鬼谷子叙》，高似孫《子略》一條。《公孫龍子》一卷，題「趙人公孫龍著」。《小荀子》一卷，即荀悦《申鑒》。《亢倉子》一卷《玄真子》一卷，題「唐張志和撰」。《天隱子》一卷，前有唐司馬承禎序，後有紹興壬午胡璉跋，嘉定己卯王倫跋。《鹿門子》一卷，題「唐皮日休」。《无能子》三卷，前有序，不題姓名。此《十二子》，不知何人所刊，惟《絳雲樓書目》有此書。宋諱俱有缺筆，知多從善本翻雕。每葉廿行，行十九字。收藏有「錫山安國寶藏」朱文方印、「季振宜藏書」朱文小長印、「顧氏世藏」朱白合文方印、「金之麒印」白文方印、「吕莊頤印」白文方印。

性理大全書七十卷

前有永樂十三年《御製性理大全書序》，永樂十三年胡廣等進書表，引用先儒姓氏，纂修胡廣等銜名。此書永樂十三年本與《五經》、《四書》同修，故序、表俱稱二百廿九卷。後人重刊是書，仍取原序表冠之。御製序後，有「大明景泰乙亥仲冬書林魏氏仁實堂刊」木〔一〕長印。黑口版。每葉廿二行，行廿二字。

〔一〕「木」，原作「本」，據《木犀軒叢書》本改。

北溪字義二卷

附録《嚴陵廣義》四篇，目録前題「門人清源王雋編，後學四明豐慶重刊。」前有莆田陳宓序。此書宋時刊本有三：一永嘉本，一清漳本，一四明本，故所載詳略往往互異。豐慶，明正統己未進士，官河南右布政。黑口版。每葉廿行，行廿字。收藏有「祖詒之印」白文方印、「子逸」朱文方印。

法顯傳一卷

題「東晉沙門法顯」。自記遊天竺事，在《釋藏》「兵」字八號。法顯以弘治〔一〕二年與慧景、道整、慧應、慧嵬等至天竺尋求戒律，因記凡所遊歷卅國。沙河已西，迄於天竺，具叙本末。酈道元《水經注》引此書。明胡震亨刻本作《佛國記》。每葉十二行，行十七字。卷後有「聚寶門來賓樓姜家印行」木長印。

〔一〕按：東晉無弘治年號，此當作「隆安三年」。

高僧傳十四卷

題「梁嘉祥沙門釋慧皎撰」。第二卷題「梁會稽嘉祥寺沙門慧皎撰」。在《釋藏》「輦」、「驅」二字號。書分十例：曰譯經、曰義解、曰神異、曰習禪、曰明律、曰遺身、曰誦經、曰興福、曰經師、曰唱導。每僧各爲之傳，始於漢明帝永平十年終至梁天監十八年，凡四百五十三載，二百五十七人。又傍出附見者二百餘人。《三國志·吴書》：「孫皓以天紀四年三月降晉」，此書《康僧會傳》作「四月」。《通鑑》宋文帝元嘉十年，沮渠牧健改元永和，此書《浮陀跋摩傳》作「承和」，與《北史》同。皆足以資考證。卷末有僧果跋：「梁末承聖二年太歲癸酉，避侯景難來湓城。甲戌歲二月，捨化，葬於廬山禪閣寺墓。」每葉十二行，行十七字。末卷後有「聚寶門來賓樓姜家印行」木長印。

辨正論八卷

題「唐沙門釋法琳撰」。前有東宫學士陳子良序。在《釋藏》「陪」字號。書共十二篇。晁氏《讀書志》云：「宣和中，以其斥《老子》語，焚毁其第二、第四、第五、第六、第八凡五卷。序文亦有翦棄者。」此本八卷俱完，其中徵引古書最多，如鄭康成《六藝論》之類，近時輯者皆未之見，尤足以資考證。每葉十二行，行十七字。卷後有「聚寶門來賓樓姜家印行」木長印。

甄正論三卷

題「唐佛授記寺沙門玄嶷撰」。在《釋藏》「輦」字號。此書託滯俗公子、甄正先生答問，仿桓寬《鹽鐵論》反覆辨難，大旨屈老以申佛。雖不及《辨正論》之博洽，其文筆古雅，詞藻富麗，頗足相匹。每葉十二行，行十七字。

集沙門不應拜俗等事六卷

題「弘福寺沙門釋彦悰纂録」。前有太原王隱容序。在《釋藏》「冠」字號。書分三篇，《故事篇》皆集自晉迄隋致敬沙門等事，《議不拜篇》皆集唐龍朔四年羣臣議沙門不應拜俗事，《議不拜篇》又集羣臣議應拜俗者而糾彈之。雖屬釋氏自尊其教，所録皆六朝、唐人之文，頗爲世所罕覯。每葉十二行，行十七字。卷後有「聚寶門來賓樓姜家印行」木長印。

新刊四明先生高明大字續資治通鑑節要廿卷

題「賜進士第潮陽蔡亨嘉校正」。次行有「新刊」二字而無銜名，蓋坊間所刻也。前後無序跋。此本因四明陳桱《通鑑續編》删節其要以别行，各家皆未著録。末卷後有「嘉靖壬戌季春新賢書堂新刊」木長印。每葉廿四行，行廿六字。

直説通略十卷

前有成化庚子希古序，下有「梅雪軒」、「唐國圖書」兩木方印，《歷代帝王傳統圖》

一卷，《春秋戰國歸併圖》一，《東晉十六國歸併圖》一。據序，此書爲元監察御史鄭鎮孫撰。取司馬温公《資治通鑑》，衍以俗語，幾近於鄙詞小説。但宋人語録多以俗語解經，此書以俗語繹史，亦無不可。此本爲明唐藩所刊。核其時代，當爲莊王芝址。史稱其與弟芝垝、芝垠竝好古，有令譽。希古，或其字也。黑口版。每葉廿行，行十八字。

東萊先生音注唐鑑廿四卷

題「承議郎行秘書省著作佐郎騎都尉賜緋魚袋臣范祖禹撰，朝奉郎行秘書省著作佐郎兼國史院編修官兼權禮部郎官臣吕祖謙注」。前有范祖禹《唐鑑序》，元祐元年《進唐鑑表》，又同時《上太皇太后表》，唐傳世、紀年圖二，明弘治十年白昂《重刊唐鑑序》。范氏原書本十二卷，晁氏《讀書志》作廿卷，疑十二之誤。此本作廿四卷，又不知分於何時。黑口版。每葉十八行，行十八字。收藏有「黄復之印」白文方印、「習夫氏」白文方印、「張雋之印」朱白文方印、「一字文通」白文方印。

劉向古列女傳八卷

前有嘉祐八年王回序，又有曾鞏序。舊本目録前七卷俱有頌，此本别刊在前。舊本目録後有嘉定七年蔡驥跋，此本亦刊在前，而削去年月姓名，未審其故。每傳前俱有圖。卷五後又增《出魏氏上谷士人趙天民妻》一傳，稱：「課其子瓔，以《易》補庠員，有司以事聞於朝，坊表爲節孝婦。」「朝」字跳行，當爲明以後人所刊。以其繪刻精工，流傳希少，録而存之。每葉廿行，行廿字。

初學記三十卷

題「唐集賢學士徐堅等撰」。目録一卷，題「唐光禄大夫行右散騎常侍集賢院學士副知院事東海郡開國公徐堅等奉敕撰」，分作兩行。明代《初學記》有桂坡館、九洲書屋、寧壽堂刊本，俱從一本翻雕，故行款、大小俱同。此本板心上方有黑板未刊，亦當有標題，此疑其未刊完初印本耳。或云晉藩所刊。雖與寧壽堂本同，而譌字較少。每葉十八行，行十八字。

新增直音説文韻府羣玉廿卷

題「晚學陰時夫勁弦[一]編輯，新吳陰中夫復春編注」。前有滕玉霄、姚雲、趙孟頫、陰竹埜、陰勁弦序，俱與前元版相同。此即陰氏《韻府羣玉》，與元板無異。惟每韻之前新增音釋，未知何人所加。目録「上平聲」下注云：「新增一東、宗、風、戎四韻并新序首八十板」，當是重刊人所記。卷後有「嘉祐乙丑劉氏重刊」木長印，作人抱式。「祐」字微有剜痕，是書賈作僞以充宋槧，不知撰書人之在元時也。黑口版。每葉廿二行，行小字廿九字。

〔一〕「弦」原作「弘」，今改。

類聚古今韻府續編四十卷

題「後學青田包瑜編緝」。前有弘治十二年張時叙序，弘治十二年潘琴序，《韻府續編凡例》，正德癸酉《周禮》序，張時叙序，後有正德丁丑書林安正堂劉宗器題識。末卷後有「正德丁丑仲秋京兆劉氏安正書堂新增桀行」木長印。此本元陰氏《韻府羣玉》原編，明包氏改依《洪武正韻》，增添至四十卷，故稱《續編》。《佩文韻府》本此而增廣之。黑口版。每葉廿二行，行廿九字。收藏有「嘉興吴萬里氏印」朱文方印。

陳伯玉文集十卷附録一卷

標題、目録俱同前本。前有弘治四年張頤序，後有弘治四年楊澄跋。筆畫放縱，是後人重刊之本。黑口版。每葉廿二行，行廿一字。

陳伯玉文集十卷附録一卷

題「新都楊春編，射洪楊澄校」。後空三行。前有《陳伯玉文集序》，末葉年月姓名已缺。目録亦分前後集。《感遇詩》卅八首，每首俱有注，爲前兩本所無。每葉十八行，行十八字。

龍川先生文集卅卷

題「晉江後學史朝富編刻，惠安後學徐鑑校正」。前有嘉泰甲子葉適序，紹熙四年陳亮《誥龍川先生像贊》。《宋史·藝文志》：「《陳亮集》四十卷《外集詞》四卷。」葉序云：「子沈聚爲四十卷。」此本作卅卷，是明人重編刊於閩中者。每葉廿行，行廿二字。

多能鄙事十二卷

題「括蒼誠意伯劉基類編」。前有嘉靖十九年魯軒序。嘉靖癸亥范惟一序，稱：「刻于汝南。」書分飲食、服飾、器用、百藥、農圃、陰陽六類。黑口巾箱本。每葉廿四行，行廿三字。有朱筆依舊本校字。

舊寫本

文苑英華一千卷

前有《纂修文苑英華事始》，嘉泰四年周必大序。每卷後有「登仕郎胡柯、鄉貢進士彭叔夏校正」。洪頤煊曰：《歐陽文忠集》周益公序本，每卷後有校正，胡柯所作。末有題名云：「紹熙五年，郡人登仕郎胡柯字伯始。」彭叔夏亦廬陵人。皆周益公門下士。末卷後有「新差充筠州臨江軍巡轄馬遞鋪王恭點對兼督工」一行。此本猶從嘉泰刊本影寫。德州繁露書院所藏。有汲古後人毛扆手校鈔本廿卷，卷三百卌一至卷三百五十。核之，俱與此本相同。惜中多闕卷，書賈往往割一卷爲兩卷，以充全數。前後倒亂，未爲全璧。然其佳處迥非隆慶刊本所可及也。大字本。每葉廿行，行廿字。

會通館印正文苑英華辨證十卷

前有嘉泰四年彭叔夏序。宋本《文苑英華》，每卷本附《辨證》，此則其單行本也。

據叔夏序云：「考訂商榷，用功爲多。散在本文，覽者難遍。因會稡其説，以類而分。各舉數端，不復具載。小小異同，在所弗録。元注頗略，今則加詳。其未注者，仍附此篇，故與附刊《英華》後者詳略不同。」洪頤煊曰：周益公《文苑英華序》云：「始雕於嘉泰改元春，至四年秋訖工。」此編序末題「嘉泰四年冬十有二月己丑朔鄉貢進士廬陵彭叔夏謹識」，則此編作於《英華》刊成之後，故異同詳略不復追改。

李元賓文集六卷補遺一卷

題「隴西李觀」。前有大順元年陸希聲序，末附録韓愈《北極贈李觀詩》一首，《李元賓墓銘》一首，《舊唐書·文藝傳》一首。《四庫全書》所收《李元賓文編》三卷，陸希聲序。《外編》二卷，題「蜀人趙昂編」。與晁氏《讀書志》同。《郡齋讀書志》、《李觀文編》三卷《外集》二卷。云：「陸希聲大順中編，觀文爲之序。」「其後蜀人趙昂又得其《安邊書》至《晁錯論》一十四首，爲《後集》二卷。」此本分雜著三卷，書三卷，補遺一卷，共五十一篇。内闕五篇，未知爲何人所編。洪頤煊曰：徐居仁《集千家注杜工部詩敘録》有李觀《補杜子美傳》一首，《文苑英華》有李觀《通儒道説》一首、《常州軍事判官廳壁記》一首。此集俱不載。收藏有「王鳴盛印」白文方印、「鳳喈」朱白合文方印、「通議大夫」朱文方印、「光禄卿之章」白文方印。

白石道人詩集一卷

題「鄱陽姜夔堯章」。前有夔自序二首，不題年月姓名。序後有「臨安府棚北大街陳宅書籍鋪刊行」十四字，知從宋本影寫。附《補遺》一卷。末有俞蘭跋，引王漁洋《香祖筆記》，是近人所附。每葉廿行，行十八字。

四明文獻集五卷

題「後學鄭真輯」。末有陳朝輔跋。王深寧集本一百卷，《宋志》不著録，其亡已久。此本乃明人所編，非完書也。收藏有「歸求草堂訂本」朱文長印、「嚴長明校藏印」朱文長印。

湛然居士文集十四卷

題「中書令移剌楚材晉卿」。前有癸巳年李微、孟攀鱗、王鄰序，甲午年行秀序。《元史》本傳「耶律」一作「移剌」，蓋譯語之異。王鄰序稱：「外省官府得《居士文集》古律詩、雜文五百餘首，分爲九卷，特命良工板行於世。」此本作十四卷，又以雜文錯入詩中，疑非原編。

寫本

九經疑難四卷

目録題「樵陽張文伯正夫編」。前有張正夫序，不題年月。目録《春秋》前有題云：「紹興甲子，朝廷兼經，先君䡴堂用《春秋》連取首選。」卷三云：「孝宗皇帝淳熙八年臨軒策士。」則其人當在孝宗以後。目録本十卷，今僅存《總叙》、《周易》、《尚書》、《毛詩》四卷。

集篆古文韻海五卷

前有宣和元年杜從古自序。此書諸家皆不著録。其所載古今，皆不記出處，亦無可考證。陶九成《書史會要》：「杜從古，字唐稽，官至禮部郎。宣和中，與米友仁、徐兢同爲書學博士。」

續古篆韻六卷

題「魯郡吾衍編集」。《讀書敏求記》有趙靈均手鈔本。所集皆石鼓、詛楚、比干盤、泰山、繹山諸刻字，分韻編之，末卷所載皆疑字。薛本《石鼓》第七「𧥣封合孫」，衍既據真本以訂薛本增入「孫」字之誤，而所摹「𧥣」、「合」二字，又與今世搨本迥然不同，疑傳寫譌闕，非其考訂之疏。

通玄真經十二卷

題「默希子注」。前有默希子序。在《道藏》「璧」字號。《新唐書·藝文志》：「天寶元年，詔號《文子》爲《通玄真經》。」《選舉志》云：「開元二十九年，始置崇玄學，習《老子》、《莊子》、《文子》、《列子》，課試如明經。」《漢書·藝文志》：「《文子》九篇。」此本自《道原》至《上禮》凡十二篇，與《隋書·經籍志》同。陳氏《書録解題》云：「默希子，唐徐靈府自號也。」注作於元和四年，經八稔而後成。

列仙傳二卷

題「漢光禄大夫劉向撰」。在《道藏》「海」字號。自赤松子至玄俗七十人，人爲之傳。傳各有讚，後又有總讚。明吳琯《古今逸史》刊本，每傳後無讚，此本有。《館閣書目》、《續博物志》，俱作七十二人。此本較宋本尚少二人。洪頤煊曰：《漢書·郊祀志》應邵注引《列仙傳》「崔文子」一條，《司馬相如傳》應劭注引《列仙傳》「陵陽子明」一條，俱與今本絶不相同。《世説新語·規箴篇注》東方朔《列仙傳》作楚人，今本作平原厭次人。此非劉向所撰原本。

漢武帝内傳一卷

不題作者姓名。在《道藏》「海」字號。《隋書·經籍志》作三卷，《唐志》作二卷。記漢武帝見西王母事。陸德明《莊子釋文》、李善《文選注》俱引之。俗本脱「玄靈二典」十二字及「朱雀窗」一段，此本俱完。與《讀書敏求記》所見孱守居士空居閣校本同。

漢武帝外傳一卷

不題作者姓名。在《道藏》「海」字號。此書隋、唐《志》不載，唐宋類書亦無引及者，唯《讀書記》有之。洪頤煊曰：《後漢書·方術傳》注引魯女生、封君達、東郭延年、王真事，俱作《漢武内傳》，此即《内傳》之下卷，由編者不知而誤題《外傳》耳。書記武帝止三條，餘淮南王、李少翁、公孫卿、魯女生、封君達、李少君、東郭延年、薊遼、王真、劉京，凡十人。

意林五卷

題「扶風馬總元會編」。在《道藏》「瑟」字號。前有貞元二年撫州刺史戴叔倫序，貞元丁卯柳伯存序。此本與今世刊本多不同，中論「路不險」以下十三節，此本在《物理論》「傅子曰聖人之道」一節下，《莊子》「舜讓天下於子州支伯」以下十四節，此本題作「王孫子」。至於節次前後，字句脱落，尤不可枚舉。

大宋寶祐四年丙辰歲會天萬年具注曆一册

前有太史局劄子，後有寶祐三年十月靈臺郎鄧宗文、成永祥二人銜名，卷末又有荆執禮、楊旂相、師堯、譚玉、鄧宗文等五人銜名。《會天曆》初名《顯天》，淳祐十二年太府寺丞張湜、秘書省檢閲林光同師堯、譚玉推算寶祐改元，定名曰《會天》。此丙辰歲曆是譚玉等依法算造。洪頤煊曰：周密《癸辛雜識》寶祐四年節氣，四月四日立夏，此曆在三日。八月八日白露，此曆在七日。九月九日寒露，此曆在十日。十二月十二日小寒，此曆在十一日。豈所據别曆抑小説家傳聞之譌邪？向爲崑山徐相國所藏，後有朱彝尊跋。

黄帝龍首經二卷

在《道藏》「薑」字號。前有序，稱：「黄帝將上天，次召其三子而告之。三子拜受而起，龍忽騰翥。三子仰瞻，尚見龍首。遂名其經曰《龍首》。」凡七十二章。《隋書·經籍志》有此書。《顔氏家訓》云：「吾嘗學六壬式，得《龍首》、《金匱》、《玉軨》、《玉燮》、《玉曆》十許種書。」則此書之傳世久矣。

黄帝金匱玉衡經一卷

在《道藏》「薑」字號。前有序，皆作四字韻語。《金匱章》經十條，《玉衡章》十條，皆論天乙六壬發用。

黄帝授三子玄女經一卷

在《道藏》「薑」字號。皆雜論六壬占斷，大旨與《龍首經》相同。以上三書，余並刊入《平津館叢書》中。

遁甲符應經三卷

前有宋仁宗《御製景祐遁甲符應經序》，永樂甲午巽曳耑序。其書本宋景祐中司天春官正楊惟德等奉敕編纂，明永樂十二年命工刊行，後附《起例》一卷。陳氏《書録解題》作《景祐遁甲玉函符應經二卷》。遁甲書此爲最古，後人增删，亂其術矣。

輿地廣記三十八卷

此書本宋歐陽忞撰。《四庫全書》本前有政和十一年歐陽忞序，此本無之。忞爲歐陽修從孫，《宋史·藝文志》有歐陽忞《巨鼇記》五卷。晁氏《讀書志》謂：「實無其人，乃著書者所假託」，非也。庫本卷二、卷十二闕葉。前後闕字，此本俱與之同。卷十九後有「嘉泰甲子郡守譙令憲重修，淳祐庚戌郡守朱申重修」兩行。別卷後有淳祐庚戌一行。每葉廿六行，行廿四字。

史載之方二卷

上卷末有跋云：「載之治病，用藥初不求異。審證精切，不過三四服立瘉。此皆親試而得之，非敢夸大其説」云云。《宋史·藝文志》：「《史載之方》二卷，不詳何時人。」施彦清《北窗炙輠録》稱史載之曾以紫菀[一]治蔡元長大腸秘，固得名。則北宋年人也。每葉廿二行，行十七字。

〔一〕「菀」，原作「苑」，據《木犀軒叢書》本改。

陳氏小兒病源方論四卷

題「太醫陳文中述」，第二卷又題「鼇峯熊宗立類正」。前有寶祐甲寅鄭全序，稱：「文中字文秀，宿之符離人。金亡，歸宋，處漣水十五年，漣人無小大識與不識皆稱之。」第四卷有「痘瘡引證」十四條。每葉廿二行，行廿一字。

穆天子傳六卷

題「晉郭璞注」。在《道藏》「海」字號。前有晉荀勖《穆天子傳序》，至正十年王漸序。此本與今世所行《漢魏叢書》本無大異同，惟末卷多未刻字，又闕「曰□祀大哭」以下并注廿字。

疑獄集

前集一卷，題「中書令右僕射平章事魯國公和凝集」。後集一卷，題「將仕郎守太子中允和㠓集」。前有㠓自序，至元十六年杜震序。續集二卷，題「巡按浙江監察御史張景集」，李崧祥序。附録《許襄毅公異政》一卷，前有嘉靖四十三年李濂序，遲鳳翔序，後有嘉靖四十四年朱大器跋。晁氏《讀書志》：「《疑獄》三卷，晉和凝撰，纂史傳決疑獄事。其上卷，凝書也。下、中二卷，凝子㠓所續。」至元十六年，杜震序而刊之。明嘉靖間遲鳳翔又以張景《續集》并《許襄毅異政》合刊爲一書。《四庫全書》所收《疑獄集》四卷附張景《補疑獄集》六卷，在此本之前。

新刻平寃録一卷

題「錢唐胡文焕德甫校」。前後無序跋。據《無寃録》羊角山叟序，此書在《洗寃録》後《無寃録》前，當亦宋元間人所撰。自《檢復》至《發冢》四十三類。《四庫全書》不著録。

新刻無冤録一卷

題「錢唐胡文焕德甫校」。前有洪武十七年羊角山叟序，稱：「東甌王氏作。」據《四庫全書》所收本，是元王與撰。《永樂大典》有自序一篇，題「至大改元之歲」，此本無之。《庫》本作二卷，此本併作一卷。

唐大詔令集一百三十卷

前有熙寧三年宋敏求序。此本爲其父綬原編，未次甲乙。亡後，敏求重爲緒正，釐十三類，總一百卅卷，録三卷。此本無録。《四庫全書》所收本，中闕卷第十四至二十四、八十七至九十八廿三卷，此本闕卷正同。宋諱字俱缺筆，知從宋本影寫，故視别本爲完善。

支遁集二卷

題「東晉沃州山沙門支遁」。前後無序跋。上卷詩十八首，下卷書、銘、讚十五首。錢曾《讀書敏求記》有此書。遁所著有《文翰集》十卷，見梁《高僧傳》，今不傳。此是後人掇拾之本。

外藩本

高麗史一百卅七卷

影寫本。題「正憲大夫工曹判書集賢殿大提學知經筵春秋館事兼成均大司成臣鄭麟趾奉教修」。前有景泰二年鄭麟趾等《進高麗史箋》,《纂修高麗史凡例》,修史官卅二人銜名,高麗世系一卷,目録二卷。書分世家四十六卷,志卅九卷,表二卷,列傳五十卷。每卷俱小題在上,大題在下。書紀高麗王氏一代事,始于中國後梁貞明四年,終明洪武廿六年,共四百七十五年。高麗俱用中國年號,宋時亦間用遼、金。其自改元者,唯天授十六年、光德二年耳。是書以明景泰二年八月表進,并鏤板行於國。朱竹垞有《鄭麟趾高麗史跋》。《四庫全書》所收僅殘帙二卷,在存目中。

平津館鑒藏書籍記續編

陽湖孫星衍　撰　　江寧陳宗彝　校刊

宋版

周易兼義九卷

題「國子祭酒上護軍曲阜縣開國子臣孔穎達奉敕撰」。正義第三行題「王弼注」。《繫辭》以下，題「韓康伯注」。「上經乾傳第一」等字俱與大題相連。前有孔穎達《周易正義序》并八論，末附陸德明《周易音義》一卷，王弼《周易略例》一卷。審其紙版，當出於南宋閩中所刊。《比》「初六，有他吉」，此本「他」作「它」。《大有》「九四《象》，明辨晳也」，此本「晳」作「晢」。皆唯宋本爲然。洪頤煊曰：此本附釋文，與盧氏《抱經堂》所見宋本異。《大有》「匪」音義：「徐音同」，盧云：「宋本作俗音同」，此本作徐。「賁」音義：「鄭云變也」，盧云：「宋本作有也」，此本作變。「睽」音義：「《說文》云目，[一]睽不相視也。」盧本「視」作「聽」，云據宋本正，此本作「視」。黑口版。每葉廿行，行廿字。内有後人補刊葉。版心有「懷浙胡校林重校」等字。收藏有「朱彝尊印」白文方印、「竹垞老人」朱文方印。

〔一〕「目」字原缺，據《説文解字》補。

中説十卷

題「阮逸注」。前有阮逸《文中子中説序》、《文中子纂事》。一爲世系，一爲年表。此即巾箱本《六子》之一種，而摹印較在前。黑口版。每葉廿二行，行廿一字。收藏有「王氏益夫」朱文方印、「東齋書印」朱文方印、「王謙」朱文方印、「南陽叔子苞印」白文方印、「二泉」朱文方印、「葉氏藏書」朱文方印。

類編朱氏集驗醫方十五卷

題「湘麓朱佐君輔集」。前有咸淳元年朱景行序。此書諸家皆不著録。分十五門，餘皆依類附之。其類集藥方，皆出於近時人所製，古方皆不入録。黑口版。每葉廿二行，行廿二字。收藏有「武林高瑞南家藏書畫印」朱文長印、「妙賞樓藏」朱文長印、「高氏鑑定宋刻版書」朱文長印、「閩中陳開仲芸榭藏書」朱文方印、「張氏秋月字香修一字幼憐」朱文方印、「石谿嚴氏芳椒堂藏書」白文印。

新刊名臣碑傳琬琰之集

上廿七卷，中五十五卷，下廿五卷。題「眉州進士杜大珪編」。前有紹熙甲寅序，稱：「國朝人物之盛，自建隆、乾德之肇造，建炎、紹興之中天，因時輩出。好事者因集神道、誌銘、家傳之著者爲一編。」序非大珪作也。《宋・藝文志》、晁氏《讀書志》、陳氏《書録解題》俱無此書。每葉卅行，行廿五字。收藏有「楝亭曹氏藏書」朱文長印、「曹仁虎印」白文方印、「來應習庵」朱文方印、「長白敷槎氏堇齋昌齡圖書印」朱文方印。

元版

書經集注十卷

題「蔡沈集注」。前有嘉定己巳蔡沈序，末附《書序》。據沈自序，四代之書分爲六卷。《宋・藝文志》、晁氏《讀書志》、天一閣、天禄琳琅藏本，蔡沈《書集傳》俱作六卷。

此本改「集傳」作「集注」，六卷作十卷，每句皆作小圈讀法，或作連圈，欽、慎、徧、恤、中、止等字間作大圈標出，當是坊間重刻本。書中亦附鄒近仁音釋。黑口巾箱本。每葉十八行，行十七字。收藏有「晉府書畫之印」朱文方印、「櫟園賞鑑圖書」朱文方印。

圖繪寶鑑五卷補遺一卷

題「吴興夏文彦士良纂」。前有至正乙巳夏文彦序。據汲古閣刊本，尚有抱遺老人楊維楨序，此本失之。汲古閣本第一卷「謝共」譌作「謝恭」，第二卷「李枳」譌作「李枳」。又《補遺》與明芮巽齋《續補》并爲一卷，又脱「寒溝漁人」一條，皆不及此本。黑口巾箱本。每葉廿二行，行廿字。收藏有「沈鍊之印」白文方印、「夢山」朱文方印、「王履約」白文方印。

春秋胡氏傳纂疏卅卷

題「新安汪克寬學」。第一卷第一葉寫補，此據第二卷。前有引用諸儒姓氏，先儒格言，又有《春秋胡氏傳附録纂疏凡例》，後有汪克寬自序，至正辛巳虞集序。至元四年汪澤民序，後有「汪氏叔志」、「天禧光禄五世孫」、「新安世家」三木印。末有至正八年吴國英跋。

其書以《胡氏傳》爲主，雜引各家之説以疏證之。黑口版。每葉廿二行，行廿字。收藏有「衣谷居士」白文方印、「藉□園本」白文方印、「文德之□」朱文方印。

明版

埤雅廿卷

題「中大夫守尚書左丞上柱國吴郡開國公賜紫金魚袋陸佃撰」。前有宣和七年男宰序。每卷後皆有音釋。别本釋文後有「後缺」二字，此本無之。胡文焕《格致叢書》本，似從此本翻刊。黑口版。每葉廿行，行廿字。收藏有「張照之印」白文方印、「張得天」白文長印、「筏喻」白文長印、「静香」朱文方印。

重修政和經史證類備用本草卅卷

題「成都唐慎微續證類，中衛大夫康州防禦使句當龍德宫總轄修建明堂所醫藥提舉入内醫官編類，聖濟經提舉大醫學臣曹孝忠奉敕校勘」。每卷題下有「己酉新增衍義」六字。前有政和六年曹孝忠序，所出經史方書三葉，目録一卷。又有「金泰和甲子晦明軒刊書」碑式木記一葉。末有嘉祐間掌禹錫等《補注本草奏敕》并《圖經本草奏敕》，次政和間校刊《證類本草》各官銜名，宇文虛中、劉祁二跋。此本又從泰和本翻雕。《天禄琳琅》有此書，唯失曹孝忠序一篇。大版。每葉廿四行，行廿三字。收藏有「陸□之印」朱文方印。

重刊經史證類大全本草卅一卷

題「春穀王秋捐〔一〕貲命男大獻、大成同校録」。目録一卷，題「唐慎微纂」。前有大觀二年艾晟《經史證類大觀本草序》，下有「大德壬寅孟春宗文書院刊行」木印，又有政和六年寇宗奭劄付嘉祐間《補注本草奏敕》、《圖經本草奏敕》，末有王大獻《重刊本草後序》，年月銜名已佚。此本亦附寇宗奭《衍義》。每卷題下無「己酉新增衍義」六字。第卅一卷爲《本經外草類》，亦政和本所無。據《後序》，此在成化原傑刊本之後。大版。每葉廿四行，行廿三字。收藏有「高淳孔氏耕餘堂印」朱文長印、「孔繼先次歐氏原字體祖」朱文方長印。

〔一〕「捐」原作「損」，據萬曆五年刊本《重刊經史證類大全本草》改。

温隱居備急海上仙方一卷

次行題「《病源新括》，鼇峯熊宗立重編」。前有保義郎差充殿前司提點諸班醫藥飯食□□劑局監收買藥材官温大明序。又題《用藥須知》。《宋·藝文志》有無名氏《用藥須知》一卷，未知即此書否。書分七十七證，前爲詩括，後爲解釋。題「宗立重編」，則已非温氏之舊也。宗立，字道軒，建陽人。永樂中劉剡之門人，有《傷寒運氣全書》十卷，《傷寒活人指掌圖論》十卷，見《明史·藝文志》。黑口版。每葉十八行，行十七字。收藏有「朱彝尊」白文方印、「五湖風月」白文方印。

南唐書卅卷

前有馬令《南唐書序》，又有崇寧乙酉馬令序。《四庫全書》本、明陳仁錫刊本俱無此二序。据令自序，是其祖元康舊稿，令續成之。目録《張巒傳》亡，卷七《從慶傳》亡，《從信傳》亡，皆是稱當時史官之闕，非後人傳寫此書之亡也。此本字畫工整，勝於陳刊本多矣。每葉廿行，行廿字。收藏有「朱氏家藏」朱白文方印、「方初」朱文方印。

資治通鑑節要廿卷

題「少微先生纂述，松嗚王逢釋義，仁齋劉剡增校，木石山人補注」。《續資治通鑑節要》卅卷，題「先儒陳桱纂述，中和處士釋義，木石山人校正」。《資治通鑑外紀節要》五卷，題「眉山史炤音釋，鄱陽王■〔一〕輯義，蕭山張維翰箋注，餘杭周禮校正」。前有《釋例》一卷，《通論》一卷，《讀法》一卷，《引用姓氏》一卷，《目録》一卷，正德四年劉吉序。末有「正德己巳歲京兆慎獨齋校正新刊」木長印。後跋一篇，年月姓名已佚。據劉序，此本是建陽劉弘毅所刊。巾箱本。每葉廿六行，行廿二字。上有音訓，旁有圈點。收藏有「見侯氏」白文方印。

〔一〕「■」原缺，據《木犀軒叢書》本補。

大學衍義四十三卷

前有西山先生《經進大學衍義》一卷，真德秀《進大學衍義表》，中書端平元年門下省時政記房申狀尚書省劄子，又有德秀自序。每卷後有校正人姓名。細審爲元仿宋刊本，亦有明人補刻葉而無題識。《天禄琳琅》所收，即此本也。黑口，巾箱本〔一〕。每葉廿二行，行廿一字。

〔一〕「本」，據《木犀軒叢書》本補。

增修詩話總龜前集四十八卷後集五十卷

題「龍舒散翁阮閱宏休編，皇明宗室月窗道人刊，鄱陽亭梧程珖舜用校」。前有嘉靖甲辰張嘉秀序，李易序，末有嘉靖乙巳程珖跋，末卷後有寫書刊字人姓名。舒江阮閱撰此書，見胡仔《苕溪漁隱叢話序》。此本爲月窗重編，已非阮氏之舊。《四庫全書》所收，即此本也。每葉廿二行，行廿二字。收藏有「林汲山房藏書」朱文方印。

舊寫本

道命録十卷

前有嘉熙三年李心傳序，後有「秀巖」木方印、「伯微父」木方印，末有淳祐十一年朱申跋，後有「朱申」木方印、「制置茶院之裔」木方印、程伊川、朱晦庵《進退始末》及張南軒、吕東萊諸公《謚議》。本傳作五卷，此本作十卷，又續增淳祐元年及元至正廿二年制詞十一首。據天禄琳琅藏本，是程榮秀所併。元至順四年刻於龜山書院。前有榮秀序，此本失之。每葉廿八行，行約廿四五字。

晏元獻公類要卅七卷

前有總目，無序跋。據歐陽文忠所撰《晏殊神道碑》稱：「類集古今，爲集選二百卷。」曾南豐序稱：「上中下帙，七十四篇。」《宋史》本傳、陳氏《書録解題》作一百卷。《四庫全書》所收亦一百卷。前有四世孫晏袤進書表。洪頤煊曰：晏袤，《宋史》無傳。《漢鄐君修斜道碑》有南鄭令晏袤釋文并碑陰題記，即其人。此本卅七卷，與兩淮所進本同。書中有四世孫袤補注，卷數門類，參差不齊，是亦殘缺之證。每葉十八行，行廿字。收藏有「林汲山房藏書」朱文方印、「傳之其人」白文方印。

隸續廿一卷

末有乾道三年弟邁序，淳熙六年喻良能跋。廿一〔二〕卷後有洪景伯自記。前有朱竹坨金風亭長題字，稱：「此當琴川毛氏舊鈔本。」今浙中樓松書屋刊本，即從此本翻雕，洪頤煊曰：「据喻良能跋，此書止十九卷。然以家景伯《自記》考之，云《隸釋》有續，前後廿一卷。乾道戊子始刻十卷於越，淳熙丁酉姑蘇范至能增刻四卷於蜀，後二年雪山李秀叔又增五卷於越，明年錫山尤延之刻二卷於江東倉臺，而彙其版合之越。喻良能作跋，僅得秀叔增刊本，題『淳熙六年』，可證其時尚有二卷尤延之未刻。近人因喻跋卷數不合，因疑二卷是後人闌入，誤矣。」字句無大異同。有朱筆校録諸家碑跋甚詳。細審筆蹟，似王西莊光禄書。收藏有「竹解心虛是我師」朱文方印。

〔一〕「一」字原缺，據《木犀軒叢書》本補。

寫本

說文解字十五卷

題「漢太尉祭酒許慎記，銀青光禄大夫守右散騎常侍上柱國東海縣開國子食邑五百户臣徐鉉等奉敕校定」。每卷分上下，又前有標目一卷，俱與汲古閣毛氏本同。此王蘭泉少寇所藏，余影寫得之。其與毛氏異者，標目卷八㲃、身、㐆、衣四部在「重」下「衺」上。玉部「珣」字注，毛本「一曰玉器」，此本作「一曰器」。—部「中」字注，毛本「和也」，此本作「而也」，而蓋「内」字之譌。牛部「牿」字注，毛本「《周書》曰今惟淫舍牿牛馬」，此本作「《周書》曰今惟牿牛馬」。此類異同甚多。小字本。每葉廿行，行大字十六字，小字約廿五字。

錢氏小兒真訣四卷

題「門人閻季忠集，後學薛鎧校注」。陳氏《書録解題》：「《錢氏小兒藥證真訣》三卷，太醫丞東平錢乙仲陽撰。宣教郎大梁閻季忠集。上卷言證，中卷叙嘗所治病，下卷爲方。季忠亦頗附以己説，且以劉斯立所作《仲陽傳》附於末。」此本分作四卷，又無《仲陽傳》，已非閻氏舊本。明薛己《薛氏醫案》稱：「訂定舊本，附以己説者，有錢乙《小兒真訣》四卷。」然則此本注中稱「薛按」者，是其父薛鎧所注。稱「愚治」者，又薛己所補。前有序，不題年月姓名。繹其文義，亦己作也。鎧，弘治時官太醫，此本余從天一閣寫得之。

急救仙方十一卷

前有徐守真序，云：「分以三類，末附雜病。」三類者，婦科、折損、疔瘡也。在《道藏》「惻」字號。《宋志》及諸家書目俱未載此書，唯焦氏《經籍志》有之。《四庫全書》所收止六卷本，無守真姓名。

伊尹湯液仲景廣爲大法四卷

前有甲午古趙王好古題辭，稱：「《伊尹湯液》，人莫之知。仲景所廣之書十卷，世又未聞。予故纂此一書。」則此本爲好古撰。錢氏《讀書敏求記》有此書。

大明實録六册

不著撰人名氏。前後無序跋。載明太祖初生及乙未起兵，至洪武廿三年五月止。中缺洪武九年至十六年止，蓋亦殘缺之本。此與成祖《實録》，余從天一閣寫得之。《明史·藝文志》焦氏《經籍志》、王圻《續文獻通考》俱不載。

明成祖實録九册

不著撰人姓氏。前後亦無序跋。卷首空五行，不解其意。起洪武卅五年十月，終永樂廿二年十二月。洪武卅五年爲建文四年，當時不以建文元，故仍以洪武繫之。建文元年七月，燕王起兵。四年六月，靖難兵入京師，燕王即皇帝位。此册前尚有闕佚。

唐太宗文皇帝集一卷

題「淮海朱應爲訂梓」。前有嘉靖戊子閩人詮序。末有弘治甲子都穆題識，稱此本得之邊太常廷實。《館閣書目》又有《文皇詩》一卷，凡六十九首。今以此詩考之，正符是數。

跋

此書標目題「平津館鑒藏記書籍卷一」，則書籍蓋鑒藏之一類。平津館收藏碑版，宇內號稱富有。《平津館讀碑記》，洪筠軒〔一〕已有專書。至書畫數跋，録《遺稿》中，意其時必欲次弟編之而未逮也。叙言此書撰於參藩東省，駐節安德時，家園藏書才十之四五，爲《記》以備考，則前三卷也。言此外家藏舊版，尚有可觀，俟歸里後續爲《後編》，則後二卷也。言擬以善本及難得本彙請名大府進御，存其賸本，藏於家祠，不爲己有，則編録以佐稽古右文之治，固猶不忘太史之職也。惜身後善本悉爲狡獪之徒多方賺去，幸此記稿本尚存其家。曩歲丙申，從公子竹厓假歸録存，冀異日刊版以傳，且與海內藏書家據此考證古籍，而此輯録之深心不致泯滅云。道光歲三豕九月中旬，金陵後學陳宗彝校畢記於獨抱廬。

〔一〕「筠軒」原作「詒孫」，據《木犀軒叢書》本改。

附録 《木犀軒叢書》本陶濬宣跋

伯淵先生藏書最富，援據尤精。其目録之書采核遠駕前哲，《孫祠書目》海内傳本極尟，木齋已鏤版惠世。别有《平津館鑒藏書籍記》三卷、《續補》二卷，中多四庫未得秘録。每書録其栞刻年代、人名、前後序跋、行款、字數及收藏家印記，視晁、陳諸目更爲精碻。又有《廉石居藏書記》二卷，未及成書，江寧陳仲虎編次，依《祠目》分内外編，與《鑒藏記》體略相同。此兩書唯獨抱廬刊本，傳本尤少。木齋亟欲覓觀，予爲叚鈔寄與以副潄盼。木齋既刻《孫祠書目》，請并此二書付之剞人，不特於目録多一精本，實於孫氏目録遂成完書也。它日杀青如竟，請即以此言爲息壤，可乎？光緒甲申秋七月既望會稽陶濬宣記。

廉石居藏書記

〔清〕孫星衍 撰 〔清〕陳宗彝 編 沙莎 整理 杜澤遜 審定

廉石居藏書記目録

序……陳宗彝 一九五
廉石居藏書記内編（卷上）……一九七
經學……一九七
焦氏易林四卷……一九七
韓詩外傳十卷……一九七
儀禮十七卷……一九八
禮書一百五十卷……一九八
皇祐新樂圖記三卷……一九九
左克明古樂府十卷……二〇〇
附釋音春秋左傳注疏六十卷……二〇〇
春秋穀梁注疏二十卷……二〇〇
春秋纂例十卷……二〇〇
纂圖互注春秋經傳集解三十卷……二〇一
孝經正義九卷……二〇一
爾雅三卷……二〇二
爾雅音圖四卷……二〇二
六經圖六册……二〇二
小學無……二〇三

諸子……二〇三
晏子春秋七卷……二〇三
高士傳三卷列女傳八卷……二〇四
管子二十四卷……二〇五
莊子十卷……二〇六
老子五厨經等一册……二〇六
真誥二十卷……二〇七
黄庭内景玉經及外景玉經各一卷
五藏六腑圖説一卷……二〇八
商子五卷……二〇九
韓非子二十卷……二〇九
人物志三卷……二一〇
事物紀原十卷……二一一
事物紀原二十卷……二一一
古今原始十五卷……二一二
武經總要四十卷……二一二
虎鈐經廿卷……二一三
天文……二一三
玉曆通政經三卷……二一三
李播大象賦一卷……二一四
乾象通鑑一百卷……二一四
古叢辰書二册……二一五
地理……二一六
山海經圖讚二卷……二一六
王象之輿地紀勝二百卷……二一六
方輿勝覽七十卷……二一七
東南防守利便三卷……二一七
天下名勝志五十册……二一八

華陽國志十二卷……二一九
南嶽總勝集三卷……二一九
金陵新志十五卷……二一九
茅山志十五卷……二二〇

醫律……二二一

補注釋文黄帝内經素問十二卷……二二一
素問入式運氣論奥三卷黄帝内經素問遺篇一卷……二二一
黄帝内經及靈樞經二十四卷……二二二
華氏中藏經二卷……二二二
肘後備急方八卷……二二三
王叔和脈經十卷……二二三
玄珠密語十卷……二二五
經史證類大觀本草三十卷……二二五
重修政和經史證類備用本草三十卷……二二六
元版蘭臺秘藏三卷……二二六
唐律疏議三十卷……二二七
明律條疏議三十卷……二二八

史學……二二八

兩漢博聞十二卷……二二八
稽古録二十卷……二二九
續通鑑長編一百八卷……二二九
皇朝編年備要三十卷……二三〇
通鑑續編二十四卷……二三〇
通鑑紀事本末四十二卷……二三一
通鑑總類二十卷……二三一

五朝名臣言行録前集十卷後集十四卷
續集八卷別集二十六卷道學名臣言
行録外集十七卷……二三二
十七史詳節四十册……二三二
通鑑節要四十册……二三三
金石無……二三三
類書……二三四
北堂書鈔百六十卷……二三四
初學記三十卷……二三五
事類賦三十卷……二三五
新編古今事文類聚……二三六
全芳備祖前集二十七卷後集
三十一卷……二三六
新編事文類聚翰墨大全十二卷……二三七
韻府羣玉二十卷……二三七
羣書備數十二卷……二三八
韻府續編四十卷……二三八
類編秘府圖書畫一元龜二十册……二三九
詞賦……二三九
昭明文選李善注六十卷……二三九
玉臺新咏十卷……二四〇
蔡中郎集十卷……二四〇
曹子建集十卷……二四一
晉二俊文集陸機陸雲各十卷……二四一
陶靖節集十卷附録四條……二四二
謝宣城集五卷……二四二
何水部集一册……二四三

陳伯玉集十卷……二四四
駱賓王文集十卷……二四四
駱賓王集十卷……二四四
張曲江集十二卷附録一卷又一本
千秋金鑑録五卷……二四五
李太白詩十八卷……二四六
李翰林別集十卷……二四六
杜工部詩二十五卷……二四七
高常侍集二十卷……二四七
元次山集十卷……二四七
顏魯公集十五卷……二四八
岑嘉州集八卷……二四八
陸宣公集二十二卷……二四九
韓昌黎文集四十卷……二四九
柳宗元文集四十三卷……二五〇
孟東野集十卷……二五〇
李賀歌詩四卷集外詩一卷……二五一
李衛公文集二十卷別集十卷外集
四卷……二五一
皮日休文藪十卷……二五二
甫里集二十卷……二五二
笠澤叢書四卷……二五二
司空圖一鳴集十卷……二五三
唐英歌詩三卷……二五三
竇氏聯珠集一卷……二五三
唐風集三卷……二五四
唐百家詩二百八十卷……二五四
曹鄴詩二卷……二五五
百家注東坡詩集二十五卷……二五五
五家宮詞一册……二五五

四明文獻集五卷……二五六
趙松雪集十卷……二五六
松雪齋全集十卷外集續集附……二五七
全唐詩話三卷……二五七
胡曾詠史詩三卷……二五七
盛明百家詩三百卷……二五八
金石例十卷……二五八
書畫……二五九
宣和書譜二十卷……二五九
説部……二五九
周氏冥通記四卷……二五九
雲仙雜記十卷……二六〇
桯史十五卷附録一卷……二六〇

廉石居藏書記外編（卷下）……二六一
經學……二六一
東坡書傳二十卷……二六一
禹貢説斷四卷……二六二
吕氏家塾讀書記三十二卷……二六二
謚法通考十八卷……二六三
春秋説例一卷……二六四
春秋師説三卷……二六四
春秋屬辭十五卷……二六四
春秋左傳補注十卷……二六五
春秋比事四卷……二六五
小學……二六五
六書本義二册……二六五

書學正韻三十六卷……二六六
天文……二六六
龜洛神秘集二册……二六六
史學……二六七
二申野録八卷……二六七
説部……二六七
歷代小史一百五卷……二六七
跋……孫廷鐻 二六八

序

丙申二月，訪陽湖孫公子竹庲於五松園，假歸《廉石居藏書記》一卷，爲其先淵如先生遺書也。取《孫祠書目》刊本勘校，乃先生於所藏宋元槧本及舊鈔諸善本，多《四庫》所未得之秘。録其刊刻年代、人名、前後序跋，視宋晁氏《讀書志》、陳氏《書録解題》更爲精確，洵爲可據之書。惜無類次，蓋隨得隨記，後人綴録，未經排編者。先生官山東糧儲時，有《平津館鑒藏書記》四卷，例以刊版宋、元、明及景舊鈔爲類次，未經刊行。此題廉石居，五松園額也。曩偕陽城張公子小餘，觀冶城山館樓上藏書五楹，册首各有手書題記。今竹庲昆仲，分藏虎邱一榭園、金陵五松祠，間有散佚。屢從藏書家見先生手記，尚有檢此卷所無者，或此記所輯有遺也，迺即《書目》内外編，分類排次，成二卷，當與《鑒藏記》并傳。先生考据博而精，《記》中於漢、宋學之分，儒、釋教之界，絶之必力，深得立言之旨。予服膺先生教，未親受業，兹獲讀遺書，竊幸附名簡末，以識私淑云爾。道光十有六年歲丙申立夏，江寧後學陳宗彝仲虎謹序於倉山廬次。

廉石居藏書記内編（卷上）

陽湖孫星衍　撰　　江寧陳宗彝　編

經學

焦氏易林四卷

右《焦氏易林》四卷，分上下各二卷。明周曰校校刊本。前有唐會昌時王俞序，及宋黄伯思録上奏。後有宋淳祐時直齋題識，稱「得其書於莆田，恨多脱誤。自吳門歸，霅川郡守王侑以家藏本見假，參互相校，皆成全書。其間亦多重複，或數爻共一繇，莫可稽究」云云。是此書宋時已有複出繇詞，非後人所亂矣。他本無此題識。

韓詩外傳十卷

右《韓詩外傳》十卷，元板本。前有至正十五年錢惟善序，稱海岱劉侯貞來守嘉禾，因以其先君子節齋先生手鈔所藏諸書，悉刊置郡庠。後有吳郡沈辨之野竹齋校雕印。《明史》：「惟善，錢唐人。至正元年，以省試《羅刹江賦》得名。官副提舉。張士誠據吳，遂不仕。蓋元末人。」吾友趙司馬懷玉偕盧學士文弨校刊一本，依据書傳，頗多改正之處。附《補遺》五版於後，誠爲善本，因並存之。

儀禮十七卷

右《儀禮》，每卷末詳記經注字數。《天禄琳琅書目》以爲明刻規仿宋槧，紙版清白可愛也。

禮書一百五十卷

右《禮書》一百五十卷，宋陳祥道撰。晁氏《讀書後志》有此，云「其象目以五彩飾之」。今本爲元版。前有至正七年余載序，次目録，題左宣義郎太常博士臣陳祥道上進。次進書表，次《禮書》序。每卷各有分目。弟一卷，文在圖畫之前。張溥刻本移其圖在文前，去其結銜，倒其表序，其妄如此。元版本模糊已甚，余所藏祇明刻本。宋人考古之書，多參臆見，不能深悉許、鄭制作原流，反以爲謬，固不足取。以北宋時作者猶見古書，或有徵引，可備採獲，故存之。吾子孫好學者，應求漢人傳注及聶崇義書爲主，勿爲陳氏所誤也。

皇祐新樂圖記三卷

右《皇祐新樂圖記》三卷，宋阮逸、胡瑗同撰。《宋史·藝文志》但稱阮逸一人。其書所圖磬，一股長三律，二尺七寸。注云：「《周禮》所謂鼓爲三也。」一股長二律，一尺八寸。注云：「《周禮》所謂股爲二也。」或與今俗所作磬兩股均長者大不同。吾友程學博瑶田嘗考定如此，不知已出此書。甚矣，讀書之宜博涉也。宋人實學不誣，惟聶崇義之《禮圖》及此。陳均《九朝編年》稱景祐三年，申命阮逸等定樂，知杭州鄭向言鎮東推官阮逸，蘇州范仲淹言布衣胡瑗，皆通古樂。後用右司諫韓琦之言，罷之。説者謂逸等所陳，乃古人棄而不用之説。至皇祐五年九月，親臨視之，遷胡瑗、阮逸等官。故題爲《皇祐新樂》也。阮氏胡氏學，爲時人詆議，蓋信而好古之難，雖韓琦亦從俗見也。然此書終不可廢。後有元天曆二年吴壽民書，稱直齋陳氏録藏之。又後九十一年，壽民得其書而録之。又有明萬曆三十九年清常道人題於奉常公署跋，云從閣鈔本録之。今所藏亦鈔本，甚精好。

左克明古樂府十卷 四册

右《古樂府》十卷，題元豫章左克明編次。序稱：「爲卷凡十，爲類八。冠以古謡詞，終以雜曲。推本三代，而上下止陳隋。刊於至正時。」此即元版。十二行，二十一字。

附釋音春秋左傳注疏六十卷

右《附釋音春秋左傳注疏》六十卷，《天禄琳琅》有之，以爲元版本。此本喜無缺葉，十行大字，每行十七字。注疏本宋本元印之最古者。

春秋穀梁注疏二十卷

右《春秋穀梁注疏》二十卷。九行大字，每行二十一字。明本。勝於今汲古閣本。

春秋纂例十卷

右《春秋纂例》十卷，唐陸淳撰。集啖助、趙匡之説。前有慶曆間朱序。此書曾爲孫侍郎承澤所藏，前有題字。据元延祐五年十一月集賢學士曲出言，唐陸淳所著《春秋纂例》、《辨疑》、《微旨》三書，有益後學，請令江西行省鋟梓以廣其傳。從之。此當日鋟本，余求之十年始見之。老年快讀，因以志喜。末題退翁，是侍郎以爲元本，然審此本，爲明人翻刻，或去後序耳。

纂圖互注春秋經傳集解三十卷

右宋版《纂圖互注春秋經傳集解》三十卷。前杜預序，署陸德明《音義》附。序後有「紹定庚寅垂裕堂刊」印記。次爲《春秋諸國地理圖》，次《三皇五帝及諸國世系》，次《春秋名號歸一圖》上下二卷。書中引他經注證本書者，曰互注。詞之複出者，曰重言。體例相似者，曰重意[一]。不知何人所爲，俟考。

〔一〕「重意」，《木犀軒叢書》本作「似句」。

孝經正義九卷

右《孝經正義》九卷。十行大字，每行十七字，刻印清朗。前邢昺序，後有成都府學主鄉貢傅注奉右撰序。末云：「天寶八分御札，勒於石碑。」即今京兆石臺《孝經》是也。

爾雅三卷

右《爾雅》上中下三卷。小版，八行，行十五字。每卷後有《音釋》。

爾雅音圖四卷

右《爾雅音圖》四卷，本三卷。大版，十二行，廿字。卷上自《釋詁》至《釋親》，四篇，有音無圖。卷中自《釋宮》至《釋水》，八篇。卷下前自《釋草》至《釋蟲》三篇、卷下後自《釋魚》至《釋畜》四篇，皆有音圖。按：郭璞圖亡於梁，後有江灌圖，毋裔昭《音略》。此本當即江灌圖、昭音也。圖亦宋元人手筆，朱緑如新。今於曾轉運署見此，因屬姚君之麟重摹刊板。

六經圖六册

右《六經圖》六册。一《周易》，二《尚書》，三《詩》，四《周禮》，五《禮記》，六《春秋》。前有序，題彭城癠聰氏識，不著名。而序中有「國家頒《五經大全》學宮」語，殆明時人。又云：「余忝訓廬江，堂列石碑十二，上載是圖，得之江右信州。在前兼有木刻，燬於兵火。余乃索其遺帙，仍舊梓成。但板宏曠未裁，非案頭可置物，是以易之兹刻，庶便於摺頁。」是作序人縮舊本爲小版也。後有梁承祖跋。考《六經圖》倣於宋楊甲，以紹興中刻石昌州郡學。陳振孫引《館閣書目》，六卷，載在《書録解題》。七卷，葉仲堪重編，毛邦翰增補之，不可得見。此本有《太玄》、《皇極》、《潛虚》等圖，疑即明御史光州胡賓刊本也。予所藏又有近世鄭之僑刊本，盡改宋人體例，尤不足觀。

小學 無

諸子

晏子春秋七卷

右《晏子春秋》七卷。以元槧本校自刊本。《藝文志·儒家》：《晏子》八篇。蓋《内篇》六：《諫上》、《諫下》、《問上》、《問下》、《雜上》、《雜下》。《外篇》二，後世始并爲一，故七篇。向《叙》云：「定著二百一十五章。」明吴勉學本止二百三章。余有《十子彙》本，又以詞相同者附注，亂其次第。予嘗以沈啓南、吴懷保本校梓，分八篇，多十二章，適符《叙録》之數。及勘元本，亦如此。元本每卷首有總目，又各標於本篇，惟缺末章之大半，因据《太平御覽》九百三十五引此書補足之。儒家書此爲第一，又是劉向手定，篇第完備，無譌缺，甚可寶也。

高士傳三卷列女傳八卷

右《高士傳》三卷，晉皇甫謐撰，明黄省曾頌并刊。後有黄魯曾跋。《列女傳》八卷，前有宋曾鞏序，稱：「向舊書之亡久矣。嘉祐中，集賢校理蘇頌始以頌義爲篇次，復定其書爲八篇，與十五篇並藏於館閣。」嘉祐八年王回序稱：「《崇文總目》以陳嬰母等十六傳爲後人所附。予以頌考之，每篇皆十五傳耳。則凡無頌者，宜皆非向所奏書，不特自陳嬰母爲斷也。」余讀向書，惜其爲他手竄改失真，故并録其目，而以頌證之，删爲八篇，號《古列女傳》。餘二十傳，自周郊婦至東漢梁嫕等，以時次之，别爲一篇，號《續列女傳》。嘉定時蔡驥序稱「《崇文總目》則以續二十傳無頌，附入向七篇中。分上下，爲一十四篇，并傳頌一篇，共成一十五篇。今人則以向所撰《列女傳》七篇，并續《列女傳》二十傳爲一篇，共八篇。今止依此將頌義、大序列於目録前，小序七篇散見目録中間，頌見各人傳後」云云。是此本宋蘇頌所定也，題「吴郡朱景固校」。嘉靖時，黄魯曾序而刊之。

管子二十四卷

右《管子》廿四卷，明朱東光刊本。題「房玄齡注，明劉績補注」。又一本，明吳勉學校，前多劉向《序録》，無注。《漢藝文志・道家》：《筦子》八十六篇，與今本篇數合，惟有亡篇耳。《隋經籍志》作十九卷。《舊唐志》作十八卷。今本十九卷，終《地員》弟五十八，《弟子職》弟五十九，疑隋唐無後數卷。《郡齋讀書志》云：「劉向校八十六今誤作一。篇，今亡七篇。今誤作十。五十八篇有注解。」《玉海》云：「今本，房玄齡注。五十八篇有注。」是房玄齡所見本，亦即隋唐十九卷之書也。《文獻通考》引《崇文總目》云：「吳兢《書目》云：《形勢篇》而下十一卷亡。」今本《崇文總目》無此文。《玉海》引吳氏《西齋書目》：「三十卷，此自《形勢解》亡。」亦有脱誤。足證唐已前竟無弟二十卷已下《形勢解》諸篇。今本此諸篇注亦較少，但文甚古雅，疑亦非後人掇拾增補者。豈即解八十八篇之辭，如韓非《解老》之屬，原文本附已上各篇乎。又案：《史記正義》引《七略》云：「《管子》十八篇，在法家。」此《七録》字誤。《史記索隱》云：「案：今《管子》書，其《封禪篇》亡。」毛晉所刊單行本，今《史記評林》本則改。「亡」爲「是也」二字。明朱東光本，《封禪》弟五十下注云：「元篇亡，今以司馬遷所載《管子》言以補之。」是知《封禪篇》爲房氏所補。吴勉學本無注，亦不注明此篇元闕，後人遂不能知。此書宋元本絶少，而傳注所引本文又有不見於本書者，當俟考定。

莊子十卷

右《莊子》十卷，附陸氏德明《音義》，題「《纂圖互注南華真經》」，元人刻本也。《漢·藝文志》：《莊子》五十二篇。《隋·經籍志》所載各家注本，卷帙不同。惟稱梁有《莊子》十卷，東晉議郎崔譔注。又引梁《七録》，三十三卷，今本十卷，内、外、雜共三十三篇，疑即梁時本。而漢時五十二篇殆有闕逸矣。《郡齋讀書志》云：「書本五十二篇，晉向秀、郭象合爲三十三篇。」但《隋志》載向秀注本二十卷，郭象注三十卷，目一卷，俱不作三十三篇。古者篇卷同耳，晁氏公武説未確也。明朱東光刊本，删落陸氏《音義》，不及此本之善。此本有互注、補證，以習見之書，無關要義。又畫周氏《太極圖》於卷端，附會《大宗師》篇太極之説，則宋元人之不經，是宜削去。以元本，姑存之。

老子五厨經等一册

右《老子五厨經》五章，有序，稱「臣愔」，署「唐京肅明觀尹愔注」，蓋胡愔也。唐人注書，存者日少，故存之。又《黃帝陰符經注解》，署「崆峒道士鄒訢注」。《太上老君說常清净經注》，署「都梁參學清庵瑩蟾子李道純注」。又《太上赤文洞古經注》，署「龜山長筌子注」。又《太上大通經注》，署「都梁參學清庵瑩蟾子李道純注」。又《太上昇元說消災護命妙經注》，署「修江混然子注」。又《洞元靈寶定觀經注》，不署名。又《胎息經注》，署「幻真先生注」。又《無上玉皇心印經》，署「宜春參學弟子臣李簡易注」。又《崔公入藥鏡注解》，有修江混然子序，署「混然子注」。又《青天歌注釋》，有混然子序及注，合一冊，稱《玄宗内典諸經注》，明天順四年進士及第修撰陳鑑序。道士邵以臣刊并跋，自云：「受道於長春真人，特取歷代聖師之經，諸老註釋之語，凡十一卷，壽梓以廣其傳。」先是，邵以正曾刻《道德經集解》，今俱無刻本。此鈔本也。

真誥二十卷

右《真誥》二十卷，梁陶弘景撰，明俞安期校刊。在前有宋嘉定間高似孫叙，稱：「易如剛告予，茅山刊《真誥》，欲叙其略。」是此書爲宋時茅山道士刊行者。按：其書記神仙降形書寫歌詩之屬，似近世所謂扶箕降仙書者。道術小數，能致鬼物，亦或有之。所云仙人名目，皆寄託也。人，陽也，而接於陰，非致福之道。明鄭鄤以家數世降仙扶箕，父母信奉之。其父以仙人責過其母，温體仁附致其罪，不得。遂以此事罪鄒以逼父杖母，罹於極刑，天下寃之。扶箕之弊如此，可不畏歟。

黄庭内景玉經及外景玉經各一卷五藏六腑圖説一卷

右題《太上黄庭内景玉經》、《太上黄庭外景玉經》各一卷，梁邱子注。前有梁邱子叙。《五藏六腑圖説》一卷，注云：「按：此圖説係唐胡愔撰，附梓以備參考。」後有明萬曆間王圻跋，朱印本，程應魁書，甚精好。按：《舊唐書·經籍志》始載《老子黄庭經》一卷，《文選注》亦引《老子黄庭經》，今《外景經》有《老子閑居》作七言，解説身形及諸神。在「上有黄庭下關元」之前，證之法帖所傳王羲之書，文字互有異同。既据《舊唐志》、《文選注》稱《老子》，則起二語非後人妄加矣。《新唐志》有白履忠注《黄庭内景經》，注云卷亡。又有女子胡愔《黄庭内景圖》一卷。《隱逸傳》云：「白履忠，汴州浚儀人。號梁邱子。景雲中，爲校書郎。棄官去。」《崇文總目》有《太上黄庭内景玉經》一卷，《黄庭外景玉經訣》一卷，又有《黄庭内景圖》一卷，《外景圖》一卷，胡愔撰。醫書類又有《黄庭内景五臟六腑圖》一卷，女子胡愔撰，即此是也。但白履忠注不見於《崇文目》，而鄭樵《通志·藝文略》兩載《黄庭内景經》，一爲梁邱子注，一爲白履忠注。又載《黄庭内景五臟六腑圖説》，作胡愔撰。不知白履忠即號梁邱子。可知鄭氏著書，大率鈔録書目家文，不見原書，不加考核，其疏甚矣。吴淑《事類賦注》引《黄庭經》曰：「鬱儀結鄰善相保。」注云：「鬱儀結鄰，日月之神也。」又與梁邱子注文不同，似又有一人注此書者。此書爲晉人所書，《舊唐志》所載，白履忠、胡愔皆是唐人。其書已古，甚可寶也。四庫館未及搜録，俟他日彙呈乙覽云。

商子五卷

右《商子》五卷，緜眇閣所刻先秦諸子本。又有程榮校本，在《漢魏叢書》。又有吴勉學刊本。又有二卷本，以《更法》至《修權》爲卷上，《來民》至《定分》爲卷下，朱蔚然校刊。予又從朱舍人文翰借得鄭寀刊本，合四本校之，各有所長，惜無宋本可校矣。其文證之《太平御覽》之文，似此書爲後人有節删之處。諸子書由後人追輯，惟《墨子》、《商子》由其手定。其詞反復詳明，真三代以前古書，並非僞作。急宜校付剞劂云。

韓非子二十卷

右《韓非子》廿卷，明趙用賢校。依宋本校刊，有注。嘗見宋刊本，有序，無撰人名。

後題「乾道改元中元日黄三八郎印」。曾屬吾友畢以珣校勘。卷十一末有「有相與訟者子産離之而毋得使通辭」一條，共七十六字。餘亦有文字異同。《漢藝文志》、《韓子》五十五篇。合篇數，無佚。《隋經籍志》：《韓子》二十卷，目一卷。新舊《唐志》、《宋志》皆廿卷。各家書目同，俱不言何人注。趙用賢《凡例》云：「元何犿本謂舊有李瓚注，盡爲削去。」不知犿何據指爲李瓚。今因宋本俱列，不敢輕加删削。案之宋本亦有注，是書目録家缺載。又有明吳勉學校刊本，無注。若《史記正義》引阮孝緒《七略》云：「《韓子》二十卷。」蓋誤以劉向《七略》爲《七録》也。《索隱》云：「著書三十餘篇，號曰《韓子》。」豈前《初見秦》諸篇由後人所續與，抑唐本缺卷也，俟考。

人物志三卷

右《人物志》三卷，魏劉卲撰。涼劉昞注，阮逸爲之序，明鈔本。後有王三省跋。此書《隋志》及《舊唐志》皆三卷，入名家。《唐志》始載劉炳注，即此本也。其書出於《虞書》教冑、文王官人之學。卲疾時無知人之明，又不能器使也，即入儒家，亦宜。嘗見有乾隆九年中州彭家屏刊在南州本，叙稱：「於塗君延年處借得宋帙，重爲翻本。」然文字多脱落，反不及此本之善。因爲補完，以歸臧文學鏞堂。

事物紀原十卷

右《事物紀原》十卷，有正統時南昌閻敬序，稱作者逸其姓氏。《書録解題》云：高承撰編。承，開封人。雙谿趙彬序。今無序。此書所載事物瑣碎，亦未能溯原。明胡文焕刊之。案：晁氏《讀書志》有唐劉孝孫《事始》三卷，蜀馮鑑續爲五卷。

事物紀原二十卷

右《事物紀原》二十卷。前有明正統時趙弼序，稱「漢陽府推官建安陳闕珍收《事物紀原》一帙，昔□江右，見書於祭酒胡先生之館」。《浙江採遺書目》有此，云：「明祭酒南昌胡儼撰。」又稱「於事有虚幻、理不可信者，及前官制之繁駁者，言之瑣碎而不切者，皆略之。其於事理有要而失於詳記者，則考訂而益之」。蓋趙弼增删元本，非宋高承舊書矣。次有陳華序，即湖廣漢陽府推官也。趙弼時掌教南平，陳華使之訂校。後序二首：一爲正統時漢陽教授余鐸作，一爲豫章天順時江陵縣知縣陝西王貫作。皆不言此書何人所著，卷弟亦與胡文焕刊本異。俟求宋本訂正。

古今原始十五卷

右《古今原始》十五卷，明嘉靖時趙釴撰。釴序以爲所載一事，自爲一始。後所踵襲而行者，其末也。書自天地人皇氏迄元明，頗紀歷代掌故，於明一代尤詳，足資考證。其前惜未博贍究載籍根柢〔一〕耳。胡文焕好刊異書，亦其所鐫。

〔一〕「柢」原作「抵」，據《木犀軒叢書》本改。

武經總要四十卷

右《武經總要》四十卷，有宋仁宗序。稱勒成四十卷。制度十五卷，邊防五卷，故事十五卷，占候五卷，曾公亮編定，楊維德考占候。原書弟十六、十八卷，俱分上下兩卷。此本分前集後集。前集廿卷，後集又起卷一。前集移卷十六下之「北蕃地理」諸條爲弟廿二卷，以弟十八卷下爲十九卷，改十九、二十兩卷爲廿、廿一卷，多出兩卷。按之目録，仍廿卷，與舊書卷次不異。蓋明人刻書，體例不畫一如此。後集有紹定四年趙休國跋，稱四十四卷。疑此書自宋時已改其卷弟也。後附《行軍須知》二卷，豈趙所云四十四，合而言之歟。《行軍須知》前有正統四年李進叙，此書即其時所刊。兵家陣圖、器具、占候及六壬、遁甲之法，惟存此書。在《太白陰經》之後，《虎鈐經》之前，最爲專家有用之學。刻本甚少，可寶也。

虎鈐經廿卷

右《虎鈐經》廿卷，宋許洞撰。舊鈔本。前有洞序，稱：「其書就於吴郡鳳皇里，又表進於朝。大略集古兵家、謀略、器械、占驗成書，與李筌《太白陰經》相類。」按：龔明之《中吴紀聞》稱許洞登咸平三年進士第。平生以文章自負，所著詩編甚多。歐陽文忠公嘗稱其爲俊逸之士。真廟祠汾陰時，洞爲均州參軍。在路獻文章，令召試中書。又記其父太子洗馬仲容墳在城西，則吴有洞故居也。此書有明刻本，止十九卷。不刻末卷祭文，不如此本之全。

天文

玉曆通政經三卷

右《玉曆通政經》三卷，鈔本。故友屈文學所贈。按：《書録解題》載《玉曆通政經》三卷，云李淳風撰。亦天文占也。《唐志》無之，《宋藝文志》則云並不知作者。今本前有淳風序，《宋志》可謂疏矣。且此書雖名有曆字，實則占星之書。《宋志》入於曆算類，不入天文類，又似未見其書者。

李播大象賦一卷

右李播《大象賦》一卷，題「苗爲注」。見《宋·藝文志》。此鈔帙，孫之騄補注。有星圖。按：晁氏《讀書志》有《天象賦》一卷，云：「右題後漢尚書張衡撰，蜀丞相諸葛亮注。然注中引用晉事，決非亮也。希弁嘗以《秘書省[一]闕書目》考之，《天象賦》一卷，李淳風注。疑此爲是。」案：晁説以爲李淳風注，而《宋志》則題苗爲，諒即一本。但苗爲不知何時人，無可考。

〔一〕「秘書省」原作「秘閣書省」，衍「閣」字，今據《郡齋讀書志》删。

乾象通鑑一百卷

右《乾象通鑑》一百卷。前有序，稱「臣季言：臣書生也，臣遇異人，密傳奥旨。研精窮思二十餘年，方禁網嚴切，不敢示人。而天象時變，臣已逆知於十五年前矣。嘗以微言咨於故丞相李邦彥，前北帥王安中。初不以爲然，安中略推其驗，後大信之。而事已不及矣。臣謂此術既妙，人不能知。知於已然，事實無濟。於是据經集諸家之善，考古備已驗之變，復以景祐新海上秘法參列而次弟之，著爲成書，凡一百卷」。又云：「臣是以不遠萬里，冒犬豕鋒鏑之死，前赴行在而獻之。」後有河間府免解進士李季奉聖旨。按：李邦彥、王安中，俱宋徽、欽二帝時人。李季書見《玉海》引《繫年録》：「初，河間府進士李季集天文諸書，號《乾象通鑑》。建炎四年六月癸酉，命婺州給札上之。紹興元年三月甲寅，詔與舊書參用。天文官吳師彥等頗摘其訛謬。二年七月壬寅，復置翰林天文局。」

古叢辰書二册

右《金符經》一卷。《大明曆》一卷。郭璞《神會曆》一卷。《連珠曆》一卷。《許真君玉匣記》一卷，附《曆合覽》二卷。《拜命曆》一卷，胡文焕校刊，疑在《格致叢書》中。共購得二册。按：《郡齋讀書志》五行類有《拜命曆》一卷，右趙景先集。其自序曰：「此書常式陰陽莫能曉，今則不敢傳諸該博。愚嘗自得之，名流用之皆驗。故集成此，以示子孫。自非洞於此道，他人幸勿妄傳也。趙師俠誌於此。」今無此語，未知即是一書否。

地理

山海經圖讚二卷

右《山海經圖讚》二卷。明沈士龍、胡震亨刊本。補遺凡三葉，與《隋志》卷數相符。補遺止于焦堯一條。注云：「《太平御覽》及《藝文類聚》、《釋迦方志》尚有比目魚、崑崙山等類十條，俱係《爾雅圖讚》。故簡別，不敢溷入。」案：此外尚有藏本，盧學士刊入《羣書拾補》中。焦堯一條後爲釋天地圖等三十條，又無比目魚、崑崙山二條，未知何故。學士止據《百三名家》中集本校勘，未見沈胡刊本也。次弟文字俱相似，有別作字，已載盧學士書中。

王象之輿地紀勝二百卷

右王象之《輿地紀勝》，終一百八十四卷。闕卷十三至十六、卷五十一至五十四、一百二十六至一百二十八、一百三十六至一百四十四、一百六十八至一百七十四及一百八十五至二百。嘉定辛巳歲自序云：「搜據天下地理之書，及諸郡圖經，參訂會粹。每郡自爲一編，以郡之因革見之編首，而諸邑次之，郡之風俗又次之。其他如山川之英華、人物之奇傑、吏治之循良、方言之異聞、故老之傳記與夫詩章文翰之關於風土者，皆附見焉。」又有寶慶丁亥歲眉山李𡌴序。此書近出於蘇州陳氏所藏，當時未入四庫館。而曹學佺曾見之，據以作《名勝志》。錢曾《讀書敏求記》亦已著録。何文學夢華爲予以四十萬錢録存二十四册。

方輿勝覽七十卷

右《方輿勝覽》七十卷，宋祝穆撰。前有嘉熙間吕午序及穆自序。體例略似王象之《輿地紀勝》。後有四六如《秘笈新書》，而簡要便於披覽。此本宋刻，尤可寶也。揚州洪君瑩購得，余借鈔存笈。《天禄琳琅》有此書。書首有咸淳二年六月福建轉運使禁止麻沙書坊翻版榜文。祝穆跋爲咸淳丁卯季春，是咸淳三年。

東南防守利便三卷

右《東南防守利便》三卷，宋吕祉撰。明崇禎時茅瑞徵刊本。前有吕祉進狀。首葉署「右迪功郎江南東路安撫使司準備差遣臣陳克、左宣教郎添差通判建康軍府提舉圩田臣吴若」。祉於紹興三年，以直龍圖閣知建康府，到官與僚屬所議上也。祉傳見《宋史》：「建州建陽人。後爲叛將酈瓊迫脅渡淮，不肯降劉豫，遇害。慶元間，詔立廟，賜額旌忠。」是書以駐蹕建康，則沿江戍守不可不備，城池不可不修，宫室不可不營，郊廟不可不定，河渠不可不議。故自六朝建都以來，沿江戍守、城池、宫室、郊廟、河渠事迹，悉以類舉。南北之事盡此矣。其序云然。《景定建康志》嘗引此書，知宋時人亦重之，而不能用其言，是可惜也。

天下名勝志五十册

右《天下名勝志》五十册，明曹學佺撰。按：其序知學佺得樂史《太平寰宇記》、祝穆《方輿勝覽》、王象之《輿地紀勝》諸書，畢十年之力，撰成此書。今《太平寰宇記》已缺八卷，《輿地紀勝》則不録在《四庫書》，近時始出，而卷數亦缺。學佺著書時，得見其全，所載足補樂史、王象之之書所未備。明時古刻書多不存。書中多引地理古書，亦出於三書，尤可取也。體例仿《元和志》、《寰宇記》，止載城邑、山川、宅墓、名蹟，不記名宦、人物，最得古人地志之法，絶勝《明一統志》。明人著述善本，此爲弟一矣。板久不存，後人寶之。

華陽國志十二卷

右《華陽國志》十二卷。卷十分上中下，實十四卷。明吳琯校刊本在《古今逸史》中，缺卷十上先賢士女總讚、蜀郡士女傳，卷十中廣漢士女傳，卷十下漢中士女亦缺讚語。蓋不全本。予所得鈔本，有卷十上及中、並下漢中士女讚語，前有宋嘉泰李壁序，惟缺四五六卷，雖舛誤甚多，文字增多處，並勝諸本。兩本相輔藏之，遂爲完書。近李太史調元亦刊全本於蜀中。

南嶽總勝集三卷

右《南嶽總勝集》三卷，山陰陳田夫撰。有序影宋鈔本。考晁氏《讀書志·地理類》有此書，云：「紀南嶽之勝概。不詳撰人。」《宋藝文志》並不載，蓋其疏漏。

金陵新志十五卷

右《金陵新志》十五卷，元張鉉撰。前有江南諸道行御史臺都事索元岱序。又有鈔録御史臺等處文移。知宋景定十志舊版已經燒毁，元時重刊。先有郡士戚光妄更舊志。當時議，因舊志之已成，增本朝之新創，故其書皆用《建康志》準式。凡壹拾伍卷，壹拾叁册。分派溧陽州學刊雕五卷，溧水州學、明道書院各三卷，本路儒學刊造二卷及序文圖本。照依元料工物，合用價錢，於各學院錢糧内除破。共中統鈔壹伯肆拾叁定，貳拾玖兩捌錢玖分玖釐，俱見序例。據此，知明黄佐《南雍志》所載細書堂中存有《建康志》板，又爲元時翻本。此志亦元刻，而板不存，可寶也。

茅山志十五卷

右《茅山志》十五卷，元道士劉大彬撰。明道士張全恩刊本。舊稱此志編於劉大彬，傳於趙孟頫，贊於虞集，書於張伯雨，世稱四絶。元季，版罹兵燹。明亦三刻三燬。此本爲明江永年所刊，增明懿典於前，爲首卷。又增明碑於《金石編》之後，爲金石後卷。增明詩於《金薤編》之後，爲金薤後卷。却未亂大彬舊書卷次，尚可取也。惟紙板不精，非復張伯雨所書之舊。四庫館所得浙江孫氏藏本，即此本。

醫律

補注釋文黄帝内經素問十二卷

右元本《内經素問》十二卷。前有唐寶應元年王冰序，末題將仕郎守殿中丞孫兆重改誤。次爲總目，有木刻印記，稱「本堂今求到元豐孫校正家藏善本，重加訂正，分爲十二卷，以便檢閲」云云。後又題「元本二十四卷，今併爲一十二卷刊行」。是坊本已改古時篇第。十三行，行廿三字。紙墨色甚舊。惜不及校，必有勝於今本者。卷末有木刻印記，題「至元己卯菖節古林書堂新刊」，蓋元時重刊本。

素問入式運氣論奥三卷黄帝内經素問遺篇一卷

右宋朝散郎太醫學司業劉温舒撰。前有温舒叙，作於元符己卯，三卷。《五運六氣諸圖附論》二卷：《刺法論》第七十二，《本病論篇》第七十三。温舒爲太醫學官，所得《内經》亡篇，必非無本。此本序後有「古林書堂重刻」印，蓋與《内經》同時所刻。

黄帝内經及靈樞經二十四卷七册

右《黄帝内經》及《靈樞經》二十四卷。唐王冰次注，宋林億等奉勑校正。題「繡谷書林周曰校校刊」。王氏盡移全元起注本卷弟，如以弟九卷《上古天真論》爲弟一之屬。賴林億注明原書篇弟，可復尋耳。皇甫謐、王冰並云：「《藝文志》：《黄帝内經》十八卷，即《内經》九卷、《靈樞》九卷。《靈樞》即《鍼經》。」林億等按：《隋書·經籍志》謂之如靈，非也。全元起注本此無弟七，林億疑今《元紀大論》、《五運行論》、《六微旨論》、《氣交變論》、《五常政論》、《六元正紀論》、《至真要論》七篇，爲《陰陽大論》之文，王氏取以補亡，且據張仲景《傷寒論》序云：「撰用《素問》九卷，《八十一難經》、《陰陽大論》謂《素問》與《陰陽大論》兩書甚明。」然班固序云：「弟七一卷，師氏藏之。」又云：「時於郭子齋堂受得先師張公秘本。」則亦有所受之，非臆撰矣。又有明趙府刊本，併爲十二卷。

華氏中藏經二卷

右《華氏中藏經》二卷。見《書録解題》，稱「《中藏經》一卷，漢譙郡華陀元化撰。

其序稱應靈洞主少室山鄧處，自言爲華先生外孫，莫可考也」。《宋·藝文志》：「華」字譌作「黄」。予在都門見趙氏孟頫手録一本，前缺才數百字，大勝俗本。内方藥有改易分量、删落全條者，知明代刻書之不可恃矣。《舊唐書·經籍志》有《華氏藥方》十卷，注云：「《華陀方》、《吴普集》别是一書。」

肘後備急方八卷

右《肘後備急方》八卷，明萬曆間岳州守劉自化刊本。葛洪書本三卷，名《救卒方》，八十六首。梁陶弘景增之，凡一百一首。以朱書甄别，又名《肘後百一方》，仍爲三卷。金皇統時，國子監博士楊用道又增爲八卷，以唐慎微《證類本草》類附於後，名《附廣肘後方》。前有元至元時段成己序，並明巡按李栻序。段氏所序，似據陶弘景補本，尚在楊用道未增之前。此書見於《讀書志》及《文獻通考》，皆名《百一方》，仍三卷。而葛氏原書不可得見，甚可惜也。

王叔和脈經十卷

右《脈經》十卷，晉王叔和撰。明袁表校刊本。前有宋校定《脈經》進呈劄子及富弼等署銜。次有宋刻《脈經》牒文。次有宋廣西漕司《重刻脈經序》。次有元刻《脈經》移文，元刻《脈經序》。次有明福建布政使右參政徐中行付校《脈經》手札，云「此王氏《脈經》真本。後醫依韻而成歌，不免牽綴。一字失真，百身莫返。頃從馬鍾翁家得此本，不啻萬金，便欲梓播寰中」云云。蓋明萬曆時刊本。其宋廣西漕司《重刻脈經序》，陳孔碩撰。稱少時得王叔和《脈訣》，怪其詞俚而指淺。更訪老醫，得《脈經》十卷。驗之，乃建本。求之建陽書坊，絕無鬻者。嘉定己巳，因從醫學求得《脈經》，借各本校之，與前後所見者同一建本也，乃知《脈訣》出而《脈經》隱。又稱取建本《脈經》略改誤文，寫以大字，刊之廣西漕司。是宋時已行《脈訣》，幾不知有《脈經》，賴孔碩校刊存古書耳。元刻《脈經序》，泰定中謝縉撰。王叔和《脈訣》者，不知起於何時。惟陳無擇《三因方》序脈云「六朝時，有高陽生者，剽竊作歌訣。劉元賓從而和之」云云。則無擇亦未嘗讀《脈經》也。又稱「朱文公謂《脈訣》詞最鄙淺，非叔和本書。雖文公亦未知其正出《脈經》」云云。今世所傳惟《脈訣》，即六朝高陽生劉元賓所撰。此書確是王叔和原本，自宋陳孔碩得之。當開四庫館時，搜羅未得，未以入録。予得此，將彙以呈御。

玄珠密語十卷

右鈔帙《玄珠密語》十卷，唐王冰撰。前有麟德元年自序，稱「專心問道，執志求賢，得遇玄珠，乃師事之」。又稱：「爲玄珠子密而口授之也。」又稱「此十卷書，可見天之令，運之化，地産之物，將來之災害，可以預見之」云云。考《宋藝文志》有王冰《素問六脈玄珠密語》一卷，即此書。未審卷帙何以相懸。《四庫書》未載，異時當彙以進御。

經史證類大觀本草三十卷

右《經史證類大觀本草》二十九卷，目録一卷。署「唐慎微纂」。前有通仕郎行杭州仁和縣尉管句學事艾晟序，作於大觀二年，稱「謹微爲書二十有九卷，目録一卷。集賢孫公得其本，鏤版以廣其傳」。此本在政和刻本已前，不附《本草衍義》。恐爲元刻賈人去序葉之後半木印及去《目録》之末葉以充宋版者，俟得善本再考之。按：《讀書志》〔一〕：《證類本草》三十二卷。不知何以多出二卷。

〔一〕「按讀書志」，《木犀軒叢書》本作「晁氏讀書志」。

重修政和經史證類備用本草三十卷

右三十卷。明陳鳳梧所刊。前有明商輅序，及全麻革序。革稱：「平陽張君存惠，因寵氏本，仍附以寇氏《衍義》，比之舊本益備而加察焉。」又有泰和甲子木記，稱「今取《證類》本尤善者爲窠模，增以寇氏《衍義》。别本中方□多者，悉爲補入。又有本經别録先後附分條之類，其數舊多差互，今亦考正。凡藥有異名，取其俗稱注之目録各條下，如蚤休云紫河車、假蘇云荊芥之類。圖象失真者，据所嘗見，皆更寫之，如：竹分淡、苦、箽三種，食鹽著古今二法之類」云云。是金人刻大觀本，附以《衍義》，又加更改，非宋刻之舊矣。余所藏别有舊本，無寇氏《衍義》，又有寇氏《衍義》單行宋本，皆爲難得。考《宋藝文志》，有唐慎微《大觀經史證類備急本草》三十二卷，又有党禹錫《嘉祐本草》二十卷。

元版蘭臺秘藏三卷

右《蘭臺秘藏》三卷，金李杲撰。卷上自飲食勞倦門至胃脘痛門，卷中自頭痛門至婦人四，卷下自大便結燥門至小兒門。十行，每行十七字。黑口板。審是元本。題「新刋東垣先生《蘭臺秘藏》」。又署「静齋居士朱德閏」。藥物分量，猶詳悉可考。明人刻本，如華氏《中藏經》，率行改竄。此本宜存以勘今六卷本。

唐律疏議三十卷

右《唐律疏議》三十卷，唐長孫無忌等奉勅撰。元王元亮釋文。至正時崇化余志安刋本。前有泰定四年江西等處儒學提舉柳贇序，稱：江西廉訪使師公，因行省檢校官王君長卿家藏善本及《釋文纂例》，刋於龍興學官。按：其書本於李悝《法經》六篇，即《藝文志·法家》：《李子》三十二篇。一《盗法》，二《賊法》，三《囚法》，四《捕法》，五《雜法》，六《具法》，具法即今名例律，移於前耳。自蕭何、賈充、北齊、後周至唐，歷代增損，以成是書。誠千古文獻之徵。漢臣多世傳法律，唐時設律學博士。律令之學，淵源未絶，賴有此書。《疏議》於難斷之獄，依經義折衷，尤得其平。近時有妾毆奴婢至死之獄，部臣以爲律無明文，幾不能决。其斷法見此書，蓋傷則減等，至死，以平人論。傳云：「舊章不可忘也。」明時改移古律最甚。國朝損益得中，其哀矜明慎以致刑措之風，過於貞觀之世遠甚。存此以備舊章，折疑獄，亦律學之根柢也。余又得影宋鈔本，有缺葉，以贈阮撫部。合校鈔一本，贈家撫部公子馮翼，惟此本爲最精云。

明律條疏議三十卷

右《明律條疏議》三十卷。槧印甚精。黑口版。十一行，每行二十五字。標題大字前有序，稱「四明張公式之因歷官憲府，考訂始末。述沿革之由，著律文之義。設問答以辨其疑，爲總説以詳其意。編次成書，名《疏議》」。又稱「江西僉憲宗魯宋君募其寫本，繕録鋟梓」。惜敘文末葉已失，不知何人所作。然知此書爲張式之私定，每篇考訂歷代創改律條原流甚悉，中多引《唐律疏議》。並知「姦黨」一條，爲明時增立，在《職制律》中，前古所無。終明之世，以此羅織正士。予在比部時，屢請胡大司寇奏删此條，未果，以俟後之通達者徐徐議其事。

史學

兩漢博聞十二卷

右《兩漢博聞》十二卷，宋楊侃撰。侃後更名大雅，見《宋史·楊覃傳》。所引諸人注語，可證今本刊落之謬。《郡齋讀書志》有此書，云：「景德中，侃讀兩《漢書》，取其中名數前儒解釋爲此書，以資涉獵者。」侃嘗編《職林》矣，此亦其類也。

稽古録二十卷

右《稽古録》二十卷，明弘治時山西巡按楊璋刊本。前有國子司業餘姚黄珣序。

續通鑑長編一百八卷

右鈔帙《續通鑑長編》一百八卷，宋李燾撰。分子目共一百七十五卷。自太祖建隆元年正月，迄英宗治平四年閏三月。考《玉海》，即乾道四年燾爲禮部郎官時上進之本也。當時繕寫在秘省，未經鏤版，故傳播甚少。國朝徐尚書乾學始得于泰興季氏，具疏呈進。江左士夫猶有鈔藏。此蓋宋人完帙，目次悉具。燾又有淳熙九年續進本，自建隆至靖康，通計一千六十三卷，即《文獻通考》所載一百六十八卷，舉要六十八卷。《書録解題》稱「逐卷又分子卷或至十餘」云云，則一千六十三卷，或即一百六十八卷之書。今存《永樂大典》「宋」字中，但無原目卷弟可考。《四庫全書》重編爲五百二十卷，蓋非宋本之舊。宜與此本并藏之。

皇朝編年備要三十卷

右《皇朝編年備要》三十卷，宋陳均撰。前有均序。次爲紹定二年真德秀序。又次爲鄭性之叙。又次爲林岊叙，稱「此書取司馬氏之綱，而時有脩飾。取李氏之目，而頗加節文。且網羅天下放失舊聞，質之鉅公，中爲衡度」云云。最得此書之旨。弟一卷自太祖建隆，迄二十五卷哲宗元符三年，爲一集。自二十六卷徽宗建中靖國，至欽宗靖康三年，爲一集。各分目録。此本影鈔宋刻，惟將雙行注字改爲大字低格，中有缺字，俱依宋本之舊。前數卷有朱筆補足。原本是汲古閣影宋本，余校勘一過。陳氏《書録解題》云：「舉要者，綱也。備要者，目也。」

通鑑續編二十四卷

右元版《通鑑續編》二十四卷，元陳桱撰。前有至正二十一年周伯琦序，稱「子經是編既成，兵難大作，不能脱稾。今行中書省賓佐海陵馬君玉麟令長洲時，訪子經，得其稾，編録之，始成全書」。並有陳基、張紳序，皆在至正時。桱自叙云：「記盤古至高辛，爲

《通鑑世編》一卷。唐天復至周亡遼夏初事，爲《通鑑外編》一卷。宋有國至歸於大元，爲《通鑑新編》二十二卷。總之爲廿四卷。其例，大書以便覽，非竊有褒貶。詳注以載事，無變乎舊文。」據此，是桱雖入明，而書成於元時。兼取《通鑑綱鑑》之例，而不以意爲褒貶，誠爲善本。又在王氏宗沐、薛氏應旂之前，可取也。

通鑑紀事本末四十二卷

右《通鑑紀事本末》四十二卷，宋袁樞撰。前有淳熙元年楊萬里序。十一行，行十九字。大版宋槧本。

通鑑總類二十卷

右《通鑑總類》廿卷，宋沈樞撰。前有嘉定中樓鑰序，及元至元中周伯琦序。宋時刊於潮陽，元刊於吳郡庠，明萬曆時重刊。有申時行序，稱「司禮三河孫公所校付剞劂者，檢閱史事誠便，然有重複之文，未爲精製」。

五朝名臣言行録前集十卷後集十四卷續集八卷别集二十六卷道學名臣言行録外集十七卷

右《名臣言行録》前集後集，朱文公撰，李衡校正。有朱序，及寶祐時李安居序。續、别、外三集，李幼武所撰。俱安福張鰲山刊本。紙版尚佳。十二行，每行二十三字。外集前有景定時趙崇硂序。外集題《宋道學名臣言行録》，卷端有《道統傳授圖》，及伊川、涑水多載語録，殊失雅馴。並載朱文公言「道理，自孔、孟没，便無人理會得。及至程子，始推廣其説」云云。涉於標榜，且置漢唐名儒於何地。以舊本，存之。崇硂爲太宗長子漢王元佐九世孫，李安居《江西志》載爲廬陵人，寶祐二年進士。李衡見《宋史》：江都人，官秘閣修撰，致仕，居崑山，聚書萬卷，號樂庵。

十七史詳節四十册

右《十七史詳節》四十册，宋吕祖謙撰，明劉弘毅校正。前有正德時李堅叙，稱「巡按程公時言，屬郡守張侯公瑞請堅校訂以行，刊於正德丙子」。弘毅自稱木石山人，江贄《通鑑節要》亦其增注。後有弘毅跋，稱「吕成公《十七史詳節》至永樂間，其版戹於回禄。正德七載，侍御李公如圭巡按至建陽，謀之縣尹戚君雄，屬弘毅捐貲刊梓。肇於本年癸酉，竣於今年丙子」云云。

通鑑節要四十册

右《通鑑節要》四十册，題「少微先生纂述，王逢釋義，劉剡增校，木石山人補注」。木石山人即劉弘毅。前有正德時劉吉序，云「宋司馬公修《鑑》，少微江贄刪繁撮要，名之曰《通鑑節要》。其裔孫淵附益之，增以表志序贊，參以論斷音釋」云云。五卷節劉恕《外紀》，二十卷節司馬光《資治通鑑》，三十卷節陳桱《宋元通鑑》，則自陳桱書已下，爲淵所輯。明正德己巳歲慎獨齋所刊。有後跋，稱：「元自世祖平宋之後，一遵臨江張公美和、梁公孟敬二先生《節要》、《事略》而成。」缺後半葉，俟再考。《天禄琳琅書目》有武宗序，稱：「偶檢《少微通鑑》，悦之。詳不至泛，略不至疏。一開卷間，首尾具見。前日纂修之要，亦備採擇。弟年久，字畫模糊，因命司禮監重刊之。又附《宋元節要續編》於其後。」此本無此叙。

金石 無

類書

北堂書鈔百六十卷

右《北堂書鈔》百六十卷，明人影宋鈔本。雖文字譌舛，然是虞氏原書。校之陳禹謨本，有天淵之别。世南此書成於隋代，故《隋志》、《舊唐志》皆已著録，惟作一百七十三卷，與此不同。《玉海》引《中興書目》云「分一百六十門」。卷數相符，知非後人刊落之本。《玉海》又稱：「二館舊缺，唯趙安仁家有之。真宗命内侍取之，手詔褒美。」則自宋代已珍秘之。今陳禹謨刊本，亦據此刊板。故云：「是書傳寫譌脱，幾不可讀。」禹謨以意增損，又以俗本經子之文改易原書，紕謬已極。此本得於吳門，前有「紉佩齋清賞圖書」，是明人所鈔。虞氏引《尚書經》，在天寶時未經改定之先，故「畯民用章」、「欽乃逌司」、「敬爾繇獄」、「其克有勛」之屬，皆用古字。今陳禹謨本，悉依俗本《尚書》更正，賴此存古書梗概。海内藏書家不乏人，未知尚有此書佳本否。如無佳本，此即至寶。後有重刊者，倩通人少加校核，勝陳本倍蓰也。

初學記三十卷

右元版《初學記》三十卷。十行，二十字。題「新刊初學記」。目録、卷三十末鱗介部、蟲部下，各注附字。俗本移在鳥部下，云附鱗介部、蟲部。餘亦多脱字，不及此本之善。前有紹興四年福唐劉本序，校之明嘉靖錫山刻本，反有脱字。文中云：「協律諧吕，爲今人之道。」明本爲「今人之文以載古今人之道」。又多「修職郎建陽縣丞」八字在姓名之上，豈元人删落邪。叙文八行，十八字。空一格，題爲「新刊大字初學記序」。

事類賦三十卷

右《事類賦》三十卷。後有宋紹興丙寅右迪功郎特差監潭州南嶽廟邊惇德、及左儒林郎紹興府觀察推官主管文字陳綬、及右從政郎充浙東提舉茶鹽司幹辦公事李端民校勘款。後序爲嘉靖甲午麻城陳全所作，稱：「紹興中，鄭提舉鏤梓於東浙。」又云：「甲午歲，全領教在汳，太守石巖白公以名進士由他官擢知開封。乃請於大宗師頤菴吴公，得其善本質定」云云。前序爲嘉靖十三年李濂撰，蓋此書嘉靖倣宋刻本。賈人或去其前後序以充宋版，然却是專行本，近甚難得也。《天禄琳琅》載此書明版，第三行吴淑銜名後空一行者，即此。賈人去前後序，故不可辨。

新編古今事文類聚

右《新編古今事文類聚》，前集六十卷，後集五十卷，續集二十八卷，别集二十二卷。宋祝穆編。新集三十六卷，外集十五卷，富大用編。前有祝穆序，爲淳祐丙午年作，爲宋理宗六年。外集目録後有木條，題「泰定丙寅盧陵武溪書院新刊」。按：泰定丙寅〔一〕爲元泰定帝三年，蓋元刻本。

〔一〕「丙寅」原缺，據《木犀軒叢書》本補。

全芳備祖前集二十七卷後集三十一卷

右《全芳備祖》前後集，宋陳景沂補輯。祝穆訂正。有韓境序。備載花果蔬藥原始，並古人詩句。在《羣芳譜》之前。而王象晉著書時實未之見，故體例横決，不及宋人之善。

新編事文類聚翰墨大全十二卷

右《翰墨大全》十二卷，宋劉應李編。前有大德十一年熊禾序。書成於元時，而應李以咸淳爲建陽主簿，入元不仕，則應題宋人。見《萬姓統譜》。書分二十五門，載古今事實。後附尺牘文儀，多載近代人文。中地理一門，始自大都路大興府，稱《聖朝混一方輿勝覽》，多依元制。案：王象之《輿地紀勝》及歐陽忞《輿地廣記》皆無中原西北諸路地里事實。此宋元時書，足補其缺。又在《元一統志》之先，亦可用也。應李不事元，而書中擡寫稱謂一切尊元，亦自存之道與。

韻府羣玉二十卷

右《韻府羣玉》二十卷，宋陰時夫撰，弟中夫注。据黄虞稷《千頃堂書目》云：「陰幼遇，字時夫。兄中夫，名幼達。」未知舊刻何以題其字。此本元大德間刊版。國朝康熙中有增删本，爲徐可先婦謝瑛改定。賴有此以證元書規範也。

羣書備數十二卷

右《羣書備數》十二卷。前有序，稱「古今所編，若《數類》，若《目會》，若《小學紺珠》、《小學名數》，以至百家之編《幼學須知》等書，雖詳略不同，然大概具是矣。喪亂以來，典籍散佚，是書無復存者。欲復求一册以爲童蒙之訓，不可得已。齋居暇日，因纂經史子傳所載書之可以數紀者，彙爲一編，目之曰《羣書備數》。分十有二門，而凡天地人物、古今事跡，莫不鱗次羽襲，以類相從。庶幾一覽而得以略見其大要」云云。後不署名，有木印，刻「臨江張氏」四字。又刻「美和」二字，署「臨江張九韶美和編」。其書在《小學紺珠》之後，《讀書紀數略》之前，所紀有元十四世，終順帝，是張九韶爲明初人，紙版亦似弘正已前。考之明凌迪知《萬姓統譜》，載九韶以元時累舉不第，明洪武初，辟爲國子助教，翰林編修。是書或九韶未第前所著，故木刻圖印一曰「臨江張氏」，一曰「美和」，一曰「林下一人」，似稱「林下」爲未入官時也。

韻府續編四十卷

右《韻府續編》四十卷。題「後學青田包瑜撰」。蓋續陰時夫《韻府羣玉》也。明廖用賢《尚友録》以瑜爲宋人，云：「著《韻府續編》一百二十卷。」時代既誤，卷數又與此不合，未知何故。据黄虞稷《千頃堂書目》載包瑜《周易衍義》注云：「成化中浮梁知縣。」蓋明時人。

類編秘府圖書畫一元龜二十册

右《畫一元龜》，分甲乙等集。不全本。宋版。覯於吳門。十五行，二十五字。如古聖賢門周公、孔子，以經、史、子、集、典故依次編列。但所取子書不備，亦無僻書。殊不及《太平御覽》等類書也。

詞賦

昭明文選李善注六十卷

右《文選李善注》六十卷。元奉政大夫同知池州路總管府事張伯顔刊本。前有元大德時海北海南道肅政廉訪使余璉序，稱「梁昭明享池祀」。又云「即池故處，吾歸老焉。同知府事張正卿來，俾邑學吳梓校補遺謬。遂命金五十以自率，羣屬靡不從化」云云。此書蓋刊於池州。元明當道到官後，每訪求邑之文獻古迹，興廢繼絶，多刊古書，存貯公府。想見古人聲名文物之盛。今無其比，并前人存板亦皆墜失不修，可慨也。

玉臺新咏十卷

右《玉臺新咏》十卷。十五行，三十字。本甚精好。後有永嘉陳玉父跋，云：「自李氏得舊集本。嘉定乙亥，在會稽借得豫章刻本五卷。後得石氏録本補校，於是其書復全。」蓋明人仿宋本。不著序，或賈人去之。有「任邱龐垿之印」記。

蔡中郎集十卷

右《蔡中郎集》十卷。前有天聖時歐静序。《書録解題》作「歐陽静」。明正德時，錫山華堅以活字板刊行之。按：《書録解題》所載十卷本即此。猶是宋人原編，較勝各本。邕集載隋、唐《志》，二十卷。至《崇文總目》，存十五卷。今本作五卷，誤。惟宋《志》及《文獻考》十卷，亦即歐本。惟缺五卷，後人增多，亂其舊次。余所藏有六卷本，爲順治時劉嗣美所刊，明陳留令徐子器編本。前有《獨斷》，注云「喬本」。又有八卷本，明汪士賢校刊。皆不及此本之古。劉嗣美所據喬本，爲嘉靖間喬世寧。有序稱：「《獨斷》列置卷尾，以皆中郎之言，宜彙成一家。由俞子汝成增定。」則後出本次弟皆喬所更亂也。

曹子建集十卷

右《曹子建集》十卷。前有吳郡徐伯虬序，稱「景初中，植著凡百餘篇，隨爲三十卷。今卷止十，詩文反溢而近二百篇。郭子萬程刊布以傳」云云。按：四庫館所收即此。因其自稱後有嘉定六年癸酉字，知即《文獻通考》十卷本。此本雖無嘉定題識，然知郭萬程、徐伯虬，或宋寧宗時人也。後有《疑字音釋》一葉。

晉二俊文集陸機陸雲各十卷

右《晉二俊文集》，陸機、陸雲各十卷。前有宋徐民瞻序，稱：「得〔一〕《士衡集》十卷於新淮西撫幹林君，其首冠以《文賦》。《士龍集》十卷，則無之。移書故人秘書郎鍾君，得之册府，首爲《逸民賦》。亟命工鋟木以行，目曰《晉二俊文集》。」是此集猶宋已前本也。

〔一〕「得」字原無，今據原書補。

陶靖節集十卷附録四條

右《陶靖節集》十卷。前有昭明太子序及本傳。又有蘇軾等總論。後附録顏延之誄，及陽休之、宋庠等叙録。題「宋治平三年五月望日思悦書」。僧思悦也。又題「紹興十年十一月日書」。蓋宋人校刊本。而紙色字跡似明人翻刊，或書賈去明人序以充宋本者。按：《隋經籍志》載宋徵士《陶潛集》九卷。梁，五卷，録一卷。《舊唐志》載《陶淵明集》五卷，蓋即梁本，而不數其録。陽休之云：「一本八卷，無序。一本六卷，并序目，亦即《隋志》所見本。」休之又云：「蕭統所撰八卷，合序目傳誄，而少《五孝傳》及《四八目》。」又云：「今録統所闕，并序目合爲一帙，十卷。」此本即陽休之所編，宋庠所刊定。惟移目於前，又宋人改休之之舊式。然古人别集，闕佚已多，皆由後世掇輯。此集猶爲梁隋舊本，亦可貴也。《郡齋讀書志》云：「休之本出宋庠家，獨《四八目》後《八儒》、《三墨》二條，似後人所加。」

謝宣城集五卷

右《謝宣城集》五卷。明黎晨刊本。一本吾友吴騫所刊，仿宋本。前有婁炤序。

《隋·經籍志》有《齊吏部郎集》十二卷，《謝朓集》一卷。《舊唐書·志》及《崇文總目》皆十卷。然據〔一〕振孫《書録解題》稱：「婁炤知宣州，止以上五卷賦與詩刊之，下五卷皆當時應用之文，衰世之事。可采者已見本傳及《文選》。餘視詩劣焉，無傳可也。」則宋人但刊五卷，即此本矣。黎晨本大概與吴刊宋本相似。後據郭茂倩《樂府》補載《蒲生行》一首。據《古文苑》載范雲等附詩三首，爲録公《拜楊州恩教》一首，《拜中軍記室辭隋王箋》一首，《齊敬皇后哀策文》一首。前有梅鼎祚序。

〔一〕「據」，《木犀軒叢書》本作「陳」。

何水部集一册

右《何水部集》一册。雍正間項道暉刻本。序稱「黄長睿所稱春明宋氏本已不可得。晉天福本，或即今之所傳，然亦不滿三卷之數。從玉几山房搜得舊本，合家所鈔藏，録之梓人」云云。前有賦一篇，書一首，七召一篇，牋二首，餘皆詩。附以同作及聯句。今四庫所收爲明張佐刻本，九十五首，與此本同。而文不及此之多。

陳伯玉集十卷

右唐《陳伯玉集》十卷，陳子昂撰。前有盧藏用序，稱「合採其遺文可存焉，編而次之，凡十卷」。是編卷數與古符。首葉題「新都楊春重編，射洪楊澄校正」。後附録《唐書》列傳及别碑文祭文等，或即楊氏所續也。四庫館所收七卷，缺文四首，以《文苑英華》補完。此本俱有之，足寶也。

駱賓王文集十卷

右《駱賓王文集》十卷。冠以列傳，先列《螢火賦》，終於《丹陽刺史挽詞》。余所藏駱集凡五本：一十卷，一二卷，一四卷，一六卷，一八卷。惟此卷最古。但二卷本前有郗雲卿序，此反無之。又無刊書人叙，或書賈所去也。

駱賓王集十卷

右《駱賓王集》十卷。明陳魁注本。予所得五本，俱非舊刻本。一四卷，明顔文選注，即入《四庫書》者。一二卷，有唐郗雲卿序，有賦及詩，無文。一六卷，明張炳祥所刊小版。一八卷，明虞更生所刊。惟有陳魁士注本十卷，以與古合。然題云《文鈔評林》，分詩叙入文類，而七言古詩中缺《行軍中》、《行路難》及《行路難》、《憶蜀地》、《佳人詩》三首。凡例云：「集中闕誤，有參之舊本皆不可考者，不敢妄有增入。」似非明安人，或即古本未可知，俟再考。又有《靈隱子》六卷，明舒城令陳魁士注，陳士科刊。有拔檄文於首簡，次序益亂。《書録解題》言《賓王集》又有蜀本，卷數亦同，而次序先後皆異。

張曲江集十二卷附録一卷又一本千秋金鑑録五卷

右《張曲江集》十二卷。明邱濬於館閣羣書中鈔録刻之。蘇太守韡請留刻韶州郡齋，因爲之序。萬曆間，南韶巡按王氏順重刻，并序，稱「《金鑑》一録，亦不具載」。按：晁氏、陳氏書目，及《唐·藝文志》所載，亦二十卷。又有一本，裔孫振〔一〕文兄弟以家藏本重梓，曾璟等作序。有《千秋金鑑録》五卷，故附存之。

〔一〕「振」原作「張」，據《木犀軒叢書》本改。

李太白詩十八卷

右《李太白詩》十八卷，稱《分類補注李太白詩》。署「楊齊賢集注，蕭士贇補注」。前有元至元間士贇序，稱「得巴陵李粹甫家藏左縣所刊楊齊賢子見注本，惜其博而不能約，因取其本類此者爲之節文，擇其善者存之。注所未盡者，以予所知附其後，混爲一注。全集有賦八篇，子見本無注，此則併注之」云云。是此本士贇增賦補注，紙版甚精致。《天祿琳琅》本，末葉板心記「至大辛亥三月刊」。書中有「建安余氏勤有堂刊」篆記，蓋元武宗至大四年本。

李翰林別集十卷

右《李翰林別集》十卷。明正德間吴郡袁翼所刊。後有跋，稱重刻淳熙本，即樂史所編，前有樂史序。版藏吾友王國博芑孫家。據《四庫書目提要》云：「樂史所編罕見。」當時此本未出也。

杜工部詩二十五卷

右《杜工部詩》二十五卷，稱《集千家注分類杜工部詩》。署「徐居仁編次，黄鶴補注」。鶴爲希之子，補成父書。此本元時所刊，惜無序可考。《天禄琳琅》此本詩題目録及卷二十五後，别行刊「皇慶壬子余志安刊於勤有堂」。皇慶壬子，爲元仁宗壬子元年。與《太白集》隔一年，刻手印工相等。四庫館所收有《黄氏補注杜詩》二十六卷，又與此本異。

高常侍集二十卷

右《高常侍集》二十卷。明刻本。《唐志》載《高適集》二十卷，《崇文總目》及陳振孫《書録解題》俱十卷，晁氏《讀書志》亦十卷。又有《集外文》一卷、《别詩》一卷。疑此即二十卷本。

元次山集十卷

右《元次山集》十卷，補遺一卷。題太保武定侯郭勛編。明湛若水校本。按：《唐·

藝文志》有元結《文編》十卷，即此。《郡齋讀書志》：《元子》十卷，《琦玗子》一卷，《文編》十卷。《元子》及《琦玗子》今不傳。《四庫全書》所載十二卷，與此不同。

顔魯公集十五卷

右《顔魯公集》十五卷。錫山安國刊本。前有楊一清序。後有留元剛序及都穆序。都氏序云「《顔魯公集》有二。予家藏舊本，凡十五卷。人間所傳又有宋留元剛本，視予家者，十五而闕其三，止十二卷。其本有公文補遺及年譜行狀，皆予家所無。而予家自《政和公主碑》至《顔夫人碑》十首，又元剛之所未有。今僭爲編訂」云云。是本都穆所私定也。四庫所收即此本，疑脱都氏序，故疑爲元剛本。仍搜輯《殷府君夫人顔氏碑銘》、《尉遲迥[一]廟碑銘》之屬，增入補遺、年譜、附録各一卷。

[一]「迥」原作「廻」，據《木犀軒叢書》本改。

岑嘉州集八卷

右《岑嘉州集》八卷。五七古律詩分類，無文。前有唐京兆杜確序，云：「區分類聚，勒成八卷。」是猶唐人編次之本，可貴也。四庫館未收，他時彙以呈進。《全唐詩》爲四卷，與此不同。

陸宣公集二十二卷

右《陸宣公集》二十二卷。前有權德輿叙，稱《翰苑集》。次爲目録，稱《陸宣公集》。次列元祐蘇軾、淳熙蕭燧進奏劄子，及陸宣公象。自卷一至十爲制誥，十一至十六爲奏草，十七至二十二爲中書奏議。十行，二十字。審是元本，可寶也。

韓昌黎文集四十卷

右《韓昌黎文集》四十卷，稱《朱文公校昌黎先生集》。題「晦菴先生考異，留畊王先生音釋」。前有王伯大序，蓋伯大寶慶三年刻於劍州。又有序不署名，云：「南安韓文，出莆田方氏，近世號爲佳本。予於此書，姑考諸本之異同而兼取之。」此蓋麻沙坊版，甚精致，不必以改朱晦菴《考異》舊例爲嫌也。

柳宗元文集四十三卷

右《柳集》四十三卷，稱《增廣注釋音辨唐柳先生集》。前有乾道三年陸之淵序。署童〔一〕宗説注釋，張敦頤音辨，潘緯音義。考陳振孫《書録解題》，有《韓柳音辨》二卷，云：「南劍州教授新安張敦頤撰。紹興八年進士。」知音辨本單行，書賈合刻之。此本甚精致，蓋宋版也。惟以宋元本集外集合併爲一，分類排次，非劉禹錫所編舊次爲歉耳。

〔一〕「童」原作「董」，據《木犀軒叢書》本改。

孟東野集十卷

右《孟東野集》十卷。宋景定中，武康令國材用宋敏求本刊行。明嘉靖間，後令秦禾，得本於都穆所，刊之。此即宋本，故卷次與晁氏、陳氏所載合。晁氏云一贊二書附於後者，亦同。前人文集爲後人增删改亂次第多矣，此由宋敏求合汴吴鏤本、周安惠本、别本及蜀人蹇濬咸池集本總括成之，足前人苦心也。

李賀歌詩四卷集外詩一卷

右《李賀歌詩》四卷，《集外詩》一卷。前有杜牧序。宋大觀時鮑欽校定。《唐・藝文志》有《李賀集》五卷。《宋志》作一卷，又《外集》一卷。「一」字疑誤。《郡齋讀書志》「《李賀》四卷，《外集》一卷。」即此本。此編爲宋本舊式，可貴也。

李衛公文集二十卷别集十卷外集四卷

右《李衛公文集》二十卷，《别集》十卷，《外集》四卷。唐李德裕撰。明吴興茅兆河刊本。有天啓間韓敬序。核之《崇文總目》，有《會昌一品集》二十卷，又有《平泉山居草木記》一卷，俱李德裕撰。陳振孫《書録解題》載《會昌一品集》二十卷，《别集》十卷，《外集》四卷，所云永嘉及蜀本三十四卷本也。晁公武《讀書志》載《會昌一品集》二十卷，《姑藏集》五卷，《平泉詩》一卷，《窮愁集》三卷，《别集》八卷，《别文賦》一卷。此本兼《平泉》、《窮愁》二書在内，故《别集》多二卷，但無《姑藏集》耳。陳氏所載又有《李衛公備全集》五十卷，爲知鎮江府江陰耿秉直所輯。有《年譜摭遺》，又在此本之後。明人好改舊書次弟，此本雖加評點，刻不甚精，然宋本舊式未改，亦可寶藏也。

皮日休文藪十卷

右唐皮日休《文藪》十卷。自序云：「凡二百篇，爲十卷。」唐人之文，自爲編次者不多見。此本未爲後人改竄卷次。十一行，二十字。刻印亦精。前有宋柳開叙。疑是明人重刊，書賈去其叙者，俟再考。九月二十四日，得於維揚。《浙江遺書目》云：弘治間刻本。

甫里集二十卷

右《甫里集》二十卷。唐陸龜蒙撰。明萬曆時許自昌校。有成化時陸釴序。據寶祐六年林希逸序，知吴江葉茵所編。後有茵叙。猶是宋人舊本，明人未曾改亂者。

笠澤叢書四卷

右《笠澤叢書》四卷，唐陸龜蒙撰。《唐志》、《崇文總目》作三卷。晁公武《讀書志》作四卷，云：「凡〔一〕著書，詩賦銘記，往往雜發，不類不次，混而録之，故曰『叢書』。」

陳振孫《書録解題》，四卷，補遺一卷。與今本同。又有蜀本，十七卷，今不傳。

〔一〕「凡」，《郡齋讀書志》原文作「隱几」。

司空圖一鳴集十卷

右司空圖《一鳴集》十卷。《唐志》、《崇文總目》及晁公武《讀書志》俱作三十卷。陳振孫《書録解題》，十卷，同此。

唐英歌詩三卷

右《唐英歌詩》三卷。唐吴融撰。毛晉刊本。考《唐·藝文志》有《吴融詩集》四卷，《宋志》作五卷。《書録解題》有《唐英集》三卷，唐翰林學士吴融撰。錢曾《讀書敏求記》載有宋槧鈔本，則其名舊矣。

竇氏聯珠集一卷

右《竇氏聯珠集》一卷，唐竇常、竇臯、竇羣、竇鞏同撰。毛晉校刊。即《讀書敏求記》所稱影宋舊鈔本也。《宋藝文志》止載《竇鞏詩》一卷，又《聯珠集》五卷。《唐志》未見。

唐風集三卷

右《唐風集》三卷，杜荀鶴撰。毛晉刊本。太常博士顧雲作序。《郡齋讀書志》：「杜荀鶴《唐風集》十卷。」《宋史・藝文志》作二卷。《唐志》不載。此本與錢曾《讀書敏求記》所載同，曾云：「此宋本，仍名《杜荀鶴文集》，而以《唐風集》注於下。」

唐百家詩二百八十卷

右《唐百家詩》，席啓宇刊。因宋槧本募工鋟板，自大曆貞元，訖唐宋五代。更檢《文粹》、《英華》、《紀事類雋》、《類苑》諸書，及家藏諸舊集，爲補遺於各卷之末，注明字有異同。總計爲卷二百八十有奇，爲帙四十。不刻李、杜以前諸集及元、白、皮、陸，以善本多而卷帙繁也。唐人詩集，各有原書名目，一時彙萃不易，賴有此集，得見宋槧規模。余嘗得羅隱《甲乙集》宋本，校勘與此刻相同，知其非妄作也。但唐人詩文合集，如《昆陵集》之屬，去文存詩，亦非完本，爲可惜耳。

曹鄴詩二卷

右《曹鄴詩》二卷，詩一百三首。舊刊本。《宋·藝文志》有《曹鄴古風詩》二卷，疑即此本。鄴多古詩，亦間有七絶七律，不得題爲古風也。《唐志》，三卷。再考《崇文總目》，有《曾鄴詩》一卷。曾、曹，恐形近之誤。《書録解題》有《曹鄴集》一卷，云「唐洋州刺史曹鄴撰，大中四年進士」。

百家注東坡詩集二十五卷

右《東坡詩注》二十五卷，題王狀元集注。元版本。前有王十朋及趙公夔叙。又載集注分類姓氏於前，凡九十六人，稱百家，舉全數也。又有《紀年録》，爲傅藻編纂，稱「因段仲謀、黄德粹二家之述，翦截浮詞，名之《紀年録》」云云。《東坡詩注》，此本最古，紙版亦精。後有「廬陵某書堂新刊」墨印，賈人剷去「某書堂」名，因將充宋刻耳。

五家宫詞一册

右《五家宫詞》，毛晉輯。王建詞一百首，則歷參古本，百篇俱在，删去他作。花蕊夫人、王玨詞各一百首，俗本以花蕊三十九首移入玨集，復以唐絶二首足之，爲四十一首，今悉釐正。徽宗詞三百首，從雲間得一元本，止缺二首。删時本雜詩。楊后五十首，後有潛夫跋，不知何人，云「得之江左」。皆毛氏審定善本付刊。歡娱之詞難工，未盡然矣。

四明文獻集五卷

右《四明文獻集》五卷，宋王應麟撰。題「後學鄭真輯」。鈔本。後有陳朝輔跋，稱：「王厚齋通行天下者，祇《玉海》、《困學記聞》、《詩地里考》、《紺珠》、《詞學》等書。至手著序記、表誥、辭命、誌銘之類，闕焉未傳。友人劉君讓以鈔書見售，不惜重貲，以應其請。間爲補綴增益，以成全集。媿弗能付剞劂以廣其傳。」自稱同郡後學前柱下史。是此書世無刊本，可寶也。南宋以實學傳者，惟厚齋、馬端臨數人。其文有書有識，當存，屬好事友人刊行之。

趙松雪集十卷

右《松雪齋文集》十卷，元趙孟頫撰。前有大德時戴表元叙。後有至元時何貞立跋，云：「内翰文敏趙公文集若干卷，乃其子雍所編類者也。」此書字體甚似松雪書，蓋當時仿其書法所刻。真元版之精好者。

松雪齋全集十卷外集續集附

右《松雪齋全集》，其集十卷，公子仲穆編次。元至正間刊於花溪沈氏。《外集》一卷，亦沈氏所刊。康熙間，曹培廉從長洲文壽彭家借本校正，裒集他書及石刻墨迹，爲《續集》一卷。

全唐詩話三卷

右《全唐詩話》上中下三卷。後有跋，署「咸淳辛未重陽日遂初堂書」，蓋宋尤袤便養湖曲時理故篋所編也。《四庫書存目》則十卷，非此本。

胡曾詠史詩三卷

右胡曾《詠史詩》三卷。宋槧本。題前進士胡曾著述并序。鄖陽叟陳蓋注詩。京兆郡米崇吉評注并續序。其續序云「近代胡曾」，是米俱唐人也。詩一百五十首，自烏江，終滎陽。四庫館所收本二卷，自不周山至汴水，亦有注，不著姓名。蓋後人重加編訂，易其卷次，偶失陳蓋、米崇吉署名耳。辛酉年九月十九日，江君藩購得此本於揚州書肆，以歸秦太史恩復，予及見之。

盛明百家詩三百卷

右《盛明百家詩》三百卷，明俞憲撰。憲，嘉靖戊戌進士，官至湖廣按察使。所録諸集，每人冠以小序。《四庫書提要》譏其略於明初，詳於時人，至以其子淵詩列爲一家，此其謬也。余所得刻本少弟一册。

金石例十卷

右《金石例》十卷，元潘昂霄撰。署「《蒼崖先生金石例》，鄱陽楊本及盧陵王思明校正」。前有至正五年楊本序，稱「先生子敏中來爲饒理官，以本之與於斯文也，俾之次弟而讐校之，刻之梓以永其傳」。次爲至正乙酉鄱陽傅貴全序，次桐川陽植翁序，次王思明序。後有至正五年濟南潘詡跋。元本。刻印甚精。

書畫

宣和書譜二十卷

右《宣和書譜》二十卷，宋徽宗御撰。明嘉靖時楊慎刻本。有序稱「《博古圖》，南國子監有刻本。此書雖中秘亦缺，余得於亡友許吉士雅仁，轉寫一帙，冀傳播無絶」云。此本最古，在諸本前。《天禄琳琅》載一本，云「槧印雖精，字畫不能工整，其爲明代坊間所刻無疑」。即此本賈人又去其序者。

説部

周氏冥通記四卷

右《周氏冥通記》四卷，一册。署陶弘景撰。明胡震亨、毛晉同訂本。《隋書·經籍志》：「《周氏冥通記》一卷。」《唐志》不載。《崇文總目》有《周子良冥通録》三卷。《宋志》「録」作「記」，又作四卷，不著撰人。《通志略》云：「紀梁隱士周子良與神仙感應事。」亦不云陶弘景撰。此本所題，當依舊本也。按：此書略似《真誥》，率皆紀夢及神怪之談。云某日所受記書，蓋如今俗扶箕致仙鬼書也。聖戒索隱行怪，傳言矯誣鬼神。陶弘景學不純而近名，乃有此等撰述。

雲仙雜記十卷

右《雲仙雜記》十卷，一册。題「唐金城馮贄編」。前有明隆慶時俞允文序。後題葉氏菉竹堂中梓行本。紀事瑣碎，無資考核，所引書目，今亦無存。雖説部最古之事，疑後人僞爲之。《書録解題》及《宋藝文志》俱作《雲仙散記》一卷。《宋志》作馬贄，誤。

程史十五卷附録一卷

右《程史》十五卷。前有成化間江沂叙，云：「近奉朝命，來按廣東。大參劉欽謨忽出善本，經陳文東批點者，翻登諸梓。」前又有嘉靖間錢如京重刊叙。附録一卷，蓋錢所附也。

廉石居藏書記外編（卷下）

經學

東坡書傳二十卷

右《東坡書傳》二十卷。前無叙。明人刊本。按：晁氏、陳氏書目及《宋·藝文志》皆作十三卷。不知何人所分。晁氏謂其「以《胤征》爲羿簒位時事〔一〕，《康王之誥》爲失禮」，與諸儒之説不同，意譏之。而陳氏反稱之，誤矣。今觀其書，惟「大伾〔二〕」注尚載成皋一説有可取，餘皆臆解。至以三江爲禹以味别，至引唐陸羽之言「誕受羑若」，「羑」爲羑里，不審上文爲文武合詞，皆紕繆之甚者。當時王安石好作新説，揣風氣者如此。司馬温公薦士，以蘇軾爲經學不深，故東坡作諸經説以解嘲。聊以舊書，購存之，入於《書目》經學附録云。

〔一〕「事」字原脱，據《郡齋讀書志》補。

〔二〕「伾」原作「坯」，據《禹貢》改。

禹貢説斷四卷

右《禹貢説斷》四卷，宋傅寅撰。《通志堂經解》中所刊《禹貢詳解》二卷。《永樂大典》載其書，題曰《禹貢説斷》。《經解》本元闕四十餘簡。四庫館聚珍板本據《大典》補完，析爲四卷。按：寅書頗引班氏《地里志》及鄭注《尚書》，但雜以宋人之説，不能折衷古學。如大別之在安豐，大伾之在成皋，俱漢人有本之説，反以臣瓚、杜預諸人之言亂之，知其疏於經術矣。

吕氏家塾讀書記三十二卷

右《吕氏家塾讀書記》三十二卷，吕祖謙撰。博引漢唐宋諸家注。前有淳熙壬寅九月朱文公叙，云：「所謂朱氏者，實熹少時淺陋之説。」又云「伯恭父之弟子約，既以是書授其兄之子丘傒宗卿，而宗卿將爲版本以傳永久，且以書屬熹叙之」云云。小版。十二行，每行十九字。《天禄琳琅》所載宋本，有「項元汴家藏」印記者，即此。宋時經學不逮漢唐者，以臆説，無所師傳。朱文公叙云「唐初諸儒，爲作義疏，因謁踵陋。百千萬言，而不能有以出乎二氏之區域。至於本朝劉侍讀、歐陽公、王丞相、蘇黄門、河南程氏、横渠張氏，始用己意，有所發明。蓋不待講於齊魯韓氏之傳，而學者已知詩之不專於毛鄭矣。及其既久，求者益衆，説者愈多，同異紛紜，争立門户。學者無所適從，而或反其爲病。今觀吕氏家塾之書，未嘗不謹其説之所自。及其斷以己意，雖或超然出於前人意慮之表，未嘗敢有輕議前人之心也」云云。是知朱文公亦知宋學無師傳，則有門户紛爭之弊。後之學宋人，以爲出於漢唐諸儒上者，蓋瞽説也矣。

謚法通考十八卷

右《謚法通考》十八卷，明王圻撰。圻爲《續文獻通考》，嘗益《謚法考》一目，而未及明代，是以録刊成書。四庫館列在《存目》中。按：《周書・謚法解》，古本有專行本。復有《逸禮謚法》，散見傳注。急宜蒐輯，以備禮家之學。宋蘇洵撰《謚法》四卷，取劉熙等六家《謚法》，以意删定，亦已妄矣，至謂《周書・謚法》以鄙野不傳，可知宋人絶不讀古書，其所著必無可觀。圻此書，考古之學，亦不能精核。且不載各書出處，是明人之習。然亦頗詳歷代之制。惟後卷厠入釋氏稱謂，應加削除耳。

春秋説例一卷

右《春秋説例》一卷，宋劉敞撰。《永樂大典》録出。據《書録解題》稱：原書凡四十九條。今僅二十五條，不得全書矣。

春秋師説三卷

右《春秋師説》三卷，元趙汸撰。所稱爲師，蓋黄澤也。《春秋三傳》皆有師授，服賈傳注亦有師説，趙氏不能遠引，止援近代俗師之言，推廣其義，以爲師説。宋元人結習如是。

春秋屬辭十五卷

右《春秋屬辭》十五卷，元趙汸撰。前有宋濂序。書雖題屬辭，實則兼比事之義，創爲大凡。有元人一代經學，不可不存，亦尚非臆説。

春秋左傳補注十卷已上俱趙氏後裔吉士校刊

右《春秋左傳補注》十卷，元趙汸撰。其書兼取杜預、陳傅良之説。傅良《左傳章旨》不可見，賴此存梗概云。

春秋比事四卷

右《春秋比事》四卷，方苞撰。自科舉之學興，明以來通人名士所謂經學，皆不求聲音、訓古、師傳之學。方苞負文名，其著書等身，於經學無所發明，惟此書述而不作，雖編次未盡當，然足存以備檢閲。

小學

六書本義二册

右《六書本義》二册。元板本。前有徐一夔序。凡分十類，爲十二篇，三十六部。其書論指事、會意、轉注之義不甚當。會意所以異於指事者：會，合也，合二字而知其意。

故若止戈、人言之屬。指事則不必合二字。然則趙氏謂反正爲乏、反永爲𠂢之類爲會意，乃誤認指事也。轉注者，以此注彼，以彼注此。而同在一部，若《爾雅》肇、祖、元、胎等，皆始也，始爲建類一首，肇亦祖也，祖亦肇也，皆始也，是爲同意相受。《説文》老，考也；考，老也。同意相受，俱在耂部，故云建類一首。趙氏所謂轉，轉其聲而注釋。及有因其意而轉者，蓋誤以假借爲轉注也。似此錯誤，悉數之不能更僕。以是舊書，存之。

書學正韻三十六卷

右《書學正韻》三十六卷，元楊桓撰。桓善篆書，有《太白樓記》刻石濟寧州。此書以篆隸韻，元板本，當即桓手書。但《説文》所無之字，依隸造更，多於《説文》新附，甚亂六書古法。惟引《説文》是元已前本。

天文

龜洛神秘集二册

右鈔帙《龜洛神秘集》，圖龜版及占驗形象。前有太乙行九宮數，後有《太極圖》。

以爲河洛之傳，是宋人之學，非古書矣。至順壬申東吴詹仲修有序，稱「諸彦洪遇至人，授我竹隱老人邵平軒《玉靈照膽經》一卷，示予，遂得其傳」。則此亦元人書舊鈔本耳。

史學

二申野録八卷

右《二申野録》八卷，孫之騄撰。記洪武戊申年至崇禎甲申年各府州縣災異，間考以占驗，注以奏疏。伏生五行傳之學，劉向傳之。宋人斥占驗不讀，遂至不畏天變。自是以後，無復能讀五行傳者。此書可補《明史》之缺。惟所載本之方志，恐有不實。及雜以評論時人得失之詞，體例不純耳。

説部

歷代小史一百五卷

右《歷代小史》一百五卷，明李栻輯。録《路史》而下，至明代諸家所紀，種各一卷，皆節其文者。

跋

此書爲後學之津梁，稽古者所不可不閱者也。苦於無力刊行，亦當亟寫一樣本，以待將來可耳。後人寶之，不可抛失。道光戊子二月二十六日雨窗廷鑅敬記於廉卉堂。

孫氏祠堂書目

〔清〕孫星衍　撰
焦桂美　整理
杜澤遜　審定

孫氏祠堂書目目録

序……二七三
内編卷一……二七七
外編卷一……二九八
内編卷二……三一六
外編卷二……三四四
内編卷三……三五七
外編卷三……三八二
内編卷四……四〇〇
附録 《木犀軒叢書》本陶濬宣跋……四四九

序

家大人少孤貧，好聚書。易衣物購之，積數櫃。旋以北試入都。予生四五齡時，既就傅。歸，竊視櫃中書，心好之。年逾志學，侍親之任句曲。因按日讀學舍官書《十三經注疏》及諸史，朱墨點勘，凡數過，幾廢科舉之業。既而西入關，校書于畢督部節署。畢氏藏書甲海内，資給予，使得竟其學。嘗傭書都門，適開四庫館，所見書益宏多。又數年釋褐入玉堂，充中秘詳校官，並獲覩翰林院所存《永樂大典》。回翔省闥者九年，所交士大夫皆當代好學名儒。海内奇文秘籍，或寫或購，盡在予處。又流覽釋、道兩《藏》，有子書古本及字書、醫學、陰陽術數家言，取其足證儒書者，寫存書麓。及官東魯，由監司權臬事。往來曹南歷下，防河折獄，所頓亭傳，不廢披覽。遭母憂南旋，倉皇捆載，卷帙狼藉。時河漫南陽湖，遇風沈舟，損失大半。歸里後，負米吳越，貧不自存，猶時時購補數十種。嘉慶甲子歲，再官東省，始從運道載古書，校以宋元善本書，稍完具如初，或有創獲。蓋藏書之難而聚書之不能免於戹者如是。予始購書，先求先秦三代古籍，次及漢魏六朝隋唐，次及宋元明之最精要者，餘力不能備具。故爲内外編，略具各家之學。僅以教課宗族子弟，俾循序誦習。分部十二，以應歲周之數。

曰經學第一。漢魏人說經，出於七十子，謂之師傳，亦曰家法。六朝唐人疏義，守之不失。以及近代仿王氏應麟輯録古注，皆遺經佚說之僅存者。學有淵原，可資誦法。至宋明近代說經之書，各參臆見。詞有枝葉，不合訓詁。或有疑經，非議周漢先儒，疑誤後學。宜别存之以供取舍。

曰小學第二。先以字書，次及聲韻。六義不明，則說經不能通貫，或且望文生義。文字之變，隸楷遞改，滋生日多。既集漢魏字書，亦及後世，以盡其變。聲音反切，雖起六朝，或推本讀若舊音而作，且引古字書，足資校證，亦宜兼列。

曰諸子第三。九流區分，互有改易。班《書》隋《志》，部分最當。依此爲類，庶非臆見。《六韜》舊入於儒，《管子》還列於道。周秦述作之才，幾於聖哲，或多古韻古字。僞書後出，判然可知。唐宋依托前人，號爲子書。文多膚淺，入録甚少。

曰天文第四。黄帝、巫咸、甘石之學，是有五官分野。按：五行以占吉凶，出於保章左史，其書最古，謂之天部。九章五曹之書，惟知轉算，不必長於觀象，謂之算法。遁甲六壬，其術亦古，不可中廢。合以命書算法，謂之陰陽。三者俱屬天文，各有專門，後世或不能别，僅傳算學。

曰地理第五。先以統志，次以分志。或總紀區宇，或各志封域。《禹貢》古文説及周地圖之言，存於列代地志及《水經注》、《括地志》諸書。宋元方志，多引古説，證經注史，得所依據，宜存舊説。地名更易，今古殊目，兼載今志，以資博考。

曰醫律第六。先以醫學，次以律學。醫律二學，代有傳書，並設博士。生人殺人，所關甚重。經稱十全爲上，醫不三世，不服其藥。史稱郭鎮、陳寵，世傳法律。此學古書未火於秦，歷代流傳，尤不可絶。醫則袪其後出偏見者，律則今代損益盡善。欲悉源流，兼載古時令甲云。

曰史學第七。先以正史，次以雜史，次以政書。古今成敗得失，一張一弛，施之於政，厥有典則，存乎正史。史臣爲國曲諱，或有牴牾。尤賴雜史，以廣異聞。朝章國典，著作淵藪，舉而措之，若指諸掌，則政書尤要云。

曰金石第八。金石之學，始自宋代。其書日增，遂成一家之學。鐘鼎碑刻，近代出土彌多，足考山川，有裨史事。古今兼列，無所删除。

曰類書第九。先以事類，次以姓類，次以書目。古書亡佚，獨賴唐宋人采録，存其十五。非獨獺祭詞章，實亦羽儀經史，謂之事類。譜學之傳，自東晉板蕩，南宋播遷，周秦世系，不可復尋，或多僞託。唐宋學有專家，傳書幸在，故爲姓類。流傳書籍，自有淵源。證以各家著録，僞書缺帙，不能妄託，宜存其目。

曰詞賦第十。先以總集，次以別集。漢魏六朝唐人之文，足資考古，多有舊章，美惡兼存。自宋以下，人自爲集。取其優者，入於書目，餘則略之。

曰書畫第十一。先以總譜，次之分譜。六朝以來，以行楷爭奇，存乎絹素。或摹繪山川故事，以傳往迹。書畫小技，不絶於今，宜考其真贋。鑑賞之學，游藝及之，所謂賢於博弈。

曰小説第十二。稗官野史，其傳有自。宋以前所載皆有出典，或寓難言之隱。今則矯誣鬼神，憑虚臆造，並失虞初志怪之意。擇而取之，餘同自鄶焉。

昔之聚書者，或贈知音，或遭兵燹，或以破家散失，或爲子孫售賣。高明所在，鬼神瞰之。予故置之家祠，不爲己有。既經水患，卷帙叢殘，知免天災豪奪之咎。但捨之作宦，不能多攜。懼爲蠹簡，是切遂初之志，因刊目録，略述淵源。以教家塾，非敢問世。其有續得，列爲後編云。孫星衍撰。此序作于嘉慶五年。後刊書目，又有更正部分，與序或有不合，略改而存之，不復重作。

孫氏祠堂書目内編卷一

賜進士及第授通奉大夫山東督糧道加三級孫星衍撰

經學第一

周易注疏九卷

晉王弼注。《繫辭》以下韓康伯注，唐孔穎達正義。一明毛晉刊本。一明九行本，有《略例》。

周易集解十七卷

唐李鼎祚撰。一明毛晉刊本。一盧氏雅雨堂刊本。

周易述二十三卷

惠棟撰。

周易集解十卷

星衍集佚注并王弼注，李鼎祚解。刊本。

周易虞氏義九卷虞氏消息二卷

張惠言撰。凡經文全備者列于前。

焦氏易林四卷

一明毛晉刊本。一明周曰校刊本。一黄丕烈仿宋刊本。

京氏易傳三卷

吳陸績注。一明毛晉刊本。一明程榮刊本。

周易略例一卷

晉王弼撰。一明毛晉刊本。一明程榮刊本。

周易口訣義六卷

唐史徵撰。星衍校刊本。

周易舉正三卷

唐郭京撰。明毛晉刊本。

周易鄭注一卷

宋王應麟集。《玉海》刊本。

又三卷末附爻辰圖

惠棟集。雅雨堂刊本。

又十二卷

孔廣林集本。

子夏易傳一卷

孫馮翼集本。後改名「彤」。

馬王易義一卷

孫馮翼集本。

古易音訓二卷

宋呂祖謙撰。宋成熙刊本。

易圖明辨十卷

胡渭撰。

易說三卷

惠士奇撰。

易漢學八卷

惠棟撰。

易例二卷

惠棟撰。

周易本義辨證五卷

惠棟撰。

京氏易章句災異八卷

王保訓集本。

歸藏一卷

洪頤煊集本。

乾坤鑿度二卷

一聚珍板本。一明楊之森刊本。一明蔡文範刊本。

周易乾坤鑿度二卷

一聚珍板本。一雅雨堂刊本。

易緯稽覽圖二卷

以下六種俱聚珍板本。

易緯辨終備一卷

易緯通卦驗二卷

易緯乾元序制記一卷

易緯是類謀一卷

易緯坤靈圖一卷

右易

尚書注疏二十卷

題漢孔安國傳，唐孔穎達正義。明毛晉刊本。

古文尚書馬鄭注十卷附表及逸文三篇

星衍集。刊本。

尚書後案三十卷

王鳴盛撰。

尚書集注音疏十二卷

江聲撰。

尚書大傳四卷補遺一卷

漢伏生撰，鄭玄注，舊人集本。盧文弨作考異并補遺。雅雨堂刊本。

又四卷

孔廣林集本。

尚書鄭注十一卷

宋王應麟集本。

又十卷

孔廣林集本。

禹貢指南四卷

宋毛晃撰。聚珍板本。

禹貢山川地理圖二卷

宋程大昌撰。寫本。

尚書考異五卷

明梅鷟撰。

古文尚書疏證八卷

閻若璩撰。

古文尚書考二卷

惠棟撰。

尚書考辨四卷

宋鑒撰。

禹貢錐指二十卷圖一卷

胡渭撰。

古文尚書撰異三十二卷

段玉裁撰。

尚書中候六卷

孔廣林集本。

周書十卷

或題《汲冢周書》，或題《逸周書》。一明程榮刊本。一明蔡文範刊本。一明吳琯《古今逸史》刊本。一盧文弨校刊本。一孫同元依元板校本。

王會補注一卷

宋王應麟撰。《玉海》本。

右書

毛詩注疏四十卷

漢毛亨傳，鄭玄箋，唐孔穎達正義。一附釋音，宋刊本。一明毛晉刊本。一明九行本。

韓詩外傳十卷

漢韓嬰撰。一元沈辨之刊本。一明毛晉刊本。一周廷寀校刊本。一趙懷玉校刊本。

又補逸一卷

盧文弨輯。趙懷玉刊。

三家詩考一卷

宋王應麟集。一《玉海》本。一明毛晉刊本。

三家詩拾遺十卷

范家相撰。

韓詩内傳徵四卷敘録二卷

宋緜初撰。

毛詩草木蟲魚疏二卷

吳陸璣撰。一明毛晉刊本。一《唐宋叢書》本。一丁杰校刊本。

鄭氏詩譜一卷

宋歐陽修撰。通志堂本。

又一卷

孔廣林集本。

詩地里考六卷

宋王應麟撰。《玉海》本。

詩譜補亡後訂一卷

吳騫刊本，附《補遺》。

毛詩稽古編三十卷

陳啓源撰。寫本。

毛鄭詩考正四卷
戴震撰。
詩經小學四卷
段玉裁撰。
右詩
周禮注疏四十二卷
漢鄭玄注，唐賈公彦疏。一明毛晉刊本。一明九行本。
周禮鄭注十二卷
一明嘉靖仿宋刊本。一明八行附釋文刊本。
鄭氏答臨孝存周禮難一卷
孔廣林集本。
禮説十四卷
惠士奇撰。
周官禄田考三卷
沈彤撰。
周禮疑義舉要七卷
江永撰。
周禮漢讀考六卷
段玉裁撰。
考工記圖二卷
戴震撰。
考工車制圖解二卷
阮元撰。
車制考一卷
錢坫撰。
弁服釋例八卷
任大椿撰。

儀禮注疏十七卷

漢鄭玄注，唐賈公彥疏。一明毛晉刊本。

一明九行本。又十行本。明陳鳳梧刊。

儀禮本文十七卷附儀禮旁通圖一卷

宋刊本。

儀禮識誤三卷

宋張淳撰。

儀禮鄭注句讀十七卷附監本正誤一卷石經正誤一卷

張爾岐撰。

儀禮釋宮補注一卷

江永撰。

儀禮注疏詳校十七卷

盧文弨撰。

儀禮石經校勘記三卷

阮元撰。

喪服傳馬王注一卷

孫馮翼集本。

戴德喪服變除一卷

洪頤煊集本。

鄭氏喪服變除一卷

孔廣林集本。

石渠禮論一卷

洪頤煊集本。

讀禮通考一百二十卷

徐乾學撰。

禮記注疏六十三卷

漢鄭玄注，唐孔穎達正義。一明毛晉刊本。

一附釋音，宋刊本。一和珅仿宋刊本。

禮記鄭氏注二十卷

張敦仁仿宋撫州刊本。附陸德明《音義》四卷，《考異》二卷。

盧植禮記解詁一卷

臧鏞堂集本。

蔡邕月令章句一卷

陸堯春集本。

鄭氏魯禮禘祫議一卷

孔廣林集本。

鄭氏三禮目録一卷

一孔廣林集本。一臧鏞堂集本。

三禮圖二十卷

宋聶崇義撰。

三禮圖二卷

明劉績撰。

三禮圖三卷

星衍集本。

禮書一百五十卷

宋陳祥道撰。明張溥刊本。

大戴禮記十三卷

北周盧辯注。一明沈泰刊本。一明嘉靖仿宋刊本。一明蔡文範刊本。一明程榮刊本。一雅雨堂刊本。一聚珍板刊本。

又十三卷

孔廣林補注。

夏小正傳四卷

宋傅崧卿撰。《通志堂經解》本。

夏小正傳校正三卷

星衍校刊本。

夏小正經傳考三卷

莊述祖撰。

夏小正疏義四卷

洪震煊撰。

謚法一卷

宋蘇洵撰。

謚法三卷

星衍集本。

踐阼篇集解一卷

宋王應麟撰。《玉海》本。

明堂大道録八卷

惠棟撰。

明堂考三卷

星衍撰。

書儀十卷

宋司馬光撰。

家禮八卷

宋朱氏撰。明邱濬刊本。

深衣考誤一卷

江永撰。

禘説二卷

惠棟撰。

右禮

琴操三卷

蔡邕撰。一讀畫齋刊本。一星衍校本。

樂書要録三卷

唐武后撰。日本國殘本。

皇祐新樂圖記三卷

宋阮逸、胡瑗撰。

樂書二百卷

宋陳暘撰。一宋刊本。一影宋寫本。

琴史十卷

宋朱長文撰。影宋寫本。

樂府解題一百卷

宋郭茂倩撰。

古樂府四十卷

元左克明撰。

樂律全書四十二卷

明朱載堉撰。

律呂新論二卷

江永撰。

律呂闡微十卷

江永撰。

右樂

春秋左傳注疏六十卷

晉杜預注，唐孔穎達正義。一附釋音宋刊本。一明毛晉刊本。

春秋公羊傳注疏二十八卷

漢何休注，舊題唐徐彥疏。一附釋音宋刊本。一明毛晉刊本。一明九行本。

春秋穀梁傳注疏二十卷

晉范寧注，唐楊士勛疏。一附釋音宋刊本。一明毛晉刊本。一明九行本。

春秋繁露十七卷

漢董仲舒撰。一明程榮刊本。一聚珍板本。一抱經堂刊本。

春秋決獄一卷

洪頤煊集本。

京相璠春秋土地名一卷

洪頤煊集本。

春秋釋例十五卷

晉杜預注。《四庫全書》所録。莊述祖同星衍校刊本。

春秋集傳纂例十卷

唐陸淳撰。一元刊本。一聚珍板本。

春秋分記九十卷

宋程公説撰。寫本。

春秋名號歸一圖二卷

蜀馮繼先撰，宋岳珂重編。

春秋年表一卷

不著撰人名氏。宋岳珂刊。

春秋左傳事類始末五卷

宋章沖撰。

春秋别典十五卷

明薛虞畿撰，星衍考注出典。吴榮光刊本。

左傳紀事本末五十三卷

高士奇撰。

春秋地名考略十四卷

高士奇撰。

春秋左傳姓名考四卷

高士奇撰。

半農春秋説十五卷

惠士奇撰。

春秋大事表五十卷輿圖一卷附録一卷

顧棟高撰。

春秋世族譜一卷

陳厚耀撰。

左傳補注六卷

惠棟撰。

春秋左傳古注三册

嚴蔚集本。

春秋左傳補注三卷

馬宗璉撰。

箴膏肓一卷起廢疾一卷發墨守一卷

漢鄭玄撰。一武億校刊本。一孔廣林集本。

國語二十一卷

吳韋昭注。一明張一鯤刊本。一黄丕烈仿宋刊本。

國語補音三卷

宋宋庠撰。

右春秋

孝經注疏三卷

唐玄宗注，宋邢昺疏。一宋刊本。一明毛晉刊本。一明北監刊本。

又單注本

仿岳珂相臺刊本。

孝經鄭注一卷

一陳鱣集本。一孔廣林集本。

又一卷

日本國傳本，洪頤煊補證。鮑氏知不足齋刊本。

右孝經

論語注疏二十卷

魏何晏集解，宋邢昺疏。一明毛晉刊本。一明北監刊本。

論語義疏十卷

梁皇侃疏。鮑氏刊本。

論語古訓十卷

陳鱣集本。

論語鄭注二卷

宋王應麟撰。

又十卷

孔廣林集本。

論語後録五卷

錢坫撰。

論語篇目弟子一卷

孔廣林集本。

孔子三朝記七卷

洪頤煊注。

右論語

爾雅注疏十卷

晉郭璞注，宋邢昺疏。一明毛晉刊本。一明九行本。

又單注本三卷

一明郎奎金刊本。一明胡文煥刊本。一臧鏞堂仿元刊本。一顧廣圻仿明吳元恭刊本。

爾雅正義二十卷附陸氏釋文三卷

邵晉涵撰。

爾雅音圖六卷

不著名氏。星衍仿宋刊本。

爾雅漢注三卷

臧鏞堂集本。

爾雅釋地注一卷

錢坫撰。

爾雅翼三十卷

宋羅願撰。

埤雅二十卷

宋陸佃撰。一明郎奎金刊本。一顧棫刊本。

離騷草木疏四卷

宋吳仁傑撰。

右爾雅

孟子注疏十四卷

宋孫奭撰。一明毛晉刊本。一明北監刊本。

孟子注十四卷

漢趙岐注。曲阜孔氏刊本。

孟子音義二卷

宋孫奭撰。一曲阜孔氏刊本。一抱經堂刊本。

右孟子

唐石經周易九卷附略例一卷尚書十三卷毛詩二十卷周禮十二卷儀禮十七卷禮記二十卷春秋左氏傳三十卷春秋公羊傳十卷春秋穀梁傳十卷孝經一卷論語十卷爾雅三卷

唐開成二年刊石本。

唐石臺孝經四卷

天寶四載刊本。

宋二體石經周易一册尚書二册周禮一册禮記一册

嘉祐二年刊石本。

宋高宗石經尚書二册毛詩二册禮記中庸篇一册春秋左氏傳十六册論語二册孟

子四册

白虎通二卷

漢班固撰。一明楊祐校刊本。一明程榮刊本。一明吳琯刊本。一明傅鑰仿元十卷校本。一抱經堂四卷本。

駁五經異義一卷補遺一卷

漢許慎撰，鄭玄駁。一武億校刊本。一莊述祖集本。一錢大昭集本。一孔廣林集本。

鄭志三卷

魏小同撰。一孔廣林集本。一武億校本，《補遺》一卷。一錢東垣集本，《附録》一卷。

六藝論一卷

一孔廣林集本。一洪頤煊集本。一臧鏞堂刊本。

經典釋文三十卷

唐陸德明撰。一通志堂刊本。一抱經堂刊本，附《考證》。

五經文字三卷

唐張參撰。一附唐石經刊石本。一曲阜孔氏刊本。一揚州馬氏刊本。

九經字樣一卷

唐唐玄度撰。一附唐石經刊石本。一曲阜孔氏刊本。一揚州馬氏刊本。

六經正誤六卷

宋毛居正撰。

六經天文編二卷

宋王應麟撰。

六經圖一册

宋楊甲撰。明胡賓增加本。一江右宋刻立軸石本。

刊正九經三傳沿革例一卷

宋岳珂撰。

七經孟子考文補遺二百六卷

日本國山井鼎撰。阮元刊本。

經義考三百卷

朱彝尊撰。

九經古義十六卷

惠棟撰。

古經解鉤沈三十卷

余蕭客撰。

四書改錯二十二卷

毛奇齡撰。

四書釋地三編五卷

閻若璩撰。

九經誤字一卷

顧炎武撰。

石經考一卷

萬斯同撰。

經義雜記三十卷

臧琳撰。

羣經補義五卷

江永撰。

石經考異二卷

杭世駿撰。

經考五卷

戴震撰。

經讀考異八卷

武億撰。

羣經義證八卷

武億撰。

四書考異七十二卷

翟灝撰。

石經考文提要十三卷

彭元瑞、汪廷珍撰。

經義述聞四册

王引之撰。

唐石經校文十卷

嚴可均撰。

魏三體石經殘字考一卷

星衍撰。

五經通義一卷

洪頤煊集本。

五經要義一卷

洪頤煊集本。

緯書二十卷

孫彤集本（原名馮翼）。

右經義

小學第二

方言十三卷

漢揚雄撰，晉郭璞注。一明程榮刊本。一明吳琯刊本。一明《格致叢書》本。一盧文弨校刊本。

方言疏證十三卷

戴震撰。曲阜孔氏刊本。

急就篇一卷

漢史游撰。一《玉海》刊本。一明華亭石刻本。一星衍校刊本。

又四卷

唐顔師古注。一明《格致叢書》本。一明毛晉刊本。一《玉海》宋王應麟補注本。

説文解字三十卷

漢許慎撰，宋徐鉉校定。一星衍仿北宋小字刊本。一影寫宋本。一明毛晉刊本。一大興朱氏刊本。

説文解字五音韻譜十二卷

不題編人名氏。明天啓七年刊本。

説文繫傳四十卷

南唐徐鍇撰。

説文解字篆韻譜五卷

南唐徐鍇撰。

説文訂二卷

段玉裁撰。

説文補考一卷又一卷

戚學標撰。

釋名八卷

漢劉熙撰。一宋陳道人刊本。一明吴琯刊本。一明《漢魏叢書》四卷本。一明郎奎金《逸雅》刊本。

釋名疏證八卷補遺一卷續一卷

畢沅撰。一楷書本。一江聲篆書本。

小爾雅一卷

宋宋咸注。一明《古今逸史》本。一明《格致叢書》本。一明郎奎金刊本。

廣雅十卷

魏張揖撰，隋曹憲注。一明《古今逸史》本。一明《格致叢書》本。一明郎奎金刊本。

廣雅疏證十卷

王念孫撰。

玉篇三十卷

梁顧野王撰，宋陳彭年重修。一明刊本。一張士俊刊本。一曹寅刊本。

一切經音義二十五卷

唐釋玄應撰。一《釋藏》本。一莊炘、星衍校刊本。

華嚴經音義二卷

唐釋慧苑撰。一《釋藏》本。一臧鏞堂删節本。

干禄字書一卷

唐顔元孫撰。石刻本。又馬氏刊本。

汗簡三卷目録叙略一卷

宋郭忠恕撰。

佩觿三卷

宋郭忠恕撰。

古文四聲韻五卷

宋夏竦撰。

類篇四十五卷

宋司馬光撰。

復古編二卷

宋張有撰。

漢隸字源六卷

宋婁機撰。

漢雋十卷

宋林鉞撰。

龍龕手鑑四卷

遼僧行均撰。

五音篇海十五卷

金韓道昭撰。一明正德乙亥刊本。一重刊本。

六書故三十卷

元戴侗撰。

字鑑五卷

元李文仲撰。一張士俊刊本。一趙希璜刊本。

康熙字典四十二卷

康熙五十五年奉勅撰。

隸辨八卷

顧藹吉撰。

倉頡篇三卷

星衍集。刊本。

小學鉤沈十二卷

任大椿集。王念孫校刊本。

倉頡篇、三倉、凡將、古文官書、古文奇字、勸學篇、聖皇篇、通俗文、埤倉、古今字詁、雜字、聲類、辨釋名、韻集。

服虔通俗文一卷

臧鏞堂集本。

字林考逸八卷

任大椿集。刊本。

經典文學辨正書五卷音同義異一卷說文解字舊音一卷

畢沅撰。

羣書拾補三十九卷

盧文弨撰。

說文韻編五卷

王瑜編。

經字通正十四卷

錢坫撰。

經籍纂詁并補遺一百六卷

阮元撰。

說文字原表一卷

蔣和撰。

說文聲系十四卷

姚文田撰。

繆篆分韻五卷補遺一卷

桂馥撰。

右字書

廣韻五卷

前有孫愐《唐韻序》。明刊本。

重修廣韻五卷

宋陳彭年等撰。一張士俊刊本。一曹寅刊本。

集韻十卷

宋丁度等撰。

附釋文互注禮部韻略五卷

宋丁度等撰。

羣經音辨七卷

宋賈昌朝撰。

韻補五卷

宋吳棫撰。明刊本。

九經補韻一卷

宋楊伯嵒撰。一明左圭刊本。一錢侗考證本。

五音集韻十五卷

金韓道昭撰。一明正德乙亥刊本。一重刊本，附《切韻指南》、《貫珠集》。

古今韻會舉要三十卷

元熊忠撰。元至順二年刊本。

毛詩古音考四卷

明陳第撰。

屈宋古音考三卷

明陳第撰。

經史海篇直音五卷

不著撰人名氏。

音學五書三十八卷

顧炎武撰。

漢魏音四卷

洪亮吉撰。

右音學

孫氏祠堂書目外編卷一

經學第一

子夏易傳十一卷

唐張弧僞撰。明毛晉刊本。

關朗易傳一卷

唐趙蕤注，宋阮逸僞撰。明毛晉刊本。

麻衣正易心法一卷

宋戴師愈撰。明毛晉刊本。

易數鉤隱圖三卷附遺論九事一卷

宋劉牧撰。

橫渠易說三卷

宋張載撰。

易學一卷

宋王湜撰。

紫巖易傳十卷

宋張浚撰。

易小傳六卷

宋沈該撰。

漢上易集傳十一卷卦圖三卷叢説一首

宋朱震撰。

易璇璣三卷

宋吴沆撰。

周易義海撮要十二卷

宋李衡撰。

復齋易説六卷

宋趙彦肅撰。

周易玩辭十六卷

宋項安世撰。

易圖説二卷

宋吴仁傑撰。

古周易一卷

宋吕祖謙撰。

易裨傳二卷

宋林至撰。

童溪易傳三十卷

宋王宗傳撰。

丙子學易編一卷

宋李心傳撰。

郭氏傳家易説十一卷

宋郭雍撰。

易象意言一卷

宋蔡淵撰。

東谷易翼傳二卷

宋鄭汝諧撰。

朱文公易說二十三卷

宋朱鑑編。

易學啓蒙小傳一卷

宋稅與權撰。

水邨易鏡一卷

宋林光世撰。

周易輯聞六卷附易雅一卷筮宗一卷

宋趙汝楳撰。

周易傳義附録十四卷

宋董楷撰。

易學啓蒙通釋二卷

宋胡方平撰。

三易備遺十卷

宋朱元昇撰。

易圖通變五卷

宋雷思齊撰。

讀易私言一卷

元許衡撰。

周易輯說十卷

元王申子撰。

大易集說十卷

元俞琰撰。

易本義附録纂注十五卷

元胡一桂撰。

易學啓蒙翼傳四卷

元胡一桂撰。

易纂言十三卷

元吳澄撰。

周易本義通釋十二卷

元胡炳文撰。

周易本義集成十二卷

元熊良輔撰。

易象圖說六卷

元張理撰。

大易象數鉤深圖十三卷

元張理撰。

學易記九卷

元李簡撰。

周易會通十四卷

元董真卿撰。

周易參義十二卷

元梁寅撰。

周易大全二十四卷

明胡廣等撰。明刊大字本。

伏羲圖贊二卷

明陳第撰。

田間易學十二卷

錢澄之撰。

合訂删補大易集義粹言八十卷

成德撰。

大易函書約存二十四卷約注十八卷別集八卷

胡煦撰。

周易解九卷

牛運震撰。

漢魏二十一家易注三十三卷

孫堂刊本。

李氏易解賸義三卷

李富孫撰。

周易索詁十二卷

倪象占撰。

右易

書古文訓十六卷

宋薛季宣撰。

東坡書傳十三卷

宋蘇軾撰。

尚書全解四十卷

宋林之奇撰。闕二十四卷。

禹貢論五卷後論一卷

宋程大昌撰。

禹貢詳解二卷

宋傅寅撰。

書説三十五卷

後十三卷，宋呂祖謙撰。前二十二卷，其門人時瀾編。

融堂書解二十卷

宋錢時撰。

尚書説七卷

宋黄度撰。明刊本。

尚書集傳或問二卷

宋陳大猷撰。

尚書詳解十三卷

宋胡士行撰。

書疑九卷

宋王柏撰。一宋寶祐刊本。一通志堂本。

尚書表注二卷

宋金履祥撰。

書纂言四卷

元吴澄撰。

尚書集傳纂疏六卷

元陳櫟撰。

尚書輯録纂注六卷

元董鼎撰。

尚書通考十卷

元黄鎮成撰。

書蔡傳旁通六卷

元陳師凱撰。

讀書管見二卷

元王充耘撰。

尚書纂傳四十六卷

元王天與撰。

尚書句解十三卷

元朱祖義撰。

定正洪範一卷

元胡一中撰。

書傳大全十卷

明胡廣等撰。明刊大字本。

尚書疏衍四卷

明陳第撰。

尚書葦籥二十一卷

明潘士遴撰。

尚書釋天六卷

盛百二撰。

尚書大傳考纂三卷

董豐垣集本。

右書

詩傳一卷

題子貢撰。

詩説一卷

題漢申培撰。

毛詩指説一卷

唐成伯璵撰。

毛詩本義十五卷

宋歐陽修撰。

詩説一卷

宋張耒撰。

詩集傳十九卷

宋蘇轍撰。

毛詩名物解二十卷

宋蔡卞撰。

毛詩李黃集解四十一卷

不著編録名氏。集李樗、黄櫄兩家之説。

詩補傳三十卷

宋范處義撰。

吕氏家塾讀詩記三十二卷

宋吕祖謙撰。明嘉靖南昌刊本。

絜齋毛詩經筵講義四卷

宋袁燮撰。聚珍板本。

詩傳遺説六卷

宋朱鑑撰。

詩疑二卷

宋王柏撰。

詩傳注疏三卷

宋謝枋得撰。

毛詩名物鈔八卷

元許謙撰。

詩經疑問七卷

元朱倬撰。

毛詩解頤四卷

明朱善撰。

詩集傳大全二十卷

明胡廣等撰。明刊大字本。

胡氏詩識三卷

明胡文煥撰。

毛詩陸疏廣要二卷

明毛晉撰。

詩經古注十卷

明王思任撰。

詩名物疏五十五卷

明馮應京撰。

毛詩名物圖說九卷

徐鼎撰。

田間詩學十二卷

錢澄之撰。

右詩

周禮訂義八十卷

宋王與之撰。

禮經會元四卷

宋葉時撰。

太平經國之書十一卷

宋鄭伯謙撰。

鬳齋考工記解二卷

宋林希逸撰。

周官辨非一卷

萬斯大撰。

周官外義二卷

程大中撰。

周官辨一卷

方苞撰。

儀禮圖十七卷儀禮旁通圖一卷

宋楊復撰。

儀禮逸經傳二卷

元吳澄撰。

儀禮集説十七卷

元敖繼公撰。

儀禮補遺九卷

元汪克寬撰。

明人篆書儀禮二十卷

不著名氏。

儀禮商二卷

萬斯大撰。

喪禮或問一卷

方苞撰。

儀禮釋例一卷

江永撰。

儀禮正譌十七卷

金日追撰。

禮記集説百六十卷

宋衛湜撰。

禮記大全三十卷

明胡廣等撰。明刊大字本。

謚法通考十八卷

明王圻撰。

月令占候一卷
明宋桐岡撰。
陳氏禮記集説補正三十八卷
成德撰。
禮記偶箋三卷
萬斯大撰。
學禮質疑二卷
萬斯大撰。
廟制圖考四卷
萬斯大撰。
國朝謚法考一卷
王士禛撰。
禮箋三卷
金榜撰。
夏小正考注一卷
畢沅撰。

右禮

羯鼓録一卷
唐南卓撰。
樂府雜録一卷
唐段安節撰。
碧雞漫志一卷
宋王灼撰。
樂府補題一卷
不著編人名氏。
樂律志四卷
明黄汝良撰。
南九宮譜二十卷
明沈璟撰。

北九宫詞紀六卷
明陳邦泰撰。
元曲選二十卷
明臧晉叔刊本。
詞塵五卷
方成培撰。

右樂

春秋集傳辨疑十卷
唐陸淳撰。
春秋尊王發微十二卷
宋孫復撰。
春秋王綱論五卷
宋王晢撰。
春秋傳十五卷
宋劉敞撰。
春秋權衡十七卷
宋劉敞撰。
春秋意林二卷
宋劉敞撰。
春秋傳説例一卷
宋劉敞撰。
春秋經傳類對賦一卷
宋徐晉卿撰。
春秋辨疑四卷
宋蕭楚撰。
春秋本例二十卷
宋崔子方撰。
石林春秋傳二十卷
宋葉夢得撰。

春秋集解三十卷

宋吕本中撰。

春秋後傳十二卷

宋陳傅良撰。

春秋左氏傳説二十卷

宋吕祖謙撰。

春秋列國臣傳三十卷

宋王當撰。

春秋集注十一卷

宋張洽撰。

春秋王霸列國世紀編三卷

宋李琪撰。

春秋通説十三卷

宋黄仲炎撰。

春秋經筌十六卷

宋趙鵬飛撰。

春秋或問二十卷附春秋五論一卷

宋吕大圭撰。

春秋詳説三十卷

宋家鉉翁撰。

讀春秋編十二卷

宋陳深撰。

春秋提綱十卷

元陳則通撰。

春秋集傳釋義大成十二卷

元余皋撰。

春秋諸國統紀六卷

元齊履謙撰。

春秋本義三十卷

元程端學撰。

春秋或問十卷
元程端學撰

春秋諸傳會通二十四卷
元李濂撰。

春秋集傳十五卷
元趙汸撰。

春秋師説三卷
元趙汸撰。

春秋屬詞十五卷
元趙汸撰。

春秋左氏傳補注十卷
元趙汸撰。

春秋金鎖匙一卷
元趙汸撰。

春王正月考二卷
明張以寧撰。

春秋大全七十卷
明胡廣等撰。明刊大字本。

繁露直解一卷
明宋桐岡撰。

學春秋隨筆十卷
萬斯大撰。

春秋比事四卷
方苞撰。

春秋通論四卷
方苞撰。

春秋三傳補注附國語一卷
姚鼐撰。

右春秋

古文孝經指解一卷
宋司馬光撰。

孝經大義一卷

宋董鼎撰。

孝經定本一卷

元吳澄撰。

孝經句解一卷

元朱申撰。

右孝經

南軒論語解十卷

宋張栻撰。

論語集說十三卷

宋蔡節撰。

論語叢說三卷

元許謙撰。元刊本。

鄉黨圖考十卷

江永撰。

右論語

爾雅注三卷

宋鄭樵撰。

爾雅補郭一卷

翟灝撰。

右爾雅

南軒孟子說七卷

宋張栻撰。

孟子集說十四卷

宋蔡模撰。

孟子字義疏證三卷

戴震撰。

孟子外書四卷

李調元《函海》刊本。

孟子論文七卷

牛運震撰。

孟子年譜四卷

曹之升撰。

右孟子

七經小傳三卷

宋劉敞撰。

六經奥論六卷

宋鄭樵撰。

九經疑難四卷

宋張文伯撰。

經説七卷

宋熊朋來撰。

四書纂疏二十六卷

宋趙順孫撰。

四書集編二十六卷

宋真德秀撰。

十一經問對五卷

元何異孫撰。

四書通二十六卷

元胡炳文撰。

四書通證六卷

元張存中撰。

四書纂箋二十六卷

元詹道傳撰。

四書通旨六卷

元朱公遷撰。

四書辨疑十五卷

元陳天祥撰。

學庸啓蒙一卷

元景星撰。

五經蠡測六卷

明蔣悌生撰。

四書大全三十六卷

明胡廣等撰。明刊大字本。

篆書易詩書春秋儀禮周禮大學中庸論語孟子六十册

王澍書。

五經同異三卷

顧炎武撰。

六經圖二十四卷

鄭之僑撰。

讀經一卷附讀子史一卷

方苞撰。

四書逸箋六卷

程大中撰。

經玩八卷

沈淑撰。

羣經宫室圖二卷

焦循撰。

經義考補正十二卷

翁方綱撰。

右經義

小學第二

集古文韻海五卷

宋杜從古撰。

六書本義八卷

元趙古則撰。一明胡文質刊本。一明正德已卯盛希明刊本。

六書正譌五卷

元周伯琦撰。

書學正韻三十六卷

元楊桓撰。

周秦刻石釋音一卷

元吾丘衍撰。

續古篆韻六卷

元吾丘衍撰。

海篇集韻六册

明鄒德溥撰。

摭古遺文二卷

明李登撰。

金石韻府五卷

明朱雲撰。

字學正本五卷

李京撰。

分隸偶存二卷

萬經撰。

説文字原集注十六卷

蔣和撰。

爾廣雅詁訓韻編五卷

星衍撰。

説文正字二卷

孫馮翼撰。

説文拈字七卷

王玉樹撰。

右字書

洪武正韻五卷

明宋濂等撰。明初刊本。

韻會小補三十卷

明方日昇撰。

古今韻略五卷

邵長蘅撰。

古韻標準四卷

江永撰。

聲韻考四卷

戴震撰。

聲類表九卷

戴震撰。

詩聲類十二卷分例一卷

孔廣森撰。

六書音韻表五卷

段玉裁撰。

漢學諧聲二十四卷

戚學標撰。

説文聲類二卷

嚴可均撰。

右音學

孫氏祠堂書目内編卷二

諸子第三

六韜六卷

一明劉寅直解本。一明王守仁刊本。一星衍校刊本，附孫同元輯《逸文》一卷。

晏子春秋八卷

一仿元寫本。一明施氏緜眇閣刊本。一明吳勉學四卷本。一星衍校刊本，附《音義》二卷。

孔子家語二十一卷

魏王肅注。一明毛晉刊本。一明十卷刊本。

荀子二十卷

唐楊倞注。一纂圖互注宋巾箱本。一宋巾箱別本。一明世德堂刊本。一明重刊小字本。一盧文弨校刊本。一嚴杰依惠校本。

孔叢子三卷

題孔鮒撰。一明緜眇閣本。一明《諸子彙函》本。

陸賈新語二卷

一明姜思復定本。一明刻《子彙》中本。一影寫明胡維新本。

賈誼新書十卷

一明刻《子彙》中本。一明程榮刊本。一明陸相刊本。一影寫明胡維新本。一抱經堂刊本。

鹽鐵論十卷

漢桓寬撰。一影寫明涂楨本。一張敦仁刊本。

又四卷

明沈廷餘刊本。

又十二卷

明張之象注。

新序十卷

漢劉向撰。一明程榮刊本。一明何良俊仿宋刊本。一星衍依宋刻校本。

說苑二十卷

漢劉向撰。一明楚藩刊本。一明何良俊仿宋刊本。

列女傳八卷

漢劉向撰。一明黄省曾刊本。一明繪圖刊本。一顧廣圻仿宋刊本，附《考證》一卷。

法言十卷

漢楊雄撰，宋司馬光集注。一纂圖互注宋巾箱本。一明世德堂刊本。一明重刊小字本。一明程榮刊本。

太玄經十卷

漢楊雄撰。一明趙如源刊本。一陶珠琳刊明錢徹藏本，宋司馬光集注，卷七以下許翰注。

桓譚新論一卷

章宗源、孫馮翼集。刊本。

潛夫論四卷

漢王符撰。影寫明胡維新本。

又十卷

明程榮刊本。

申鑒五卷

漢荀悅撰。一明黃省曾注本。一明刻《子彙》中本。一影寫明胡維新本。一明《十二子》刊本題作《小荀子》。

中論二卷

漢徐幹撰。一影寫明胡維新本。一明程榮刊本。

蔡邕獨斷一卷

一明吳琯刊本。一明程榮刊本。一抱經堂刊本。

中說二卷

隋王通撰。一宋巾箱本。一明世德堂刊本。一明重刊小字本。

帝範四卷

唐太宗撰。

羣書治要五十卷

唐魏徵撰。影寫日本國本，原缺三卷。

孔子集語二卷

宋薛據撰。

曾子一卷

宋汪晫撰。

子思子一卷

宋汪晫撰。

孔子逸語十卷

曹廷棟撰。

家語疏證六卷

孫志祖撰。

太公金匱一卷

洪頤煊集本。

子思子一卷

洪頤煊集本。

公孫尼子一卷

洪頤煊集本。

魯連子一卷

洪頤煊集本。

右儒家

老子道德經二卷

河上公注。一纂圖互注宋巾箱本。一明世德堂刊本。一明重刊小字本。一明朱東光《中都四子》本。一明吴勉學刊本。又易州石刻本。

又二卷

晉王弼注。聚珍板本。

又二卷

一唐景龍年間石刻本。一唐玄宗注，蘇靈芝書石刻本。

鬻子一卷

唐逢行珪注。一明緜眇閣刊本。一明《十二子》刊本。

文子十二卷

《漢志》：「老聃弟子。」一明刻《子彙》中本。一明黄之寀刊本。一明吴勉學刊本。一星衍校本。一徐靈府注《道藏》本。

文子纘義十二卷

宋杜道堅注。聚珍板本。

管子二十四卷

唐房玄齡注。一明趙用賢刊本。一明刊劉績補注本。一明《中都四子》本。一明吴勉學刊本。一葛鼎刊本。一依宋蔡潛道殘本校本。

莊子十卷

晉郭象注。一纂圖互注宋巾箱本。又一宋巾箱本。一重刊巾箱本。一明世德堂刊本。一明重刊小字本。一明重刊大字毛扆校本。一明《中都四子》本。一明鄒之嶧刊本。

又司馬彪注莊子一卷

孫馮翼集本。

列子八卷

晉張湛注，唐殷敬順釋文。一宋巾箱本。一明世德堂刊本。一明重刊小字本。一明吳勉學刊本。

又八卷

唐盧重元注。秦恩復刊《道藏》本。

鶡冠子三卷

宋陸佃注。一明緜眇閣刊本。一明刻《子彙》中本。一明朱養純刊本。一明刊十行本。

關尹子一卷

題周尹喜撰。一明緜眇閣刊本。一明《十二子》刊本。一明十行刊本。一明刻《子彙》中本。一明吳勉學刊本。一宋陳顯微三卷刊本。

黃石公素書一卷

一明緜眇閣刊本。一明刻《子彙》中本。一明吳勉學刊本。

淮南萬畢術一卷

孫馮翼集本。

列仙傳二卷

漢劉向撰。一明吳琯刊本。一《道藏》本。一明毛晉刊本。

周易參同契三卷

後蜀彭曉注。

牟子一卷

題漢牟融撰。星衍校刊本。

神仙傳十卷

晉葛洪撰。

抱朴子內外篇八卷

晉葛洪撰。一《道藏》本。一盧舜治刊本。舊人校本。

老子五廚經一册

星衍寫本。

四十二章經一卷

一六和塔宋刊本。一明石刻本，釋守遂注。一明毛晉刊本。

佛遺教經一卷

法顯傳一卷

《道藏》本。

高僧傳十四卷

梁釋慧皎撰。《釋藏》本。

真誥八卷

梁陶弘景撰。一明俞安期前刊本。一改刊本。一張氏照曠閣刊本。

笑道論一卷

北周甄鸞撰，星衍校本。

破邪論二卷

唐釋法琳撰。《釋藏》本。

辨正論八卷

唐釋法琳撰，陳子良注。《釋藏》本。

甄正論三卷

唐釋玄嶷撰。《釋藏》本。

續高僧傳四十卷

唐釋道宣撰。

開元釋教録三十卷

唐釋智昇撰。

續仙傳四卷

唐沈汾撰。一明毛晉刊本，作三卷。

亢倉子一卷

唐王士元撰。一明緜眇閣刊本。一明刻《子彙》中本。

黄庭内外景經注二卷

唐白履忠注。明黄鶴樓刊。硃砂搨本。

黄庭内景五臟六腑圖説一卷

唐胡愔撰。明黄鶴樓硃砂搨本。

廣黄帝本行記一卷

唐王瓘撰。一舊寫本。一星衍刊本。

軒轅黄帝傳一卷

不題撰人名氏。舊寫本。一星衍刊本。

洞天福地記一卷

唐杜光庭撰。

右道家

商子五卷

一明緜眇閣刊本。一明程榮刊本。一明吳勉學刊本。一明朱蔚然二卷刊本。一孫馮翼刊本。

慎子一卷

一明緜眇閣刊本。一明刻《子彙》中本。

韓非子二十卷

一明趙用賢刊本。一明吳勉學刊本。一明葛鼎刊本。一明十行本缺二卷。一依宋刻校本。

右法家

鄧析子一卷

一明緜眇閣刊本。一明《十二子》刊本。一明刻《子彙》中本。

尹文子一卷

一明緜眇閣刊本。一明《十二子》刊本。一明刻《子彙》中本。

公孫龍子一卷

一明緜眇閣刊本。一明《十二子》刊本。一明刻《子彙》中本。

人物志三卷

魏劉邵撰，後魏劉昞注。一明程榮刊本。一影寫舊本。

右名家

墨子十五卷

一明陸穩刊本。一明八行本。一畢沅校刊本。一依宋刻校本。一緜眇閣四卷本。一明茅坤六卷本。一明刻《子彙》中不分卷本。

右墨家

鬼谷子一卷

一明緜眇閣刊本。一明《十二子》刊本。一明刻《子彙》中本。一明吳勉學刊本。一題陶弘景注《道藏》本。秦恩復刊。

右從横家

尸子二卷

一惠棟集本。一孫馮翼刊本。一星衍重刊本。

呂氏春秋二十六卷

漢高誘注。一元嘉禾學宮刊本。一明宋邦

又刊本。一畢沅校刊本。

淮南子二十八卷

題漢許慎記上，明劉績補注。明王溥刊本。

又二十一卷

題漢高誘注。一明《中都四子》本。一明茅坤刊本。一明汪一鸞刊本。一莊逵吉校刊本。

又許慎注一卷

孫馮翼集本。

論衡三十九卷

漢王充撰。一明通津草堂刊本。一明程榮刊本。

風俗通十卷

漢應劭撰。一影寫明胡維新本。一明程榮刊本。一明吳琯四卷本。

風俗通校補逸文一卷

盧文弨撰。

皇覽一卷

魏繆襲等撰。孫馮翼集本。

傅子一卷

晉傅玄撰。聚珍板本。

博物志十卷

晉張華撰。一明吳琯刊本。一明環湖葉氏刊本。

古今注三卷

晉崔豹撰。一明吳琯刊本。一明胡文煥刊本。

金樓子六卷

梁元帝撰。

劉子十卷

梁劉勰撰，唐袁孝政注。一宋刊巾箱本。一明程榮刊本。一《漢魏叢書》本。一明孫鑛二卷不全本，題北齊劉晝撰。

顔氏家訓七卷

北齊顔之推撰。一明程榮刊本。一抱經堂趙曦明注本。一鮑廷博仿宋刊本。

匡謬正俗八卷

唐顔師古撰。

長短經九卷

唐趙蕤撰。

意林五卷

唐馬總撰。一《道藏》本。一張氏刊本。一《四庫全書》本。

續孟子二卷

唐林慎思撰。

伸蒙子三卷

唐林慎思撰。

中華古今注三卷

唐馬縞撰。一宋刊本。一明胡文煥刊本。

封氏見聞記一卷

唐封演撰。

夢谿筆談二十六卷

宋沈括撰。宋刊本。

續博物志十卷

宋李石撰。一明吳琯刊本。一明葉氏刊本。

事物紀原二十卷

宋高承撰。明胡文煥刊本。

容齋隨筆十六卷續筆十六卷三筆十六卷四筆十六卷五筆十卷

宋洪邁撰。

演繁露十六卷續演繁露六卷

宋程大昌撰。

困學紀聞二十卷

宋王應麟撰。一元刊本。一閻若璩校刊本。一何焯校刊本。

考古質疑六卷

宋葉大慶撰。

野客叢書三十卷

宋王楙撰。

敬齋古今黈八卷

元李治撰。一聚珍板大字本。一浙刻小字本。

古今原始十五卷

明趙釴撰。

日知録三十二卷

顧炎武撰。

潛研堂經史答問十一卷

錢大昕撰。

右雜家

齊民要術十卷

後魏賈思勰撰。

范子計然一卷

洪頤煊集本。

氾勝之書二卷

洪頤煊集本。

南方草木狀二卷

晉嵇含撰。

竹譜一卷

晉戴凱之撰。

農書三卷

宋陳旉撰。

營造法式三十四卷

宋李誡撰。

農桑輯要七卷

元司農司撰。

農桑通訣六卷農器通譜二十卷穀譜十一卷

元王元楨撰。

康濟録六卷

倪國璉撰。

右農家

孫子一卷

魏武帝注。星衍仿宋刊本。

孫子十家注十三卷

宋吉天保編，鄭友賢補《遺説》一卷。一明刊本。一星衍校《道藏》刊本，附畢以珣《敘録》一卷。

吳子一卷

一星衍仿宋刊本。一明沈尤尤刊本。一明吳勉學刊本。

司馬法一卷

星衍仿宋刊本。

司馬法輯注五卷逸文一卷

邢澍集本。

尉繚子五卷

一劉寅刊本。一明茅元儀《武備志》本。

黄石公三略三卷

《武經七書》本。

李靖兵法三卷

一作《李衛公問對》。《武經七書》本。

太白陰經十卷

唐李筌撰。一明寫本。一星衍新定足本。

又八卷

《四庫全書》本。

武經直解二十五卷

明劉寅校宋朱服本。服《讀法》、《凡例》、《陳圖》、《國名》各一卷，《附録》一卷。《孫武子》三卷、《吴子》二卷、《司馬法》三卷、《唐太宗李衛公問對》三卷、《尉繚子》五卷、《黄石公三略》三卷、《六韜》六卷。

武經總要前集二十卷後集二十一卷

宋曾公亮撰。明刊本。

虎鈐經二十卷

宋許洞撰。

黄帝問玄女兵法一卷

洪頤煊集本。

右兵家

天文第四

黄帝占經一卷

星衍集本。

巫咸占經一卷

星衍集本。

甘氏星經一卷

星衍集本。

石氏星經一卷

星衍集本。

星經二卷

汲古閣刊本。

張衡靈憲一卷

洪頤煊集本。

渾天儀一卷

洪頤煊集本。

靈臺秘苑十五卷

北周庾季才撰。宋王安禮刪定本。

唐開元占經一百二十卷

唐瞿曇悉達撰。一《四庫全書》本。一明程明善本。

玉曆通政經二卷

唐李淳風撰。明寫本。

天文大象賦圖注一卷

隋李播撰，宋苗爲注，孫之騄補。附《周天星圖》一卷、《地與躔度》一卷。

乾象通鑑一百卷

宋李季撰。

右天部

周髀算經二卷

漢趙君卿注，北周甄鸞述，宋李籍音義一卷。一聚珍板本。一明趙開美刊本。一曲阜孔氏刊本。

九章算術九卷

魏劉徽撰，唐李淳風注，宋李籍音義一卷。一聚珍板本。一曲阜孔氏刊本。

孫子算經三卷

唐李淳風注。一聚珍板本。一曲阜孔氏刊

本。一鮑廷博刊本。

數術紀遺一卷

題漢徐岳撰，北周甄鸞注。曲阜孔氏刊本。

海島算經一卷

魏劉徽撰，唐李淳風注。一聚珍板本。一曲阜孔氏刊本。

夏侯陽算經三卷

一聚珍板本。一曲阜孔氏刊本。

張邱建算經三卷

北周甄鸞、唐李淳風、劉孝孫等注。一曲阜孔氏刊本。一鮑廷博刊本。

五經算術二卷

北周甄鸞撰，唐李淳風注。一聚珍板本。一曲阜孔氏刊本。

五曹算經五卷

唐李淳風撰。一聚珍板本。一鮑廷博刊本。一曲阜孔氏刊本。

緝古算經一卷

唐王孝通撰。一曲阜孔氏刊本。一鮑廷博刊本。

新儀象法要三卷

宋蘇頌撰。

數學九章十八卷

宋秦九韶撰。

測圓海鏡十二卷

元李冶撰。

益古演段三卷

元李冶撰。

革象新書五卷

元趙友欽撰。

聖壽萬年曆二卷萬年曆備考三卷附録一卷律曆融通四卷附録一卷
明朱載堉撰。
勾股割圜記三卷
戴震撰。
右算法
五行大義五卷
隋蕭吉撰。
元包五卷
北周衛元嵩撰，唐李江注。
元包數總義二卷
唐張行成撰。
宅經二卷
題黃帝撰。
葬書一卷
題晉郭璞撰。
撼龍經一卷疑龍經一卷
唐楊筠松撰。宋刊本。
金符經一卷大明曆一卷神會曆一卷玉匣記一卷
明胡文焕刊本。
附曆合覽二卷拜命曆一卷
明胡文焕刊本。
選擇曆書十卷
康熙二十二年奉勅撰。
星曆考源六卷
康熙五十二年奉勅撰。
協紀辨方書三十六卷
乾隆四年奉勅撰。

火珠林四册

黄帝靈棊經二卷

晉顔幼明、宋何承天注，元陳師凱、明劉基解。

黄帝龍首經二卷

以下三種俱星衍校《道藏》刊本。

黄帝金匱玉衡經一卷

黄帝授三子玄女經一卷

五變中黄經一卷

不著撰人名氏。

遯甲專征賦一卷

員卓撰。録《蕓古介書》中本。

遁甲符應經三卷

宋楊惟德等撰。

六壬全書十卷

明官應震撰。

李虚中命書三卷

題鬼谷子，唐李虚中注。

三命指迷賦一卷

珞琭子撰，宋岳珂注。

師曠占一卷

洪頤煊集本。

夢書一卷

洪頤煊集本。

遁甲開山圖一卷

洪頤煊集本。

白澤圖一卷

洪頤煊集本。

地鏡圖一卷

洪頤煊集本。

右五行術數

地理第五

山海經十八卷

晉郭璞注。一明黃氏刊本。一明吳琯刊本。一畢沅校刊本。

圖讚二卷

晉郭璞撰。《道藏》本。

水經注四十卷

後魏酈道元注。一《四庫全書》本。一黃晟刊本。

又十四册

戴震校本。

水經注釋四十卷刊誤十二卷

趙一清校本。

水經釋地八卷

孔繼涵撰。

元和郡縣志四十卷

唐李吉甫撰。星衍校刊本。

太平寰宇記一百九十三卷

宋樂史撰。一活字板本。一江西萬氏刊本，附《大清一統志表》六册。

元豐九域志十卷

宋王存等撰。

輿地廣記三十八卷

宋歐陽忞撰。一《四庫全書》本。一影宋寫本。

輿地紀勝二百卷

宋王象之撰。影宋寫本，內有闕卷。

方輿勝覽七十卷

宋祝穆撰。宋刊本。

東南防守利便三卷

宋吕祉撰。

通鑑地理通釋十四卷

宋王應麟撰。

元方輿勝覽三卷

元人撰。《翰墨全書》内刊本。

方輿勝略十八卷外略六卷

明程百二撰。

明一統志九十卷

明李賢等撰。明大字本，殘闕。

增補朱思本廣輿圖一册

明羅洪先撰。

輿地名勝志一百九十三卷

明曹學佺撰。

方輿紀要二百卷

明顧祖禹撰。

方輿圖四册

明刊本。

大清一統志三百五十六卷

乾隆九年奉勑撰。

晉太康地記一卷

畢沅集本。

晉書地道記一卷

畢沅集本。

魏王泰括地志八卷

星衍集本。

東晉疆域志四卷

洪亮吉撰。

十六國疆域志十六卷

洪亮吉撰。

新校漢地理志六卷

錢坫撰。

漢志水道疏證四卷

洪頤煊撰。

水道提綱二十八卷

齊召南撰。

右總編

越絶書十五卷

一明吳琯刊本。一《漢魏叢書》本。

三輔黄圖六卷

一明吳琯刊本。一明劉景韶刊本。一畢沅校刊本。

又一卷

星衍及莊逵吉集。刊本。

華陽國志十二卷

晉常璩撰。一明吳琯刊本，中多缺卷。一明影寫宋李垔本，有卷十上中下三卷。一新刊卷十補足本。一星衍校寫足本。

鄴中記一卷

晉陸翽撰。

洛陽伽藍記五卷

後魏楊衒之撰。

兩京新記一卷

唐韋述撰。影寫日本國殘本。

大唐西域記十二卷

唐釋玄奘譯，辨機撰。

湖州石柱記五卷

唐顔真卿撰，鄭元慶箋釋。

渚宫舊事五卷拾遺一卷

唐余知古撰。

建康實録二十卷

唐許嵩撰。一影舊寫本。一張海鵬刊本。

吴地記一卷附後集一卷

唐陸廣微撰。

益都方物略記一卷

宋宋祁撰。

長安志二十卷

宋宋敏求撰。

吴中水利書一卷

宋單鍔撰。

宣和奉使高麗圖經四十卷

宋徐兢撰。

乾道臨安志三卷

宋周淙撰。

雍録十卷

宋程大昌撰。

吴郡志五十卷

宋范成大撰。

吴郡圖經續記三卷

宋朱長文撰。

南嶽總勝集三卷

宋陳田夫撰。影宋寫本。

洞霄圖志六卷

宋鄧牧撰。

新安志十卷

宋羅願撰。

會稽三賦一卷

宋王十朋撰，明南逢吉注。一明刊本。一尹壇補注四卷本。

淳祐臨安志六卷

不著撰人名氏。

景定建康志五十卷

宋周應合撰。星衍仿宋刊本。

嚴州新定續志十卷

宋方仁榮等撰。影寫宋本。

咸淳臨安志九十五卷

宋潛説友撰。寫本。

咸淳毘陵志三十卷

宋史能之撰。寫本，有闕卷。

岳陽風土記一卷

宋范至明撰。

玉峯志三卷續一卷

宋凌萬頃撰。

金陵新志十五卷

元張鉉撰。元至正四年刊本。

長安志圖三卷

元李好文撰。

齊乘六卷

元于欽撰。

茅山志十五卷

元劉大彬撰。一元何道堅刊本。一明道士張宏恩刊本。

泰山志四卷

明汪子卿撰。

帝京景物略八卷

明劉侗撰。

雍勝略二十四卷

明李應祥撰。

岱史十八卷

明譚耀撰。

荆谿外紀二十五卷

明沈敕撰。

金陵圖考二卷

明陳沂撰。

吴中水利書二十八卷

明張國維撰。

春明夢餘録七十卷

孫承澤撰。

日下舊聞四十卷

朱彝尊撰。

闕里文獻考一百卷

孔繼汾撰。

説嵩三十卷

景日昣撰。

畿輔義倉圖六册

方觀承撰。

臨海記一卷

洪頤煊集本。

右分編

醫律第六

黄帝素問二十四卷

唐王砅注。一明周曰校刊本。一明《古今醫統》本。

又十二卷

一元古林書堂刊本。一明趙王府刊本。

素問入式運氣論奥三卷素問遺篇一卷

宋劉温舒撰。元刊本。

黄帝靈樞經十二卷

宋林億校。一明趙王府刊本。一明周曰校刊本。

黄帝八十一難經十三卷

秦越人撰，明王九思集，吕廣等注。影寫日本國本。

難經二卷

元滑壽注。

神農本草經三卷

名《醫藥性吳普本草》，附星衍集。刊本。

傷寒論十卷

漢張機撰，晉王叔和編，金成無己注。一元大德甲辰刊本。一明吳勉學刊本。

金匱要略方三卷

漢張機撰，晉王叔和編。

華氏中藏經三卷

漢華佗撰。一元趙孟頫寫本，缺中卷。一明江澄中刊本。一明《古今醫統》本。一星衍依趙孟頫兩寫本校足刊本。

甲乙經十二卷

晉皇甫謐撰。

肘後備急方八卷

晉葛洪撰，梁陶弘景、金楊用道增修。

脈經十卷

晉王叔和撰。明袁表刊本。

巢氏諸病源候總論五十卷

隋巢元方撰。明汪氏主一齋刊本。

千金要方九十三卷

唐孫思邈撰。

千金翼方三十卷

唐孫思邈撰。明華氏刊本。

玄珠密語十卷

唐王砅撰。

外臺秘要四十卷

唐王燾撰。一明寫本。一明程衍道刊本。

廣成先生玉函經一卷

唐杜光庭撰，宋黎民壽注。影宋寫本。

脈訣一冊

五代高陽生撰，劉元賓和歌。

銅人俞穴針灸圖經三卷

宋王維德撰。明正統中重刊天聖石本。

千金寶要六卷

宋郭思撰。關中石刻本，星衍校刊。

經史證類大觀本草三十一卷

宋唐慎微撰。元刊本。

重修政和經史證類備用本章三十卷

即前書附以寇宗奭《本草衍義》。一明刊大字本。一明正德刊本。一明嘉靖刊本。一明萬曆刊本。一明歸仁齋刊本。

本草衍義二十卷

宋寇宗奭撰。宋刊本。

史載之方二卷

宋徽宗時人。

類證普濟本事方十卷

宋許叔微撰。

傷寒百問歌四卷

宋錢聞禮撰。前《傷寒解惑論》一卷，宋

湯尹才撰。元至大己酉刊本。

陳氏小兒病源方論四卷

宋陳文中撰。

素問玄機原病式一卷

金劉完素撰。

宣明方論十五卷

金劉完素撰。

傷寒直格方三卷

金劉完素撰。

傷寒標本心法類萃十二卷

金劉完素撰。

傷寒心鏡一卷

金劉完素撰。

傷寒心要一卷

金劉完素撰。

素問病機氣宜保命集三卷

金劉完素撰。

儒門事親十五卷

金張從正撰。

脈訣一卷

金李杲撰。

脾胃論三卷

金李杲撰。

蘭室秘藏六卷

金李杲撰。

又三卷

元刊本。

内外傷寒辨惑論三卷

金李杲撰。一宋刻本。

傷寒明理論四卷

金成無己撰。

醫壘元戎十二卷

元王好古撰。

此事難知二卷

元王好古撰。

湯液本草三卷

元王好古撰。

格致餘論三卷

元朱震亨撰。

局方發揮一卷

元朱震亨撰。

金匱鉤玄三卷

元朱震亨撰。

丹溪心法五卷

元朱震亨撰。

脈訣指掌病式圖説一卷

元朱震亨撰。

外科精義二卷

元齊德之撰。

奇効良方六十五卷

元方賢撰。元刊本。

保幼大全五卷

明弘治間朱臣刊本。

本草類方十卷

年希堯撰。

右醫學

唐律疏議三十卷

唐長孫無忌等撰。一元至正刊本。一星衍仿刊本。

疑獄集二卷

五代和凝及子㠓撰。

續集二卷

明張景撰。

附録一卷

明遲鳳翔撰。

洗冤録一卷

宋宋慈編，元人增附。一舊影寫本。一星衍重刊本。

平冤録一卷

宋人撰，不題名氏。

無冤録一卷

元王與撰。

明律條疏議三十卷

明張式之撰。明初刊本。

李悝法經一卷

星衍集本。

大清律例箋釋三十卷

陸泰來撰。

右律學

孫氏祠堂書目外編卷二

諸子第三

子華子三卷
題晉程本撰。一明緜眇閣刊本。一明《諸子彙函》本。一明刊十行本。

忠經一卷
題漢馬融撰。

政經一卷附政跡一卷
宋真德秀撰。

性理大全書七十卷
明永樂十三年胡廣等撰。

養正圖解二卷
明焦竑撰。

圖民録四卷
袁守定撰。

右儒家

廣成子一卷
宋蘇軾解。

陰符經一卷
宋郭忠恕三體石刻本。

陰符經十家注十卷
宋黄居真、沈亞夫、蔡氏、鄒訢、俞玉吾、侯善淵、張洪陽、蕭真宰、王道淵、明焦竑注，附《天機經》一卷。

老子五厨經等一册

老子鬳齋口義二卷

宋林希逸撰。宋刊本。

玄真子一卷

唐張志和撰。明《十二子》刊本。

天隱子一卷

不著撰人名氏。明《十二子》刊本。

無能子三卷

不著撰人名氏。明《十二子》刊本。

鹿門子一卷

唐皮日休撰。明《十二子》刊本。

化書六卷

南唐譚峭撰。一作譚景升撰。一明刊本，作《齊邱子》一卷本。

潛虛一卷

宋司馬光撰。

雲笈七籤一百二十卷

宋張君房撰。明張萱刊本。

宋高僧傳三十卷

宋釋贊寧撰。

悟真指要一卷

宋李簡易撰。明寫本。

神僧傳九卷

不著撰人名氏。一明吳琯刊本。一明單刊本。

古文參同契集解三卷

明蔣虙撰。

右道家

素履子三卷

唐張弧撰。

聱隅子二卷
宋黄晞撰。
明本釋三卷
宋劉荀撰。
袁氏世範三卷
宋袁采撰。
北溪字義二卷
宋陳淳撰。一明弘治刊本。一明隆慶刊本。
古今事物考八卷
明王三聘撰。
世緯二卷
明袁袠撰。
通雅五十二卷
明方以智撰。

古今釋疑十八卷
明方中履撰。
潛邱劄記六卷
閻若璩撰。
松崖筆記三卷九曜齋筆記三卷
惠棟撰。
質疑二卷
杭世駿撰。
恒言録五卷
錢大昕撰。
日記鈔三卷
錢大昕撰。
南江札記四卷
邵晉涵撰。
讀書脞録七卷

孫志祖撰。

瞥記七卷

梁玉繩撰。

右雜家

茶經一卷

唐陸羽撰。

食譜一卷

唐韋巨源撰。

煎茶水記一卷

唐張又新撰。

藥譜一卷

唐侯寧極撰。

耒耜經一卷

唐陸龜蒙撰。

蠶書一卷

宋秦觀撰。

茶録一卷

宋蔡襄撰。

洛陽牡丹記一卷

宋歐陽修撰。

荔枝譜一卷

宋蔡襄撰。

蟹譜二卷

宋傅肱撰。

筍譜一卷

宋僧贊寧撰。

蘭譜一卷

宋王貴學撰。

菊譜一卷

宋范成大撰。

牡丹榮辱志一卷

宋邱濬撰。

揚州芍藥譜一卷

宋王觀撰。

蔬食譜一卷

宋陳叟撰。

酒經三卷

宋朱肱撰。

酒譜一卷

宋竇苹撰。

菌譜一卷

宋陳仁玉撰。

橘録三卷

宋韓彦直撰。

海棠譜三卷

宋陳思撰。

救荒本草二卷

明周定王橚撰，後人增損本。

荒政輯要九卷

汪志伊撰。

右農家

握奇經一卷

題風后撰。

諸葛武侯全書二十卷

明王士騏編。内有《心書》，疑即《將苑》五十篇，《新書》疑即《兵法》五卷。

紀効新書十八卷

明戚繼光撰。

蹶張心法一卷長鎗法選一卷單刀法選一卷

明程沖斗撰。

戚少保平定略四册

洪永疇撰。

參籌秘書十卷

明汪三益撰。

右兵家

天文第四

渾蓋通憲圖說二卷

明李之藻撰。

表度說一卷

明熊三拔撰。

簡平儀說一卷

明熊三拔撰。

曆體略三卷

明王英明撰。

管窺輯要八十卷

明黄鼎撰。

象緯彙編二卷

明韓萬鍾撰。

不得已録三卷

楊光先撰。

曆算叢書六十六卷

梅文鼎撰。

勿菴曆算書目一卷

梅文鼎撰。

九數通考十一卷

屈曾發撰。

續天文略二卷

戴震撰。

西洋算法四卷

程禄撰。

谿口曆二册

右算法

青囊奥語一卷

天玉經内傳三卷外編一卷

葬法倒杖一卷

以上俱唐楊筠松撰。

楊公竈卦一卷

玉尺經四卷

題宋陳摶撰，元劉秉忠注。

青囊敍一卷

宋曾文辿撰。

地理總括三卷

明羅珏撰。

地理全書八卷

明張宗道撰。

葬經翼一卷難解一卷

繆希雍撰。

寸金穴法二卷

不著撰人名氏。

堪輿宗旨五卷

不著撰人名氏。

龜洛神秘集二册

不著撰人名氏。

河洛精蘊九卷

江永撰。

太乙陰陽書二册

不著撰人名氏。

六壬兵占十三册

明官應震撰。

六壬大全十三卷

郭載騋撰。

六壬八要一卷

不著撰人名氏。

六壬要書一卷

不著撰人名氏。

六壬陳軌内外篇一卷

不著撰人名氏。

遯甲書集要四册

宋郭子晟撰。

天元遯甲句解一卷

明池紀編。一名《煙波釣叟歌》。

遯甲演義二卷

明程道生撰。

奇門占驗斷法一卷

不著撰人名氏。

奇門全圖二十册

不著撰人名氏。

奇門捷要十卷

明胡時化撰。

三命通會十二卷

明萬民英撰。

星學大成十卷

明萬民英撰。

藝綜造命一卷

不著撰人名氏。

星命淵源五卷

不著撰人名氏。

乾元秘旨一卷

舒繼英撰。

八門禽演書四册

明鄭一麟撰。

選擇正宗四卷

章攀桂撰。

諏吉便覽二卷

俞榮寬撰。

右五行術數

地理第五

山海經廣注十八卷

吳任臣撰。

水經注釋地四十卷補遺二卷水道直指一卷

張匡學撰。

古今遊名山記十七卷

明何鏜撰。

徐霞客遊記十二卷

明徐宏祖撰。

歷代山陵考二卷

明王在晉撰。

山河兩戒考十四卷

徐文靖撰。

右總編

洛陽名園記一卷

宋李廌撰。

遊城南記一卷

宋張禮撰。

北邊備對一卷

宋程大昌撰。

真臘風土記一卷

元周達觀撰。

客杭日記一卷

元郭畀撰。

中都志十卷

明柳瑛撰。

故宮遺録一卷

明蕭洵撰。

毘陵志四十卷

明王僎撰。

句容縣志二卷

明周仕撰。

山東通志四十卷

明方遠宜等撰。

山東鹽法志四卷

明查志隆撰。

赤雅二卷

明鄺露撰。

朝鮮志二卷

不著撰人名氏。

畿輔通志一百二十卷

李衛等撰。

江南通志二百卷

趙宏恩等撰。

江西通志一百六十二卷

謝旻等撰。

江南通志八十卷

王士俊等撰。

陝西通志一百卷

劉於義等撰。

山東通志三十六卷

岳濬等撰。

兩淮鹽法志十六卷

程夢星撰。

河東鹽法志十二卷

王又樸撰。

山東鹽法志十四卷

漆紹文撰。

山東運河備覽十二卷

陸燿撰。

古歙山川圖一卷

吴子𤠣撰。

西湖志四十八卷

傅王露撰。

黄山嶺要録二卷

于鼎撰。

靈谷寺志十六卷

吴雲撰。

澳門記略二卷

印光任撰。

湖山備覽十二卷

翟灝撰。

江寧府志三十四卷

陳開虞撰。

常州府志三十八卷

河間府志二十卷
胡天遊等撰。

萊州府志十六卷
嚴有禧等撰。

登州府志二十二卷
徐可先等撰。

曹州府志二十二卷
李登明等撰。

武定府志三十八卷
赫達邑等撰。

青州府志二十二卷
陶錦等撰。

泰安府志二十卷
成城等撰。

廣平府志二十四卷
吳穀等撰。

河南府志一百十五卷
施城等撰。

虎邱志十卷
乾隆五十六年陸肇域等撰。

三晉見聞録一卷
齊翀撰。

天台方外志要十二卷
陳詔等撰。

揚州畫舫録十八卷
李斗撰。

岱覽三十二卷
唐仲冕撰。

右分編〔一〕

〔一〕「右分編」三字依前補。

醫律第六

蘇沈良方十卷

宋沈括撰。附蘇軾説。

百一選方八卷

宋王璆撰。即《肘後備急方》。

救急仙方六卷

不著撰人名氏。

急救仙方十一卷

不著撰人名氏。

證治要訣類方十一卷

明戴原禮撰。

傷寒六書六卷

明陶華撰。

古今醫統一百卷

明徐春甫撰。

心印紺珠經二卷

明李湯卿撰。

類經三十二卷圖翼十一卷

明張介賓撰。

醫學發明方一卷

不著撰人名氏。

活法機要一卷

不著撰人名氏。

右醫學

明律例箋釋三十卷

明王樵撰。附《慎刑説》一卷。

刑書便覽六册

明侯應撰。

大清律例三十三卷

萬維楓撰。

大清律例薈鈔一百四卷

石渠撰。

條例約編十二函

錢穀刑名便覽二卷

董公振撰。

錢穀備要十卷

王又槐撰。

右律學

孫氏祠堂書目内編卷三

史學第七

戰國策三十三卷

漢高誘注，宋姚宏校補。一盧氏雅雨堂刊本。一黄丕烈仿宋刊本。

又十八卷

宋鮑彪注，元吳師道校。一元平江路儒學刊本。一曲阜孔氏刊本。

史記一百三十卷

漢司馬遷撰，褚少孫補，宋裴駰集解，唐司馬貞索隱，張守節正義。一明王氏仿宋刊本。

一明南雍刊本。一明凌稚隆《評林》本。

史記集解一百三十卷

宋裴駰撰。明毛晉刊本。

史記索隱三十卷

唐司馬貞撰。明毛晉單刊本。

漢書一百二十卷

漢班固撰，唐顏師古注。一明歐陽鐸刊本。一明汪文盛刊本。一明南雍刊本。一明凌稚隆《評林》本。一明毛晉刊本。

補漢兵志一卷

宋錢文子撰。

兩漢博聞十二卷

宋楊侃撰。

班馬異同三十五卷

宋倪思撰。明嘉靖汪佃刊本。

漢書地理志稽疑六卷

全祖望撰。

古今人表考九卷

梁玉繩撰。

後漢書一百二十卷

宋范蔚宗撰，唐章懷太子賢注。《續志》晉司馬彪撰，梁劉昭補注。一明汪文盛刊本。一明南雍刊本。一明毛晉刊本。

兩漢刊誤補遺十卷

宋吳仁傑撰。

補後漢書年表十卷

宋熊方撰。

後漢書訓纂二十六卷

惠棟撰。

後漢書補表八卷

錢大昭撰。

後漢書補逸二十一卷

姚之駰撰。

東觀漢紀二十四卷

漢劉珍等撰。《四庫全書》本。

謝承後漢書五卷

孫志祖集本。

華嶠後漢書一卷

章宗源集本。

張璠漢紀一卷

章宗源集本。

三國志六十五卷

晉陳壽撰，宋裴松之注。一明南雍刊本。一明毛晉刊本。

三國志補注六卷

杭世駿撰。

補三國疆域志二卷

洪亮吉撰。

晉書一百三十卷

唐房喬等撰。一明毛晉刊本。一明南雍刊本，附唐何超音義。一明鍾人傑刊本。

宋書一百卷

梁沈約撰。一明南雍刊本。一明毛晉刊本。

南齊書五十九卷

梁蕭子顯撰。一明南雍刊本。一明毛晉刊本。

梁書五十六卷

唐姚思廉撰。一明南雍刊本。一明毛晉刊本。

陳書三十六卷　唐姚思廉撰。一明南雍刊本。一明毛晉刊本。

魏書一百十四卷　北齊魏收撰。一明南雍刊本。一明毛晉刊本。

西魏書二十四卷　謝啓昆撰。

北齊書五十卷　唐李百藥撰。一明南雍刊本。一明毛晉刊本。

周書五十卷　唐令狐德棻撰。一明南雍刊本。一明毛晉刊本。

隋書八十五卷

唐魏徵等撰。一明南雍刊本。一明毛晉刊本。

南史八十卷　唐李延壽撰。一元刊本。一明南雍刊本。一明毛晉刊本。

北史一百卷　唐李延壽撰。一明南雍刊本。一明毛晉刊本。

補南北史年表一卷帝王世系表一卷世系表一卷　周嘉猷撰。

十六國春秋一百卷　後魏崔鴻撰。明屠喬孫刊本。

舊唐書二百卷　晉劉昫等撰。一明聞人詮刊本。一内府刊本。

新唐書二百五十五卷

宋歐陽修、宋祁撰。一明南雍刊本。一明毛晉刊本。

新唐書糾繆二十卷

宋吳縝撰。

舊五代史一百五十卷

宋薛居正等撰。《四庫全書》本，目録二卷。

五代史七十五卷

宋歐陽修撰。一明南雍刊本。一明毛晉刊本。

五代史記纂誤三卷

宋吳縝撰。

五代史記纂誤補四卷

吳蘭亭撰。

十國春秋一百十四卷

吳任臣撰。

南唐書十八卷

宋陸游撰。一明沈士龍刊本。一明毛晉刊本。

南唐書三十卷

宋馬令撰。

宋史四百九十六卷

元托克托等撰。原譯脱脱。明南雍刊本。

東都事略一百三十卷

宋王偁撰。

南宋書六十八卷

明錢士升撰。

宋史新編一百八十三卷

明柯維騏撰。

遼史一百十六卷

元托克托等撰。明南雍刊本。

遼史拾遺二十四卷

厲鶚撰。寫本。

金史一百三十五卷

元托克托等撰。明南雍刊本。

元史二百十卷

明宋濂等撰。明南雍刊本。

元史類編四十二卷

邵遠平撰。

元史本證五十卷

汪輝祖撰。

補元史藝文志六卷

錢大昕撰。

明史三百三十六卷

張廷玉等奉勅撰。

二十二史考異一百卷

錢大昕撰。

右正史

竹書紀年二卷

一明《漢魏叢書》本。一明吳琯刊本。一明蔡文範刊本。一洪頤煊校刊本。

漢紀三十卷

漢荀悦撰。一明吕柟刊本。一明刊本。一蔣國祥刊本。

後漢紀三十卷

晉袁宏撰。一明刊本。一蔣國祥刊本。

元經十卷

隋王通撰，唐薛收續幷傳。宋阮逸注。一明單刊本。一明程榮刊本。

通鑑外紀十卷目録二卷

宋劉恕撰。

資治通鑑二百九十四卷

宋司馬光撰，元胡三省音注。一元刊本。一明陳仁錫刊本。

資治通鑑考異三十卷

宋司馬光撰。

資治通鑑釋例一卷

宋司馬光撰。

資治通鑑目録三十卷

宋司馬光撰。

資治通鑑釋文辨誤十二卷

元胡三省撰。

通鑑注辨正二卷

錢大昕撰。

通鑑答問五卷

宋王應麟撰。

稽古録二十卷

宋司馬光撰。明楊璋刊本。

唐鑑二十四卷

宋范祖禹撰。

古史六十卷

宋蘇轍撰。元大字刊本。

五代春秋二卷

宋尹洙撰。

皇王大紀八十卷

宋胡宏撰。

續資治通鑑長編一百八卷

宋李燾撰。舊寫本。

九朝編年備要三十卷

宋陳均撰。

西漢年紀三十卷

宋王益之撰。

通鑑前編十八卷

宋金履祥撰。又《舉要》三卷。

陸狀元增節音註精議資治通鑑一百二十卷

宋陸唐老撰。汲古閣刊本。

通鑑續編二十四卷

元陳桱撰。元至正刊本。

戰國史綱衍義十二卷

明程元初撰。

御批通鑑輯覽一百二十卷

乾隆三十三年奉勅撰。

續資治通鑑二百二十卷

畢沅撰。

右編年

通鑑紀事本末四十二卷

宋袁樞撰。明李栻刊本。

通鑑總類二十卷

宋沈樞撰。

宋史紀事本末一百九卷

明馮琦、陳邦瞻撰。

元史紀事本末二十七卷

明陳邦瞻撰。

明史紀事本末八十卷

谷應泰撰。

繹史一百六十卷

馬驌撰。

右紀事

吳越春秋十卷

漢趙曄撰，元徐天祐注。一元大德丙午刊本。一元大字刊本。一明吳琯本。

路史四十七卷

宋羅泌撰，子苹注。

楚漢春秋一卷

洪頤煊集本。

茂陵書一卷

洪頤煊集本。

蜀王本紀一卷

洪頤煊集本。

大唐創業起居注三卷

唐温大雅撰。

五代史闕文一卷

宋王禹偁撰。

五代史補五卷

宋陶岳撰。

九國志十二卷

宋路振撰，末卷宋張唐英補。

吳越備史四卷補遺一卷

宋范坰、林禹撰。

江南別録一卷

宋陳彭年撰。

江表志三卷

宋鄭文寶撰。

江南餘載二卷

不著撰人名氏。

蜀檮杌二卷
宋張唐英撰。
三楚新録三卷
宋周羽翀撰。
僞齊録二卷
宋楊光弼撰。
契丹國志十八卷
宋葉隆禮撰。
大金國志四十卷
宋宇文懋昭撰。
高麗史一百三十七卷
明鄭麟趾撰。
右雜史
穆天子傳六卷
晉郭璞注。一明《道藏》本。一明吴琯刊本。一洪頤煊校刊本。
世本七卷
洪飴孫集本。
譙周古史考一卷
章宗源集本。
高士傳三卷
晉皇甫謐撰。
世説新語六卷
宋劉義慶撰，梁劉孝標注。明周氏博古堂刊本。
朝野僉載六卷
唐張鷟撰。
國史補三卷
唐李肇撰。

大唐新語十三卷

唐劉肅撰。一名《唐世説新語》。

魏鄭公諫録五卷

唐王方慶撰。

又續録二卷

元翟思忠撰。

次柳氏舊聞一卷

唐李德裕撰。

南北史續世説十卷

唐李垕撰。

洛陽縉紳舊聞記五卷

宋張齊賢撰。

南部新書十卷

宋錢易撰。

隆平集二十卷

宋曾鞏撰。

涑水紀聞十六卷

宋司馬光撰。

唐語林八卷

宋王讜撰。

五朝名臣言行録前集十卷後集十四卷續集八卷别集二十六卷

前後集宋朱子撰，續别集宋李幼武撰。

名臣碑傳琬琰集上集二十七卷中集五十五卷下集二十五卷

宋杜大珪撰。宋刊本。

道學名臣言行録外集十七卷

宋李幼武撰。

錦里耆舊傳四卷

宋勾延慶撰。

慶元黨禁一卷
不著撰人名氏。
四朝聞見録五卷
宋葉紹翁撰。
耆舊續聞十卷
宋陳鵠撰。
歸潛志十四卷
金劉祁撰。
祖庭廣記十二卷
金孔元措撰。
吾學編六十四卷
明鄭曉撰。
列朝詩集小傳八册
無撰人名氏。
綏寇紀略十二卷
吳偉業撰。
鄭康成年譜一卷
星衍撰。
鄭康成別傳一卷
洪頤煊集本。

右傳記

漢官舊儀二卷補遺一卷
漢衛宏撰。聚珍板本。
漢舊儀二卷補遺二卷
漢衛宏撰。星衍集。刊本。
應劭漢官儀二卷
星衍集。刊本。
胡廣漢官解詁一卷
星衍集。刊本。

蔡質漢官典職一卷

星衍集。刊本。

丁孚漢儀一卷

星衍集。刊本。

唐六典三十卷

唐玄宗撰。一明王鏊刊本。一席氏刊本。

大唐開元禮一百五十卷

唐蕭嵩撰。寫本。

唐大詔令集一百三十卷

宋宋敏求編。寫本。

大金集禮四十卷

無撰人名氏。

通典二百卷

唐杜佑撰。一舊刊本，缺三十八至五十八卷。一明刊增入諸儒議論本。

册府元龜一千卷

宋王欽若等撰。明寫本。

西漢會要七十卷

宋徐天麟撰。

東漢會要四十卷

宋徐天麟撰。

唐會要一百卷

宋王溥撰。

五代會要三十卷

宋王溥撰。

宋朝事實二十卷

宋李攸撰。

麟臺故事五卷

宋程俱撰。

近事會元五卷

宋李上交撰。

通志二百卷

宋鄭樵撰。一元至治元年刊本。一内府刊本。

愧郯録十五卷

宋岳珂撰。

漢制考四卷

宋王應麟撰。

文獻通考三百四十八卷

元馬端臨撰。明馮天馭刊本。

元秘書志十一卷

元王士點、商企翁撰。

歷代名臣奏議三百五十卷

明黄淮等撰。

大明集禮五十三卷

洪武三年徐一夔等撰。嘉靖重修。

明會典一百八十卷

明李東陽等撰。又十三卷

南宫奏議三十卷

明嚴嵩撰。

續文獻通考二百五十四卷

明王圻撰。

大清會典一百卷

乾隆二十六年奉勅撰。

五禮通考二百六十二卷

秦蕙田撰。

右故事

史通二十卷

唐劉知幾撰，黄叔琳注。

廿二史劄記三十六卷

趙翼撰。

右史論

十七史詳節二百七十三卷

宋吕祖謙撰。

東萊先生南史詳節二十五卷

宋刊本。

黄氏日鈔紀要十九卷

宋黄震撰。

諸史提要十五卷

宋錢端禮撰。

南北史精語十卷

宋洪邁撰。

十七史蒙求十六卷

宋王會撰。

蒙求集注二卷

晉李瀚撰，宋徐子光注。

通鑑外紀節要五卷

宋江贄撰。

通鑑節要二十卷

宋江贄撰。

通鑑甲子會紀五卷

明薛應旂撰。

宋元通鑑節要三十卷

明江淵撰。

續資治通鑑節要二十卷

明蔡亨嘉刊本。

通典詳節四十二卷

元至元丙戌刊本。

册府元龜序論三十六卷

明王泰徵删集本。

通志略五十一卷

明陳宗夔删節。

文獻通考鈔二十四卷

史以遇删節。

續文獻通考鈔三十卷

史以遇删節。

文獻通考紀要詩二卷

不著撰人名氏。

漢事會最六册

惠棟録。

廿二史文鈔一百九卷

常安編。

右史鈔

金石第八

刀劍録一卷

梁陶弘景撰。

鼎録一卷

梁虞荔撰。

集古録十卷

宋歐陽修撰。一宋刊本。一謝啓光刊本。

考古圖十卷

宋吕大臨撰。

嘯堂集古録二卷

宋王俅撰。

宣和博古圖三十卷

宋王黼等撰。一明蔣暘刊本。一明泊如齋刊本。

金石録三十卷

宋趙明誠撰。

鐘鼎款識二十卷

宋薛尚功撰。一明朱謀垔刊本。一仿宋寫本。一阮氏刊本。

古玉圖譜三十二册

宋龍大淵等撰。舊寫本。

廣川書跋十卷

宋董逌撰。

籀史一卷

宋翟耆年撰。

隸釋二十七卷

宋洪适撰。

隸續二十一卷

宋洪适撰。又舊校寫本。

泉志十五卷

宋洪遵撰。

絳帖平六卷

宋姜夔撰。

石刻鋪敘二卷

宋曾宏父撰。

法帖譜系二卷

宋曹士冕撰。

蘭亭考十二卷

宋桑世昌撰。

蘭亭博議一卷

宋桑世昌撰。

蘭亭續考二卷
宋俞松撰。
輿地碑目四卷
宋王象之撰。
雲烟過眼録四卷續録一卷
宋周密撰。
寶刻叢編二十卷
宋陳思撰。影宋寫本。
寶刻類編八卷
不著撰人名氏。
古刻叢鈔一卷
元陶宗儀撰。
宣德鼎彝譜八卷
明吕震撰。
金薤琳琅二十卷
明都穆撰。
元牘記一卷
明盛時泰撰。
石墨鐫華八卷
明趙崡撰。
集古印譜六卷
明羅王常撰。
金石史二卷
明郭嗣伯撰。
金石録補二十七卷
明葉奕苞撰。
金石後録六卷
明葉奕苞撰。
金石文字記六卷
顧炎武撰。

嵩陽石刻四卷
葉封撰。
觀妙齋金石文字考略十六卷
李光映撰。
鐘鼎字源五卷
汪立名撰。
潛研堂金石文字跋尾元集六卷亨集七卷利集六卷貞集□卷
錢大昕撰。
兩漢金石記二十二卷
翁方綱撰。
粵東金石記九卷
翁方綱撰。
蜀碑記補十卷
李調元撰。

中州金石記五卷
畢沅撰。
關中金石記五卷
畢沅撰。
山左金石志二十四卷
畢沅、阮元同撰。
湖北金石考一册
馬紹基撰。
續鐘鼎款識十卷
阮元撰。
授堂金石文字跋十卷
武億撰。
金石三跋二卷
武億撰。
偃師金石記四卷

武億撰。

偃師金石遺文補録十六卷

武億撰。

安陽金石録十二卷

武億、趙希璜同撰。

志桂金石略四卷

江霞撰。

粤西金石略十五卷

謝啓昆撰。

寰宇訪碑録十二卷

邢澍同星衍撰。

范氏天一閣碑目一卷

錢大昕撰。

秦漢瓦當文字二卷

程敦撰。

古器款識考四卷鏡銘集録二卷

錢坫撰。

瘞鶴銘考一卷

汪士鋐撰。

焦山古鼎考一卷

翁方綱撰。

國山碑考一卷

吴騫撰。

鍾官圖經二册

陳萊孝撰。

江寧金石記五卷待訪目二卷

嚴觀撰。

金石萃編一百六十卷

王昶撰。

平津館金石萃編二十卷

星衍及嚴可均撰。

京畿金石考二卷

星衍撰。

類書第九

編珠二卷

隋杜公瞻撰。《士補遺》二卷，《續》二卷，高士奇撰。

北堂書鈔一百六十卷

隋虞世南撰。一明影宋寫本。一明陳禹謨增改刊本。

藝文類聚一百卷

唐歐陽詢等撰。一明小字刊本。一明王元貞刊本。

初學記三十卷

唐徐堅等撰。一元小字刊本。一明寧壽堂刊本。一明陳大科刊本。一明晉府刊本。一古香齋刊巾箱本。

白孔六帖一百六卷

唐白居易、宋孔傳撰。

歲華紀麗四卷

唐韓鄂撰。

事類賦三十卷

宋吳淑撰。一元刊本。一華氏仿宋刊本。

太平御覽一千卷

宋李昉等撰。一明活字本。一影宋寫本，内有依明本補完之卷。

錦繡萬花谷前集四十卷後集四十卷續集四十卷

不著撰人名氏。

新編古今事文類聚前集六十卷後集五十卷續集二十八卷别集三十二卷

宋祝穆撰。

又新集三十六卷外集十五卷

宋富大用撰。俱元泰定刊本。

全芳備祖前集二十七卷後集三十一卷

宋陳景沂撰。明寫本。

古今合璧事類備要前集六十九卷後集八十一卷續集五十六卷

宋謝維新撰。

又别集九十四卷外集六十六卷

宋虞載撰。俱明夏相仿宋刊本。

玉海二百卷附詞學指南四卷

宋王應麟撰。一元刊本。一補修本。

小學紺珠十卷

宋王應麟撰。

秘笈新書十三卷别集三卷

宋謝枋得撰，明李廷機補。

翰墨大全一百三十四卷

元劉應李撰。元刊本。

韻府羣玉二十卷

元陰時夫撰。一元陰時遇刊本。一明嘉靖刊本。

事林廣記前集十卷後集十卷

不著撰人名氏，明鍾景清增補。明初刊本。

羣書備數十二卷

元張九韶撰。元刊本。

唐類函二百卷

明俞安期撰。

類聚古今韻府續編四十卷

明包瑜撰。明正德丁丑劉氏刊本。

羣芳譜三十卷

明王象晉撰。

子史精華一百六十卷

康熙六十年奉勅撰。

佩文韻府四百四十三卷

康熙四十三年奉勅撰。

韻府拾遺一百一十二卷

康熙五十九年奉勅撰。

法苑珠林一百二十卷

唐釋道世撰。

喻林八十卷

明徐元太撰。

右事類

古今同姓名録二卷

梁元帝撰，唐陸善經續，元葉森補。

元和姓纂十卷

唐林寶撰。星衍同洪瑩集，刊本。

小名録二卷

唐陸龜蒙撰。

古今姓氏書辨證四十卷

宋鄧名世撰。星衍同洪梧校刊本。

姓氏急就篇二卷

宋王應麟撰。

同姓名録十二卷

明余寅撰。附補一卷，明周應賓撰。

歷代帝王姓系統譜六卷氏族博考十四卷

萬姓統譜一百四十卷

明凌迪知撰。

史姓韻編六十四卷

汪輝祖撰。

九史同姓名略七十二卷

汪輝祖撰。

三史同名録四十卷

汪輝祖撰。

右姓類

劉向別録一卷

洪頤煊集本。

七略一卷

洪頤煊集本。

崇文總目十二卷

宋王堯臣等撰。《四庫全書》本。

又五卷

錢東垣集本。

郡齋讀書志四卷後志二卷考異一卷附志二卷

宋晁公武撰。《考異》、《附志》，趙希弁撰。

子略四卷

宋高似孫撰。一寫本。一張海鵬刊本。

直齋書録解題二十二卷

宋陳振孫撰。

漢藝文志考證十卷

宋王應麟撰。

明文淵閣書目二十卷

明楊士奇等撰。

國史經籍志六卷

明焦竑撰。

讀書敏求記四卷

明錢曾撰。

道藏目録十二卷
明李杰若撰。
釋藏目録二卷
明禮部刊本。
天禄琳琅書目十卷
乾隆九年奉勅撰。
四庫全書總目二百卷
乾隆四十七年奉勅撰。
四庫全書簡明目録二十卷
乾隆四十七年奉勅撰。
四庫全書存目十卷
胡虔録。
浙江採集遺書總録十册
沈初撰。
百宋一廛賦一卷
顧廣圻撰。
文海遺珠録一卷
何元錫撰。
天一閣書目十册
刊本。
右書目

孫氏祠堂書目外編卷三

史學第七

三國紀年一卷

宋陳亮撰。

通鑑直説通略十卷

元鄭鎮孫撰。

明資治通紀三十卷

明陳建撰。

明從信録四十卷

明陳建撰。

考定竹書紀年十三卷

孫之騄撰。

右編年

幸魯盛典四十卷

孔毓圻撰。

二申野録八卷

孫之騄撰。

皇朝武功紀盛四卷

趙翼撰。

建立伏博士始末一卷

星衍撰。

右紀事

晉史乘一卷

不著撰人名氏。

楚史檮杌一卷
不著撰人名氏。
松漠紀聞一卷
宋洪皓撰。
遼志一卷
宋葉隆禮撰。
金志一卷
宋宇文懋昭撰。
黑韃事略一卷
不著撰人名氏。
日本國考略二卷
明薛俊撰。
朝鮮史略六卷
不著撰人名氏。

右雜史

韓柳年譜八卷
韓譜七卷，宋魏仲舉撰。柳譜一卷，宋文安禮撰。
浦陽人物記二卷
明宋濂撰。
三朝聖諭録三卷
明楊士奇撰。
正統臨戎録一卷
明楊銘撰。
天順日録二卷
明李賢撰。
平定交南録一卷
明邱濬撰。

否泰録一卷

明劉定之撰。

蹇齋瑣綴録八卷

明尹直撰。

前聞記一卷

明祝允明撰。

損齋備忘録二卷

明梅純撰。

畜德録一卷

明陳沂撰。

平蠻録二卷

明王軾撰。

後鑑録三卷

明謝蕡撰。一明寫本。一明嘉靖癸未刊本。

東征紀行録一卷

明張八寀撰。

明開國臣傳十三卷遜國臣傳四卷

明朱國楨撰。

明大訓記十六卷

明朱國楨撰。

狀元圖考六卷

明湯賓尹撰。

姑蘇名賢小紀二卷

明文震孟撰。

碧血録二卷

明黄煜撰。

明本紀一卷

不著撰人名氏。

聖賢道統圖贊四册

不著撰人名氏。

三遷志十二卷

孟衍泰撰。

常州忠節録一册

汪本直撰。

明李文正年譜五卷

法式善編李東陽事蹟。

朱文正年譜三卷

王少寇年譜二卷

右傳記

翰苑羣書二卷

宋洪遵撰。

朝野類要五卷

宋趙昇撰。一舊寫本。一鮑廷博刊本。

明典故紀聞十八卷

明余繼登撰。

南雍志二十四卷

明王佑撰。

吏部職掌二十八册

明張瀚撰。

己未詞科録八卷

秦瀛撰。

毘陵科第考八卷

歷代紀元部表二卷

不著撰人名氏。

元號略四卷補遺一卷

梁玉繩撰。

右故事

史通通釋二十卷

浦起龍撰。

讀史管見三十卷

宋胡寅撰。

三國雜事二卷

宋唐庚撰。

通鑑博論二卷

明寧獻王權撰。明刊大字本。

二十一史彈詞十卷

明楊慎撰，孫德成注。

古今治平略三十三卷

明朱建撰。

廣治平略四十四卷

蔡方炳撰。

讀史糾繆十五卷

牛運震撰。

諸史然疑一卷

杭世駿撰。

右史論

金石第八

古玉圖二卷

元朱德潤撰。

貞石志一册

明宋濂撰。

金陵古金石考目二卷

明顧起元撰。

寒山金石林一卷

明趙均撰。

金石林時地考二卷

明趙均撰。

水經注碑目一卷

明楊慎撰。

古今碑帖考一卷

明胡文焕撰。

金石表一卷

曹溶撰。

天發神讖碑考一卷

周在浚撰。

來齋金石考三卷

林侗撰。

七頌堂識小録一卷

劉體仁撰。

咸陽金石遺文一卷

王嘉瑞撰。

鐵函齋書跋六卷

楊賓撰。

虚舟題跋十卷

王澍撰。

虚舟題跋補原三卷

王澍撰。

竹雲題跋四卷

王澍撰。

中州金石考八卷

黄叔璥撰。

雍州金石記十卷

朱楓撰。

秦漢瓦圖記四卷

朱楓撰。

古金録四卷

朱楓撰。

漢印分韻二卷

袁省予撰。

銅鼓堂印譜二冊

查禮撰。

金石品二卷

李調元撰。

金石圖四卷

牛運震撰。

論印絶句及續編一冊

沈心等撰。

印典八卷

朱象賢撰。

古玉文字記二卷

陸紹曾撰。

御史臺精舍碑題名一卷

趙魏釋。

郎官石柱題名一卷

趙魏釋。

金石契二冊

張燕昌撰。

集古印譜二冊

岱宗金石文字四冊

江鳳彝撰。

兩浙金石録一冊

何元錫撰。

類書第九

天中記六十卷

明陳耀文撰。

焦氏類林八卷
明焦竑撰。
日涉編十二卷
明陳階撰。
五車韻瑞一百六十卷
明凌稚隆撰。
三才圖會一百六卷
明王圻撰。
潛確類書一百二十卷
明陳仁錫撰。
廣韻藻六卷
明方夏撰。
文選錦字二十一卷
明凌迪知撰。
讀書記數略五十四卷
宮夢仁撰。
韻府約編廿四卷
鄧愷撰。
唐詩金粉十卷
沈炳震撰。
廿一史言行略四十二卷
過元眬撰。

右事類

姓源珠璣六卷
明楊信民撰。
尚友録二十二卷
明廖國賢撰。

宋明詩人姓氏韻編二卷
無撰人名氏。

右姓類

經籍考七十六卷
元馬端臨撰。明刊本。

世善堂藏書目録二卷
明陳第撰。

絳雲樓書目一册
寫本。

皇宋書録三卷
董史撰。

浙江天一閣書目三册

彙刻書目十册
顧修撰。

右書目

詞賦第十

楚詞集注八卷辯證二卷後語六卷
宋朱文公撰。

玉臺新詠十卷
吳兆宜注。

玉臺新詠考異十卷
紀容舒撰。

瀛奎律髓四十九卷
元方回編。

濂洛風雅六卷
元金履祥編。

玉山草堂集二卷外集十卷

元顧瑛撰。

金蘭集三卷續集一卷

元徐達左編。

洞霄詩集十四卷

元道士孟宗寶編。

古詩類苑百三十卷

明張之象撰。

唐詩類苑二百卷

明張之象撰。

古唐詩歸四十七卷

明鍾惺編。

唐宋八大家文鈔一百六十卷

明茅坤撰。

四六法海十二卷

明王志堅撰。

古文彙編二百三十六卷

明陳仁錫編。

文體明辨八十四卷

明徐師曾撰。

漢魏詩乘二十卷

明梅鼎祚撰。

詞海遺珠四卷

明勞堪撰。

歷代名人小簡六册

明無名氏寫本。

唐詩類苑選三十四卷

戴明說撰。

賴古堂文集二十卷

周在浚撰。

古詩選三十二卷

王士禛編。

十種唐詩選十七卷

王士禛編。

唐賢三昧集三卷

王士禛撰。

唐人萬首絕句七卷

王士禛編。

全唐詩録一百卷

徐倬編。

本事詩十二卷

徐釚撰。

山左詩鈔六十卷

盧見曾編。

南宋雜事詩七卷

沈嘉轍等撰。

吳會英才集二十四卷

畢沅編。

湖海詩傳四十六卷

王昶編。

江西詩徵九十四卷

曾燠編。

朋舊遺詩合鈔二十二卷

曾燠編。

國朝駢體正宗十二卷

曾燠編。

兩浙輶軒録補遺十卷

阮元撰。

右總集

賜餘堂集十四卷

明吳中行撰。

五嶽遊草七卷

明陳第撰。

練江集七卷附録一卷

明劉永澄撰。

秋錦山房集二十二卷外集三卷

李良年撰。

蒼峴山人文集六卷詩集五卷詩餘一卷

秦松齡撰。

金都憲詩存四卷

金德瑛撰。

隨園詩集十卷

邊連寶撰。

玉笥山房文集十卷

胡天游撰。

學福齋文集二十卷詩集三十七卷

沈大成撰。

甌北詩鈔十五卷

趙翼撰。

有正味齋駢體文廿四卷外集五卷詩集十六卷詞八卷

吳錫麒撰。

丁辛老屋集十二卷

王又曾撰。

塞垣吟草四卷東歸途詠一卷

陳庭學撰。

獨學廬初稿十三卷二稿九卷

石蘊玉撰。

淵雅堂編年詩稿十六卷未定稿十六卷

王芑孫撰。

晚晴軒稿八卷
王復撰。
地齋詩鈔四卷
洪坤煊撰。
筠軒文鈔四卷
洪頤煊撰。
問字堂文稿五卷岱南閣文稿五卷五松園文稿一卷平津館文稿二卷
星衍撰。
右別集
詞林萬選四卷
題明楊慎撰。
炊聞詞二卷
王士禄撰。

蜙冰詞三卷
孔繼涵撰。
右詞
藝圃擷餘一卷
明王世懋撰。
存餘堂詩話一卷
明朱承爵撰。
夷白齋詩話一卷
明顧元慶撰。
聲調譜一卷談龍録一卷
趙執信撰。
圍爐詩話四卷
吳喬撰。
歷代詩話考索一卷

何文焕撰。

歷代賦話三十卷

浦銑撰。

茗香詩論一卷

宋大樽撰。

右詩話

書畫第十一

鈐山堂書畫記一卷

明文嘉撰。

辨帖牋二卷

明屠隆撰。

畫禪室隨筆四卷

明董其昌撰。

珊瑚網四十八卷

明汪砢玉撰。

寶繪録二十卷

明張泰階撰。

畫訣一卷

明龔賢撰。

苦瓜和尚語録一卷

畫筌一卷

笪重光撰。

明畫録一卷

徐沁撰。

二王法帖評釋三卷

俞良貴撰。

好古堂書畫記二卷

姚際恒撰。

山靜居畫論二卷

方薰撰。

説部第十二

公是先生弟子記一卷

宋劉敞撰。

經筵玉音問答一卷

宋胡銓撰。

宜齋野乘一卷

宋吴枋撰。

揮麈録一卷

宋王明清撰。

芥隱筆記一卷

宋龔頤正撰。

玉蘂考證一卷

宋周必大撰。

善誘文一卷

宋陳録撰。

萬柳溪邊舊話一卷

元尤玘撰。

湛淵靜語二卷

元白珽撰。

獸經一卷

明黄省曾撰。

責備餘談二卷

明方鵬撰。

歷代小史一百五卷

明陳文燭編。

古今説海一百四十二卷

明陸楫編。

漢雜事秘辛一卷

明人撰。

遵生八牋十九卷

明高濂撰。

白醉璅語二卷

明王兆雲撰。

瓶史一卷

明袁宏道撰。

奕律一卷

明王思任撰。

墨譜六卷

明方于魯撰。

茗笈二卷

明屠本畯撰。

補計然子一卷

明董漢策撰。

醉古堂劍掃十二卷

明陸紹珩撰。

蝶几譜一卷

明嚴澂撰。

獪園十六卷

明錢希言撰。

香國三卷

明毛晉撰。

湘烟録十三卷

明閔如京撰。

澹生堂藏書約一卷

明祁承鄴撰。

天水冰山録一卷

周石林撰。

黄孝子紀程二卷
黄向堅撰。
韻石齋筆談二卷
姜紹書撰。
流通古書約一卷
曹溶撰。
分甘餘話四卷
王士禛撰。
古夫于亭雜録六卷
王士禛撰。
皇華紀聞四卷
王士禛撰。
蜀道驛程記二卷
王士禛撰。
秦蜀驛程後記二卷
王士禛撰。
隴蜀餘聞一卷
王士禛撰。
蒿庵閒話二卷
張爾岐撰。
七頌堂識小録一卷
劉體仁撰。
清波小志二卷
徐逢吉撰。
又補一卷
陳景鍾撰。
虞初新志二十卷
張潮編。
寄園寄所寄十二卷
趙吉士撰。

說鈴前集三十七卷後集十六卷

吳震方編。

宋稗類鈔八卷

潘永因撰。

佐治藥言一卷續集一卷

汪輝祖撰。

滇行日録一卷

王昶撰。

征緬紀聞一卷

王昶撰。

征緬紀略一卷

王昶撰。

蜀徼紀聞一卷

王昶撰。

商洛行程記一卷

王昶撰。

雪鴻再録一卷

王昶撰。

使楚叢譚一卷

王昶撰。

文選理學權輿八卷

汪師韓撰。孫志祖補一卷。

定香亭筆談四卷

阮元撰。

桃谿客語五卷

吳騫撰。

骨董志十二卷

李調元撰。

奇晉齋叢書十六册

陸烜編。

藝海珠塵四集

吳省蘭編。

龍威秘書十集

馬俊良撰。

孫氏祠堂書目内編卷四

詞賦第十

楚詞章句十七卷

漢王逸撰。又明蔡文範無章句刊本。

楚詞補注十七卷

宋洪興祖撰。

文選注六十卷

唐李善注。一元張伯顏刊本。一明毛晉刊本。一胡克家仿宋刊本。

六臣注文選六十卷

唐李善、吕延濟、劉良、張銑、吕向、李周翰注。一明仿宋崔孔昕刊本。一明洪梗仿宋刊本。

文選音義八卷

余蕭客撰。

文選考異四卷

孫志祖撰。

文選李注補正四卷

孫志祖撰。

弘明集十四卷

梁釋僧祐編。

玉臺新詠十卷

陳徐陵編。仿宋陳玉父刊本。

廣弘明集三十卷

唐釋道宣撰。

篋中集一卷

唐元結編。

河岳英靈集三卷

唐殷璠編。

國秀集三卷

唐芮挺章編。

御覽詩一卷

唐令狐楚編。

中興間氣集二卷

唐高仲武編。

極玄集二卷

唐姚合編。

才調集十卷

唐韋縠編。

搜玉小集一卷

不著編輯人名氏。

古文苑二十一卷

不著編輯人名氏，宋章樵注。明刊本。

文苑英華一千卷

宋李昉等編。一明影宋寫本。一明刊本，目録四册，星衍寫本。

文苑英華辨證十卷

宋彭叔夏撰。明影宋寫本。

唐文粹一百卷

宋姚鉉編。一明張輪刊本。一明鄧渼刊本。

唐百家詩選二十卷

宋王安石編。

宋文鑑一百五十卷

宋吕祖謙編。明嘉靖晉藩刊本。

回文類聚四卷補遺一編

宋桑世昌撰，明張之象及國朝朱存孝補。

文章正宗二十卷

宋真德秀撰。宋刊本。

續文章正宗二十卷

宋真德秀撰。

衆妙集一卷

宋趙師秀撰。

月泉吟社詩一卷

宋吳渭編。

中州集十卷附中州樂府一卷

金元好問編。

唐詩鼓吹十卷

金元好問編，元郝天挺注。

谷音二卷

元杜本編。

河汾諸老詩集八卷

元房祺編。

唐音十四卷

元楊士弘編。元刊本。

宛陵羣英集十二卷

元汪澤民、張師愚同編。

元文類七十卷

元蘇天爵編。

明文衡九十八卷

明程敏政撰。

詩紀前集十卷正集一百三十卷外集四卷別集十二卷

明馮惟訥編。嘉靖中刊本。又《糾繆》一卷，馮舒撰。

廣文選六十卷

明劉節撰。

續文選三十二卷

明湯紹祖編。

古文淵鑑六十四卷

康熙二十四年奉勅撰。

歷代賦彙一百四十卷外集二十卷逸句二卷補遺二十二卷

康熙四十五年奉勅撰。

全唐詩九百卷

康熙四十六年奉勅編。

歷代題畫詩類一百二十卷

康熙四十六年奉勅編。

全金詩七十四卷

康熙五十年奉勅撰。

歷代題畫詩類五十四卷

不著編人名氏。寫本。

明詩綜一百卷

朱彝尊編。

明文在一百卷

薛熙編。

宋詩鈔一百六卷

元詩選初集六十八卷二集二十六卷三集十六卷

吴之振編。

顧嗣立編。

宋詩紀事一百卷

厲鶚撰。

國朝詩別裁集三十二卷

沈德潛編。

詁經精舍文集十四卷

阮元編。

續古文苑二十卷

星衍編。

右總集

董仲舒集一卷

司馬長卿集一卷

東方朔集一卷

明吕兆禧本。

蔡中郎文集十卷外傳一卷

一明九行本。一明錫山活字本。一影寫蘭雪堂活字別本。一明徐子器八卷本。一陳留六卷本。

曹子建集十卷

明郭萬程刊本。

建安七子集三册

明楊德周集本。

嵇中散集十卷

明黄省曾刊本。

潘黄門集六卷

陸士龍集十卷

陸士衡集十卷

晉二俊文集二十卷

明都穆刊本。

陶淵明集十卷

宋僧思悦編。一明仿宋刊本。一六卷谷園刊本。

陶靖節詩四卷

一宋湯漢刊本。一重刊蘇軾手摹本。一吳騫仿宋刊本。

璿璣詩一卷

明康萬民讀法。

鮑參軍集十卷

一明都穆刊本。一影寫《鮑氏集》宋本。

謝康樂集四卷

謝惠連集一卷

顔延年集一卷

謝宣城集五卷

一明刊本。一吳騫刊本。

梁武帝集八卷

以下五種，俱明閻光世《蕭梁文苑》本。

梁昭明太子集六卷

一明楊慎五卷本。

梁簡文帝集十四卷

梁元帝集八卷

梁代帝王合集一卷

宣帝、邵陵王、豫章王、武陵王、南康王。

江文通集十卷

一明汪士賢刊本。一揚州江氏刊本。

任彦昇集六卷

陶貞白集二卷

一明黃淮序刊本。一《道藏》本，傅霄編。

何水部集一卷

項道暉刊本。

文心雕龍十卷

梁劉勰編。一明人單刊本。一黃叔琳注本。

徐孝穆集四卷

庾子山集十六卷

庾開府集箋注十六卷

倪璠注。

漢魏六朝一百三家集一百十八卷

明張溥集本。

賈誼一卷　司馬相如一卷　董仲舒一卷　東方朔一卷　褚少孫一卷　王褒一卷　劉向一卷　楊雄一卷　劉歆一卷　馮衍一卷　班固一卷　崔駰一卷　張衡一卷　李尤一卷　馬融一卷　荀彧一卷　蔡邕二卷　王逸一卷　孔融一卷　諸葛亮一卷　魏武帝一卷　魏文帝二卷　曹植二卷　陳琳一卷　王粲一卷　阮瑀一卷　劉楨一卷　應瑒一卷　應璩一卷　阮籍一卷　嵇康一卷　鍾會一卷　杜預一卷　荀勗一卷　傅玄一卷　張華一卷　孫楚一卷　摯虞一卷　束皙一卷　夏侯湛一卷　潘岳一卷　傅咸一卷　潘尼一

卷　陸機二卷　陸雲二卷　成公綏一卷　張載一卷　張協一卷　劉琨一卷　郭璞二卷　王羲之一卷　王獻之一卷　孫綽一卷　陶潛一卷　何承天一卷　傅亮一卷　謝靈運二卷　顔延之一卷　鮑照二卷　袁淑一卷　謝惠連一卷　謝莊一卷　蕭子良二卷　王儉一卷　王融一卷　謝朓一卷　張融一卷　孔稚圭一卷　梁武帝一卷　昭明太子一卷　梁簡文帝二卷　梁元帝一卷　江淹二卷　沈約二卷　陶弘景一卷　邱遲一卷　任昉一卷　王僧孺一卷　陸倕一卷　劉孝標一卷　王筠一卷　劉孝綽一卷　劉潛一卷　劉孝威一卷　庾肩吾一卷　何遜一卷　吳均一卷　陳後主一卷　徐陵一卷　沈炯一卷　江總一卷　張正見一卷　高允一卷　溫子昇一卷　邢邵一卷　魏收一卷　庾信二卷　王褒一卷　隋煬帝一卷　盧思道一卷　李德林一卷　牛弘一卷　薛道衡一卷

東皋子集三卷

唐王績撰。星衍仿宋巾箱本。

寒山子詩集二卷附豐干拾得詩一卷

皆貞觀中台州僧。

陳伯玉集十卷

唐陳子昂編。一明楊澄刊本。一弘治四年刊本。一附注刊本。一二卷本。

王子安集十六卷

唐王勃撰。

楊盈川集十卷

唐楊炯明撰。一明沈巖刊本。一有《附

録》一卷本。

盧昇之集四卷

唐盧照鄰撰。

駱賓王文集十卷

唐駱賓王撰。元刊本。

又八卷

明虞更生刊本。

又四卷

一明刊顏文選注本。一《駱丞集》本。

又六卷

一明刊陳士魁注本。一張炳祥刊本。

唐四傑詩四卷

不著編人姓氏。影宋寫本。

張燕公集二十五卷

唐張説撰。一明伍德刊本。一聚珍板本。

又十二卷附千秋金鑑録五卷

張世緯刊本。

李嶠雜詠二卷

唐李嶠撰。日本國本。

分類補注李太白集三十卷

唐李白撰，宋楊齊賢集注。元余氏勤有堂刊本。

李太白集三十卷

繆曰芑重刊宋晏處善本。

李翰林文集十卷

宋樂史編。

集千家注分類杜工部詩二十五卷

唐杜甫撰，宋徐居仁編，黄鶴注。元廣勤堂刊本。

集千家注杜工部詩集二十卷

元高楚芳編，劉須溪批點。元大德刊本。一明嘉靖丙申明易山人刊本。

杜工部集二十卷

鄭氏玉勾草堂刊本。

王右丞集十卷

唐王維撰，明顧起經編。

王右丞集注二十八卷附録二卷

趙殿成注。

高常侍集十卷

唐高適撰。明刊本。

又一册

明邱陵校本。

龍筋鳳髓判四卷

唐張鷟撰。又無注二卷本。

孟浩然集一册

唐孟浩然撰。明孫仲逸刊本。

元次山集十卷

唐元結撰。明湛若水校本。

顏魯公文集十五卷附録六卷

唐顏真卿撰。一明錫山安國刊本。一顏崇槼重刊安氏本。

岑嘉州集八卷

唐岑參撰。明刊本。

劉隨州詩集八卷

唐劉長卿撰。明韋祀謨刊本。

又詩集十卷文一卷

明刊本。

韋蘇州集十卷

唐韋應物撰。

毘陵集二十卷附録一卷補遺一卷

唐獨孤及撰。趙懷玉刊本。

李遐叔文集四卷

唐李華撰。寫本。

陸宣公集二十二卷

唐陸贄撰。一宋刊本。一元至大辛亥厲心齋刊本。一明陸荃忠刊本。一明陳仁錫刊本。

權文公文集五十卷

唐權德輿撰。又十卷不全本。

昌黎文集四十卷

唐韓愈撰，宋朱子考異，王留耕音釋。一宋刊本。一元重刊本。一宋刊廿卷本。

五百家注音釋昌黎文集四十卷

宋魏仲舉編。

增廣注釋音辨柳先生集四十三卷別集二卷外集二卷附録一卷

唐柳宗元撰，宋童宗説注釋，張敦頤音辨，潘緯音義。一宋刊本。一宋重刊本。一宋刊廿卷本。

河東先生集四十五卷

明郭雲鵬刊本。

劉賓客文集三十卷補遺一卷

唐劉禹錫撰。

又詩集六卷

明刊本。

李文公集十八卷

唐李翱撰。

皇甫持正集六卷

唐皇甫湜撰。舊寫本。

歐陽行周集十卷

唐歐陽詹撰。舊寫本。

李元賓文集七卷

唐李觀撰。舊寫本。

孟東野集十卷

唐孟郊撰，宋宋敏求編。一明秦禾刊本。一明套板本。

長江集十卷

唐賈島撰。一明毛晉刊本。一影校宋臨安府陳宅書籍舖本。

沈下賢集十二卷

唐沈亞之撰。舊寫本。

昌谷集四卷

唐李賀撰。明姚佺注本。

李賀歌詩四卷外集一卷

明毛晉刊本。

追昔遊集三卷

唐李紳撰。

李衛公文集二十卷別集十卷外集一卷

唐李德裕撰。

元氏長慶集六十卷

唐元稹撰。明婁堅刊本。

白氏長慶集七十二卷

唐白居易撰。

鮑溶詩六卷外集一卷

唐鮑溶撰。

樊川文集二十卷外集一卷別集一卷

唐杜牧撰。

又十七卷

明吳嶼刊本。

姚少監詩集十卷

唐姚合撰。

李義山詩集三卷

唐李商隱撰。

李義山文集箋注十卷

徐樹穀、徐炯注。

温飛卿集箋注九卷

唐温庭筠撰，明曾益注，國朝顧予咸、顧嗣立補。

孫可之集十卷

唐孫樵撰。明正德丁丑刊本。

麟角集一卷

唐王棨撰。

松陵集十卷

唐皮日休、陸龜蒙撰。

皮子文藪十卷

唐皮日休撰。

甫里先生集二十卷

唐陸龜蒙撰。許自昌刊本。

又笠澤叢書三卷

唐陸龜蒙撰。

又陸補闕詩三卷補遺一卷

明李如楨校刊本。

司空表聖文集十卷

唐司空圖撰。

韓内翰别集一卷

唐韓偓撰。

唐英歌詩三卷

唐吴融撰。

玄英集八卷

唐方干撰。

竇氏聯珠集一卷

唐竇常、牟〔一〕羣、庠、鞏撰。

〔一〕「牟」原作「年」，據《直齋書録解題》改。

唐風集三卷

唐杜荀鶴撰。

黃御史集八卷附録一卷

唐黃滔撰。明曹學佺刊本。

羅昭諫集八卷

唐羅隱撰。

浣花集十卷補遺一卷

唐韋莊撰。一明毛晉刊本。一明孫瀶若手校本。

披沙集六卷

唐李咸用撰。

羅鄴古風詩一卷

張喬集四卷

張蠙集一卷

邵謁集一卷

禪月集二十五卷

唐釋貫休撰。影宋寫本。

唐十二家詩八冊

明張遜業刊本。

駱賓王　岑參　杜審言　王勃
陳子昂　孟浩然　宋之問　沈佺期
楊炯　盧照鄰　高適　王維

唐二十六家詩六冊

明黃省曾刊本。

李嶠　蘇頲　虞世南　許敬宗
李頎　王昌齡　崔顥　崔曙
祖詠　常建　嚴武　皇甫冉
皇甫曾　權德輿　李益　司空曙
嚴維　顧況　韓君平　武元衡
李嘉祐　耿湋　秦系　郎士元

包何　包佶

唐詩百名家全集四函

席啓寓編。俱仿宋刊本。

隨州詩集十卷補遺一卷

劉長卿。

錢考功詩集十卷

錢起。

包刑侍詩集一卷

包何。

包秘監詩集一卷

包佶。

臺閣集一卷

李嘉祐。

韓君平詩集一卷補遺一卷

韓翃。

祠部詩集一卷

張繼。

皇甫補闕詩集二卷補遺一卷

皇甫冉。

皇甫御史詩集補遺一卷

皇甫曾。

毘陵集三卷

獨孤及。

韋蘇州集十卷拾遺一卷

韋應物。

郎刺史詩集一卷

郎士元。

秦公緒詩集一卷

秦系。

嚴正文詩集一卷

嚴維。
顧逋翁詩集四卷
顧况。
耿拾遺詩集一卷
耿湋。
李君虞詩集二卷
李益。
盧户部詩集十卷
盧綸。
臨淮詩集二卷
武元衡。
楊凝詩集一卷
羊士諤詩集一卷
戎昱詩集一卷補遺一卷
劉虞部詩集四卷

戴叔倫詩集二卷補遺一卷
司空文明詩集三卷
司空曙。
陳羽詩集一卷
張司業詩集八卷拾遺一卷附録一卷
張籍。
孟東野詩集十卷
孟郊。
王建詩集十卷
權文公詩集十卷
權德輿。
楊少尹詩集一卷
楊巨源。
歐陽助教詩集一卷
歐陽詹。

鮑溶詩集六卷補遺一卷

吕衡州詩集二卷補遺一卷

吕温。

張祜詩集二卷

李衛公詩集一卷

李德裕。

追昔遊詩集三卷

李紳。

朱慶餘詩集一卷

姚少監詩集十卷

姚合。

樊川詩集六卷

杜牧。

李義山詩集三卷

李商隱。

温飛卿詩集十卷

温庭筠。

李遠詩集一卷

丁卯詩集二卷

許渾。

渭南詩集三卷

趙嘏。

會昌詩集一卷補遺一卷

馬戴。

喻鳧詩集一卷

姚鵠詩集一卷

梨岳詩集一卷

李頻。

項斯詩集一卷

段成式詩集一卷

顧非熊詩集一卷

鄭嵎詩集一卷

唐隱居詩集一卷

唐球。

李文山詩集八卷

李羣玉。

曹祠部詩集二卷補遺一卷

曹鄴。

儲嗣宗詩集一卷

司馬札先輩詩集一卷

鹿門詩集三卷拾遺一卷續補一卷

唐彦謙。

長江集十卷附録一卷

賈島。

陳嵩伯詩集一卷

陳陶。

李昌符詩集一卷

張喬詩集一卷

羅鄴詩集一卷

玄英先生詩集十卷

方干。

甲乙詩集十卷補遺一卷

羅隱。

于鄴詩集一卷

于濆詩集一卷

文化集一卷

許棠。

曹從事詩集二卷

曹唐。

李山甫詩集一卷

許郴詩集一卷

邵謁詩集一卷

周見素詩集一卷

周朴。

司空表聖集三卷

司空圖。

章碣詩集一卷

秦韜玉詩集一卷

雲臺編三卷

鄭谷。

李才江集三卷

李洞。

韓内翰集一卷香奩集三卷

韓偓。

唐英歌三卷

吴融。

唐風集三卷

杜荀鶴。

浣花集十卷補遺一卷

韋莊。

徐寅詩集三卷

張蠙詩集一卷

翁拾遺詩集一卷

翁承贊。

任蕃詩小集一卷

孟一之詩集一卷

孟貫。

披沙集六卷

李咸用。

黄滔詩集二卷

林寬詩集一卷

曹松詩集二卷

李丞相詩集二卷

李建勳。

碧雲集三卷

汪喬詩集一卷

王周詩集一卷

五家宮詞一册

明毛晉刊本。

唐王建　蜀花蘂夫人　宋徽宗　宋王珪　宋寧宗楊皇后

騎省集三十卷

宋徐鉉撰。寫本。

河東集十卷附録一卷

宋柳開撰。

逍遥集一卷

宋潘閬撰。

乖崖先生文集十二卷

宋張詠撰。舊寫本。

小畜集三十卷

宋王禹偁撰。影宋寫本。

東觀集七卷

宋魏野撰。舊寫本。

包孝肅奏議十卷

宋包拯撰，張田編。明正統刊本。

安陽集五十卷

宋韓琦撰。

蘇學士集十六卷

宋蘇舜欽撰。

文正集二十卷别集四卷補遺四卷補編

四卷

宋范仲淹撰。

徂徠文集二十卷

宋石介撰。

文恭集四十卷

宋胡宿撰。

丹淵集四十卷

宋文同撰。明吳氏刊本，附《拾遺》。

淨德集三十八卷

宋吕陶撰。

曾南豐集五十一卷

宋曾鞏撰。明楊參刊本。

河南先生文集二十七卷

宋尹師魯撰。陳純刊本。

歐陽文忠公全集一百五十三卷附録六卷

宋歐陽修撰。明嘉靖庚申刊本。

寇忠愍公詩集三卷

宋寇準撰，范雍編。

元豐類稿五十卷

宋曾鞏撰。

嘉祐集十六卷

宋蘇洵撰。

王荆公詩注五十卷

宋王安石撰，李壁注。

集注分類東坡先生詩二十五卷

題宋王十朋集注。元刊本。

東坡先生文集七十五卷

宋蘇軾撰。陳仁錫刊本。

蘇文忠公詩集五十卷

馮應榴集注。刊本。

伐檀集二卷

宋黃庶撰。

山谷刀筆二十卷

宋黃庭堅撰。

后山詩注十二卷

宋陳師道撰，任淵注。

淮海集四十卷後集六卷

宋秦觀撰。

柯山集五十卷

宋張耒撰。

青山集六卷

宋郭祥正撰。

節孝先生集三十卷

宋徐積撰。

灊山集三卷

宋朱翌撰。

龜山集四十二卷

宋楊時撰。裔孫令聞刊本。

孫仲益内簡尺牘十卷

宋孫覿撰，李祖堯編注。

詳注東萊左氏博議二十五卷

宋吕祖謙撰。

茶山集八卷

宋曾幾撰。

雪溪集五卷

宋王銍撰。

夾漈遺稿三卷

宋鄭樵撰。

陵陽先生詩集四卷

宋韓駒撰。

石湖詩集三十四卷

宋范成大撰。

胡忠簡公集三十二卷

宋胡銓撰。

楊文節公文集八十四卷

宋楊萬里撰。楊淑刊本。

又誠齋詩集八卷

渭南文集五十卷逸稿二卷

宋陸游撰。汲古閣刊本。

王忠文公集五十卷

宋王十朋撰。

耕織圖詩一卷

宋樓璹撰。

頤庵居士集二卷

宋劉應時撰。

西山真文忠公文集五十一卷

宋真德秀撰。明張文麟刊本。

玉瀾〔一〕集一卷

宋朱槔撰。

〔一〕「玉瀾」原作「王潤」，據《中國叢書綜録》改。

絜齋集二十四卷

宋袁燮撰。

南湖集十卷

宋張鎡撰。

白石道人詩集一卷補遺一卷

宋姜夔撰。

燭湖集二十卷附編二集

宋孫應時撰。

龍川文集三十卷附録一卷

宋陳亮撰。明徐鑑刊本。

方是閒居士藁二卷

宋劉學箕撰。影宋寫本。

文丞相全集十六卷

宋文天祥撰。

四明文獻集五卷

宋王應麟撰。寫本。

蛟峯文集八卷外集四卷

宋方逢辰撰。第八卷弟逢振作。明嘉靖中刊本。

百正集三卷

宋連文鳳撰。

伯牙琴一卷

宋鄧牧撰。

拙軒集六卷

金王寂撰。

遺山集四十卷附録一卷

金元好問撰。

湛然居士集十四卷

元耶律楚材撰。

松雪齋文集十卷外集一卷附録一卷

元趙孟頫撰。元後至元己卯刊本。一曹培廉刊本。

吳文正公集四十卷

元吳澄撰。

圭塘欸乃集二卷

元許有壬、許有孚、許楨唱和作。影元寫本。

虞伯生集五十卷

元虞集撰。

虞文靖公詩集十卷

元虞集撰。

柳待制文集二十卷附録一卷

元柳貫撰。

玩齋集十卷

元貢師泰撰。

南湖集七卷

元貢性之撰。

金臺集二卷

元迺賢撰。

金淵集六卷

元仇遠撰。

友石山人遺稿一卷

元王翰撰。

馬石田文集十五卷

元馬祖常撰。

明太祖文集二十卷

明姚士觀等刊本。

宋文憲集三十卷

明宋濂撰，傅旭元編本。

誠意伯文集二十卷

明劉基撰。

高青邱集十八卷補遺一卷鳧藻集五卷

明高啓撰。

古廉先生詩集十一卷

明李時勉撰。景泰七年刊本。

王文恪公集三十六卷

明王鏊撰。

商文毅公集十卷

明商輅撰。

王陽明集要三編十六卷

明王守仁撰。分理學、經濟、文章三編，明施邦曜編。

何大復集三十八卷

明何景明撰。

對山集十卷

明康海撰。

王端毅文集九卷

明王恕撰。

少湖文集七卷

明徐階撰。

來禽館集二十九卷

明邢侗撰。

王百穀集十九册

明王穉登撰。

震川文集三十卷别集十卷

明歸有光撰。

亭林文集六卷詩集五卷

顧炎武撰。

漁洋山人詩集二十二卷續集十六卷蠶尾集十卷續集二卷後集二卷文略十四卷

王士禛撰。

漁洋山人精華録十卷

林佶編。又惠棟訓纂二十卷。金榮箋注十二卷。

曝書亭集八十卷

朱彝尊撰。

午亭文編五十卷

陳廷敬撰。

疑雨集四卷

王彦泓撰。

道古堂詩集二十六卷文集四十八卷

杭世駿撰。

小倉山房文集二十四卷詩集二十二卷外集七卷

袁枚撰。近人文集録其已下世者，現在諸公，稿尚未定，俱不入録。

忠雅堂集三十卷

蔣士銓撰。

靈巖山人詩集四十卷

畢沅撰。

夢樓詩集十二卷

王文治撰。

春融堂集六十卷

王昶撰。

笥河文鈔二卷

朱筠撰。

知足齋進呈文稿二卷文集六卷

朱珪撰。

知足齋詩集二十卷續集四卷

朱珪撰。

潛研堂文集五十卷

錢大昕撰。

抱經堂文集三十四卷

盧文弨撰。

白華全稿六十卷

吳省欽撰。

戴東原集十卷

戴震撰。

紅櫚書屋雜體文稿七卷詩集四卷

孔繼涵撰。

述學二卷

汪中撰。

溉亭述古録二卷

錢塘撰。

儀鄭堂文二卷

孔廣森撰。

南江文鈔四卷

邵晉涵撰。

黄仲則集二十卷悔存詩鈔八卷

黄景仁撰。

授堂文鈔八卷

武億撰。

卷施閣集二十四卷更生齋集十四卷

洪亮吉撰。

右别集

花間集十卷

蜀趙崇祚編。仿宋晁謙之刊本。又四卷，明湯顯祖評本。

樂府雅詞三卷拾遺一卷

宋曾慥編。

類編草堂詩餘四卷

題武陵逸史編。明顧氏刊本。

名儒草堂詩餘三卷

元廬陵鳳林書院編。

草堂詩餘正集五卷續集二卷别集四卷新集四卷

明沈際飛編。

詞綜三十四卷

朱彝尊編。

琴畫樓詞鈔二十五卷

王昶編。

宋六十名家詞六集

明毛晉刊本。

珠玉詞一卷

晏殊。

六一詞一卷

歐陽修。

樂章集一卷

柳永。

東坡詞一卷

蘇軾。

山谷詞一卷

黄庭堅。

淮海詞一卷

秦觀。

小山詞一卷

晏幾道。

東堂詞一卷

毛滂。

放翁詞一卷

陸游。

稼軒詞四卷

辛棄疾。

片玉詞二卷補遺一卷

周邦彦。

梅溪詞一卷

史達祖。

白石詞一卷

姜夔。
石林詞一卷
葉夢得。
酒邊詞一卷
向子諲。
樵隱詞一卷
毛幵。
竹山詞一卷
蔣捷。
溪堂詞一卷
謝逸。
書舟詞一卷
程垓。
坦菴詞一卷
趙師俠。

惜香樂府十卷
趙長卿。
西樵語業一卷
楊炎。
近體樂府一卷
周必大。
竹屋癡語一卷
高觀國。
夢窗甲稾一卷
夢窗乙稾一卷
夢窗丙稾一卷
夢窗丁稾一卷
夢窗補遺一卷
吴文英。
竹齋詩餘一卷

黄機。

金谷遺音一卷

石孝友。

散花庵詞一卷

黄昇。

和清真詞一卷

方千里。

後村别調一卷

劉克莊。

蘆川詞一卷

張元幹。

于湖詞四卷初刻止一卷

張孝祥。

洺水詞一卷

程珌。

歸愚詞一卷

葛立方。

龍洲詞一卷

劉過。

初寮詞一卷

王安中。

龍川詞一卷

陳亮。

姑溪詞一卷

李之儀。

友古詞一卷

蔡仲。

石屏詞一卷

戴復古。

海野詞一卷

曾覿。
逃禪詞一卷
楊无咎。
空同詞一卷
洪瑹。
介菴詞一卷
趙彦端。
平齋詞一卷
洪咨夔。
文溪詞一卷
李公昂。
丹陽詞一卷
葛勝仲。
嬾窟詞一卷
沈端節。

芸窗詞一卷
張榘。
竹坡詞三卷
周紫芝。
聖求詞一卷
吕渭。
壽域詞一卷
杜安世。
審齋詞一卷
王千秋。
東浦詞一卷
韓玉。
琴趣外篇六卷
晁補之。
知稼翁詞一卷

黃公度。

無住詞一卷

陳與義。

後山詞一卷

陳師道。

蒲江詞一卷

盧祖皋。

烘堂詞一卷

盧炳。

張子野詞二卷補遺一卷

宋張先撰。

漱玉詞一卷

宋李清照撰。

石湖詞一卷

宋范成大撰。

和石湖詞一卷

宋陳三聘撰。

斷腸詞一卷

宋朱淑真撰。

花外集一卷

宋王沂孫撰。

貞居詞一卷

宋張天雨撰。

蘋洲漁笛譜二卷

宋周密撰。

剪綃集二卷

宋李龏撰。

蛻巖詞二卷

元張翥撰。

右詞

文章緣起一卷

梁任昉撰。

詩品三卷

梁鍾嶸撰。

詩式一卷

唐釋皎然撰。

樂府古題要解二卷

唐吳兢撰。

本事詩一卷

唐孟棨撰。

詩品一卷

唐司空圖撰。

六一詩話一卷

宋歐陽修撰。

續詩話一卷

宋司馬光撰。

中山詩話一卷

宋劉攽撰。

後山詩話一卷

宋陳師道撰。

臨漢隱居詩話一卷

宋魏泰撰。

彥周詩話一卷

宋許顗撰。

紫微詩話一卷

宋吕本中撰。

石林詩話三卷

宋葉夢得撰。

唐子西文録一卷
宋强幼安撰。

珊瑚鉤詩話三卷
宋張表臣撰。

歲寒堂詩話二卷
宋張戒撰。

庚溪詩話二卷
宋陳肖巖撰。

全唐詩話三卷
宋尤袤撰。一明刊本。一明毛晉六卷刊本。一何氏六卷刊本。

二老堂詩話一卷
宋周必大撰。

韻語陽秋二十卷
宋葛立方撰。

唐詩紀事八十一卷
宋計有功撰。

白石道人詩説一卷
宋姜夔撰。

滄浪詩話一卷
宋嚴羽撰。

碧溪詩話十卷
宋黄徹撰。

梅礀詩話三卷
宋韋居安撰。

苕溪漁隱叢話前集六十卷後集四十卷
宋胡仔撰。

竹坡詩話一卷
宋周紫芝撰。

浩然齋雅談三卷

宋周密撰。

對牀夜話五卷

宋范晞文撰。

詩人玉屑二十卷

宋魏慶之撰。

滹南詩話三卷

金王若虚撰。

金石例十卷

元潘昂霄撰。一元刊本。一雅雨堂刊本。

山房隨筆一卷

元蔣正子撰。

詩法家數一卷

元楊載撰。

木天禁語一卷

元范梈撰。

詩學禁臠一卷

元范梈撰。

墓銘舉例四卷

明王行撰。

懷麓堂詩話一卷

明李東陽撰。

歸田詩話三卷

明瞿佑撰。

南濠詩話一卷

明都穆撰。

談藝録一卷

明徐禎卿撰。

金石要例一卷

黄宗羲撰。

漁洋詩話三卷

王士禛撰。

江西詩社宗派圖録一卷

張泰來撰。

榕城詩話三卷

杭世駿撰。

隨園詩話三十卷

袁枚撰。

右詩文評

書畫第十一

古畫品録一卷

南齊謝赫撰。

續畫品録一卷

陳姚最撰。

貞觀公私畫史一卷

唐裴孝源撰。

書法一卷

唐歐陽詢撰。

畫學秘訣一卷山水論一卷

唐王維撰。

書譜一卷

唐孫過庭撰。石刻本。

法書要録十卷

唐張彦遠撰。

歷代名畫記十卷

唐張彦遠撰。

續畫品譜一卷

唐李嗣真撰。

唐朝名畫録一卷

唐朱景玄撰。

後畫録一卷

唐釋彦悰撰。

畫山水録一卷附筆法記一卷

題唐荆浩撰。

宋朝名畫評三卷

宋劉道醇撰。

益州名畫録三卷

宋黄休復撰。

圖畫見聞志六卷

宋郭若虚撰。

墨池編六卷

宋朱長文撰。

沈存中圖畫歌一卷

宋沈括撰。

書史一卷

宋米芾撰。

畫史一卷

宋米芾撰。

寶章待訪録一卷

宋米芾撰。

海岳名言一卷

宋米芾撰。

宣和書譜二十卷

宋徽宗御撰。明楊慎序刊本。

宣和畫譜二十卷

宋徽宗御撰。

東觀餘論二卷

宋黄伯思撰。明項氏仿宋刊本。

法帖刊誤二卷

宋黄伯思撰。

廣川畫録六卷

宋董逌撰。

畫繼十卷

宋鄧椿撰。

法帖釋文十卷

宋劉次莊撰。

書苑菁華二十卷

宋陳思撰。

畫鑒一卷

元湯垕撰。

圖繪寶鑑五卷補遺一卷

元夏文彦撰。元刊本。

又六卷

明韓昂續一卷。汲古閣刊本。

又八卷

六卷明毛方倫撰。七卷藍瑛撰。八卷即夏文彦補遺，誤附于後。

書史會要十卷

明陶宗儀撰。

畫史會要五卷

明金賁撰。

鐵網珊瑚二十卷

明都穆撰。

鐵網珊瑚十六卷

明朱存理撰。

法帖釋文考異十卷

明顧從義撰。

草韻辨體五卷

明郭諶撰。

清河書畫舫十二卷

明張丑撰。

佩文齋書畫譜一百卷

康熙四十七年孫岳頒等奉勅撰。

校正淳化閣帖釋文十卷

乾隆三十四年奉勅撰。

庚子銷夏記八卷

孫承澤撰。

江村銷夏録三卷

高士奇撰。

閒者軒帖考一卷

孫承澤撰。

淳化秘閣法帖考正十二卷

王澍撰。

國朝畫徵録三卷續録二卷

張庚撰。

說部第十二

海內十洲記一卷

漢東方朔撰。

神異經一卷

漢東方朔撰。

西京雜記六卷

漢劉歆撰。一明程榮刊本。一明吳琯刊本。一抱經堂刊本。

漢武帝內傳一卷

漢班固撰。《道藏》本。不題撰人名氏。

漢武帝外傳一卷

不題撰人名氏。《道藏》本。

漢武故事一卷

漢班固撰。又洪頤煊二卷集本。

漢武洞冥記四卷

漢郭憲撰。

飛燕外傳一卷

題漢伶玄撰。

相貝經一卷

題漢朱仲撰。

禽經一卷

題晉張華撰。

汲冢瑣語一卷

洪頤煊集本。

拾遺記十卷

晉王嘉撰。

搜神記二十卷

晉干寶撰。明毛晉刊本。

搜神後記十卷

晉陶潛撰。明毛晉刊本。

異苑十卷

宋劉敬叔撰。明毛晉刊本。

周氏冥通記四卷

梁陶弘景撰。明毛晉刊本。

述異記二卷

梁任昉撰。

續齊諧記一卷

梁吴均撰。

還冤志一卷

北齊顔之推撰。

大業拾遺記二卷

不著撰人名氏。

海山記一卷
不著撰人名氏。
迷樓記一卷
不著撰人名氏。
開河記一卷
不著撰人名氏。
壠上記一卷
唐蘇頲撰。
鬼冢記一卷
唐褚遂良撰。
集異記一卷
唐薛用弱撰。
博異記一卷
唐谷神子撰。

續幽怪録四卷
唐李復言撰。
教坊記一卷
唐崔令欽撰。
志怪録一卷
唐陸勳撰。
聞奇録一卷
唐于逖撰。
靈應録一卷
唐于逖撰。
酉陽雜俎二十卷續集十卷
唐段成式撰。
劍俠傳四卷
不著撰人名氏。

杜陽雜編三卷

唐蘇鶚撰。

尚書故實一卷

唐李綽撰。

刊誤二卷

唐李涪撰。

資暇集三卷

唐李匡乂撰。

前定録一卷續録一卷

唐鍾輅撰。

開天傳信記一卷

唐鄭棨撰。

五木經一卷

唐李翺撰。

桂苑叢談[一]一卷

題馮翊子休撰。

[一]「叢談」原作「談叢」，據《中國叢書綜録》改。

幽閒鼓吹一卷

唐張固撰。

嶺表録異三卷

唐劉恂撰。

松窗雜録一卷

唐李濬撰。

義山雜纂一卷

唐李商隱撰。

雲仙雜記十卷

唐馮贄撰。

記事珠一卷

唐馮贄撰。

摭言十五卷

五代王定保撰。

中朝故事二卷

南唐尉遲偓撰。

金華子雜編二卷

南唐劉崇遠撰。

開元天寶遺事四卷

五代王仁裕撰。

北夢瑣言二十卷

五代孫光憲撰。

稽神録六卷拾遺一卷

宋徐鉉撰。

清異録二卷

宋陶穀撰。

太平廣記五百卷

宋李昉等編。一明談愷刊本。一黄氏小字刊本。

江淮異人録二卷

宋吳淑撰。

王文正公筆録一卷

宋王曾撰。

丁晉公談録一卷

不著撰人名氏。

春明退朝録二卷

宋宋敏求撰。一明《百川學海》本。一《四庫全書》本。

學林十卷
宋王觀國撰。
研史一卷
宋米芾撰。
東坡志林五卷
宋蘇軾撰。
孫公談圃三卷
宋劉延世撰。
孔氏雜説一卷
宋孔平仲撰。
能改齋漫録十卷
宋吴曾撰。
晁氏客語一卷
宋晁説之撰。

甲申雜記一卷聞見近録一卷隨手雜録一卷
宋王鞏撰。
玉壺清話十卷
宋釋文瑩撰。
泊宅編十卷
宋方勺撰。又三卷本。
鐵圍山叢談六卷
宋蔡絛撰。
道山清話一卷
宋王暐撰。
南窗紀談一卷
不著撰人名氏。
高齋漫録一卷
宋曾慥撰。

默記三卷
宋王銍撰。
揮麈前録四卷後録十一卷第三録三卷餘話二卷
宋王明清撰。
清波雜志十二卷別志三卷
宋周煇撰。
北窗炙輠録二卷
宋施彦執撰。
寓簡十卷
宋沈作喆撰。
東京夢華録十卷
宋孟元老撰。
吴船録二卷
宋范成大撰。
嶺外代答十卷
宋周去非撰。
夷堅志五十卷
宋洪邁撰。
猗覺寮雜記二卷
宋朱翌撰。
桂海虞衡志一卷
宋范成大撰。
淳熙玉堂雜記二卷
宋周必大撰。
淳熙薦士録一卷
宋楊萬里撰。
揮麈録一卷

宋王明清撰。

老學庵筆記十卷續筆記二卷

宋陸游撰。

入蜀記六卷

宋陸游撰。

中吴紀聞六卷

宋龔明之撰。一元刊本。一明毛晉刊本。

梁谿漫志十卷

宋費衮撰。

澗泉日記三卷

宋韓淲撰。

蘆浦筆記十卷

宋劉昌詩撰。

夢粱録二十卷

宋吴自牧撰。

涉史隨筆一卷

宋葛洪撰。

厚德録四卷

宋李元綱撰。

桯史十五卷附録一卷

宋岳珂撰。明錢如京刊本。

獨醒雜志十卷

宋曾敏行撰。

鼠璞二卷

宋戴埴撰。

洞天清録集一卷

宋趙希鵠撰。

游宦紀聞十卷

宋張世南撰。

鶴林玉露二十四卷

宋羅大經撰。十七卷以下明謝天瑞補。

武林舊事十卷

宋周密撰。

齊東野語二十卷

宋周密撰。明胡文璧刊本。

癸辛雜識前集一卷後集一卷續集二卷别集二卷

宋周密撰。

雲林石譜三卷

宋杜綰撰。

續夷堅志前集一卷後集一卷

元元好問撰。寫本。

山居隨筆一卷

元蔣子正撰。

山居新語四卷

元楊瑀撰。

遂昌雜録一卷

元鄭元祐撰。

墨史三卷

元陸友撰。

隱居通議三十一卷

元劉壎撰。

輟耕録三十卷

明陶宗儀撰。

多能鄙事十二卷

明劉基撰。

墨法集要一卷

明沈繼孫撰。

水東日記三十八卷

明葉盛撰。

格古論要五卷

明曹昭撰。

七修類稿五十一卷

明郎瑛撰。

墨娥小録十四卷

不著撰人名氏。

古器具名二卷附古器總説一卷

明胡文焕撰。

穀山筆塵十八卷

明于慎行撰。

考槃餘事四卷

明屠隆撰。

池北偶談二十六卷

王士禛撰。

居易録三十四卷

王士禛撰。

香祖筆記十二卷

王士禛撰。

今世説八卷

王晫撰。

附録　《木犀軒叢書》本陶濬宣跋

右《孫祠書目内外編》七卷，分部十二，略依《七志》。附益數門，並參漢、隋二志，而以意出入之。序中發凡起例，體例精寀，然潛加斠核，尚有分隸未當，及前後自紊其例，或一書複見者。如内編弟一經學部樂類，郭茂倩《樂府解題》，本名《樂府詩集》，與左克明《古樂府》，皆綜録詩詞，不言律吕，二書當入詞賦總集。外編樂類九書，除黄汝良《樂律志》外，其他八種，皆非樂律之書。《春秋》類，薛虞畿《春秋別典》，本別史也，據本書之例，當入雜史。外編《春秋列國臣傳》，當入傳記，《春秋經傳類對賦》當入類書。《爾雅》類，《離騷草木疏》，宜附《楚辭》後。若以此入雅，則《毛詩草木蟲魚疏》，何又録入詩類耶。又如内編弟二小學部字書類，林鉞《漢雋》，乃鈔撮《漢書》詞語，分類成書，宜入史鈔或類書。又如内編弟三諸子一部，分別部居，多與它書迥異。而原序自云依《隋書》、班《志》爲類，詎得執後以議前？唯《六韜》一書，《隋志》著於兵家，《漢志》儒家雖有周史《六弢》，王伯厚引《館閣書目》，謂別是一書，非太公之《六韜》也。《平津館叢書序録》反詆《隋志》之誤。然今所存者，全是兵家言，以入儒家，究爲未允，宜仍依《隋志》。魏徵《群書治要》，雜鈔經史諸子，當依《唐志》，入雜家。其雜家類，《續孟子》、《伸蒙子》，當入儒家。《事物紀原》，當入類書。外編《素履子》、《聱隅子》、《明本釋》、《袁氏世範》、《北溪字義》、《世緯六書》，並儒家言也，當入儒家。農家類《南方草木狀》皆記嶺南土産，當入地理。《營造法式》、《康濟録》，與外編《荒政輯要》，並當入故事。又如内編弟四天文部天類，《靈臺秘苑》、《開元占經》、《玉曆通政經》，並占候之書，當入五行術數。又如内編弟五地理部《越絶書》、《華陽國志》，皆載記也。《建康實録》，别史也，《渚宫舊事》，雜史也。據本書之例，當與《吴越春秋》、《江南别録》等並列。雜史若《晉書道里記》、《東晉疆域志》、《十六國疆域志》，皆補《晉書地志》之缺，《新校漢地理志》、《漢志水道疏證》，皆校正《漢志》之書，宜並入正史，不則《漢書地理志稽疑》、《補三國疆域志》，何又不入地理乎？《通鑑地理通釋》，當入編年，附《通鑑》諸書後。《闕里文獻考》，當入傳記。外編《鹽法志》四種，當入故事，又如内編弟七史學部正史類，以《戰國策》居首。按《隋志》以下，無以此書入正史者。《宋書》及《文獻通考》、晁氏《讀書志》且降隸子部從横家。《漢志》無正史名，故與《國語》附

《春秋》家後。今宜入雜史。此外尚有别史，列入正史至十餘種，亦似未當。若《十六國春秋》、《十國春秋》、《南唐書》，皆偏霸之史，本書無載記一類，當並入雜史。《兩漢博聞》，當入史鈔編年類。《通鑑答問》、《唐鑑》，皆史評，當入史論。蘇轍《古史》，仿史記而作，非編年之書，本别史，今當入雜史。外編《三國紀年》，名爲紀年，實史論也，當入史論紀事類。《通鑑總類》，當入史鈔。外編《二申野録》，當入雜史。傳記類多録雜家及説部書，而《隆平集》、《吾學編》，實别史也。《錦里耆舊傳》，載記也，今當並入雜史。《綏寇紀略》，當入紀事。史鈔類黄震《日鈔紀要》，本名《古今紀要》，特附刻《日鈔》之後，實爲别史，今當入雜史。趙氏《廿二史劄記》，與錢氏《廿二史考異》，體例略同，乃一入正史，一入史論，亦似未當。又如内編弟九類書部事類之《法苑珠林》，久隸《釋藏》，本書既從《唐志》，併釋於道，當入道家書目類。外編《皇宋書録》，記宋代能書人名，非志蓺文，當入書畫。又如内編弟十詞賦部，以《楚辭》入總集，變例甚善。而别集類之《唐四傑詩》、《五家宫詞》、《竇氏連珠集》，並當入總集。《文心雕龍》，當入詩文評。《東萊左氏博議》，當入《春秋》或史論。又如内編弟十二説部《嶺表録異》、《東京夢華録》、《桂海虞衡志》、《嶺外代答》、《中吳紀聞》、《夢粱録》、《武林舊事》，並當入地理。《涉史隨筆》，當入史論。《湖船録》、《入蜀記》與《客杭日記》體同也，乃或入地理，或入説部，例亦未一，宜均入傳記。外編説部一類，收列甚雜，當係卷末拉羼附之。不勝僂指，概從略焉。又如劉體仁《七頌堂識小録》，既列金石，又入説部。蔣子正《山房隨筆》，既入詩文評，説部又有蔣子正《山居隨筆》，一書兩登，所宜更正。其自序史學云：「先以正史，次以雜史，次以政書」，是史學祇分三類。今類增以八，而獨無政書。序書畫曰：「先以總譜，次以分譜。」今祇一類，不別總分。此皆序與書之不合者。其自刊《平津》、《岱南》兩叢書，多列於目，亦間有遺者，如《燕丹子》、《物理論》、《素女方》、《抱朴子内外編》、《尚書今古文義疏》、《孔子集語》及《嘉穀》、《停雲》各集，尚可據以補之。

伯淵先生富藏書，所纂書目，別有《平津館鑒藏書籍記》三卷，《續編》一卷，陳仲虎又爲編《廉石居藏書記》三卷，皆録宋元明槧及舊鈔精本，多爲四庫未録者。每書著其刊刻年代、人名、前後序跋、撰人，並記行款、字數、收藏家印記，視晁、陳諸目，更爲精備。張金吾《愛日精廬藏書志》實仿其體。先生自序曰：「擬以善本及難得者，彙請進御，存其賸本，藏於家祠，不爲己有，庶永其傳。」故兩書中精本，或爲《祠目》所未載。《祠目》一書，當時印行無多。南皮張先生《書目答問》注曰：「未刊。」蓋海内多未之見焉。德化李木齋部郎新得舊本，亟從臾翻雕以廣之，而屬濬宣爲之詳校。其間分并出入，不能悉指。弟仍其本例，爲之釐比，備著其説於簡末，俾後之讀是書者覽觀焉。

光緒十年太歲在甲申七月會稽陶濬宣跋。

索引説明

（一）本索引依據《平津館鑒藏書籍記》、《廉石居藏書記》、《孫氏祠堂書目》所列書名、人名，按四角號碼檢字法編排。

（二）各書名一律按本書所列原目著録，如書名前冠以“皇朝”、“國朝”、“新刊”、“新編”等字樣者，均仍其舊。

（三）各書所附續集、後集、外集或附録、補遺等，均附於正集之後，獨立性較强的另立條目。

（四）頁碼後圓括弧内數字，爲該條目在本書同一頁上重複出現的次數。

書名索引

0

0010_4 童
童溪易傳 299

0011_4 瘞
瘞鶴銘考 376

0020_1 亭
亭林文集、詩集 425

0021_1 鹿
鹿門詩集、拾遺、續補 417
鹿門子 345

0021_7 亢
亢倉子 322

0022_2 彦
彦周詩話 433

0022_3 齊
齊乘 337
齊東野語 103、447
齊民要術 326

0022_7 方
方言 293
方言疏證 293
方是閒居士藁 423
方是閒居士小藁 120
方輿紀要 334
方輿圖 334
方輿勝略、外略 334
方輿勝覽 217、334

帝
帝京景物略 337
帝範 318

商
商文毅公集 424
商子 209、322
商洛行程記 399

高
高齋漫録 444
高麗史 166、366
高僧傳 147、321
高士傳 204

高青邱集、補遺　424
高常侍集　95、247、409

廟
廟制圖考　307

0023_1　應
應劭漢官儀　368

0023_2　康
康濟録　327
康熙字典　296

0023_7　庾
庾子山集　406
庾開府集箋注　406

庚
庚子銷夏記　439
庚溪詩話　434

0024_7　慶
慶元黨禁　368

0026_5　唐
唐文粹　402
唐音　403
唐六典　369
唐語林　367
唐詩百名家全集　414
唐詩紀事　434
唐詩始音輯注、正音輯注、遺響輯注　48
唐詩鼓吹　402
唐詩金粉　389
唐詩類苑　391
唐詩類苑選　391
唐二十六家詩　413
唐石經　290
唐石經校文　293
唐石臺孝經　290
唐百家詩　254
唐百家詩選　402
唐子西文録　434
唐律疏議　227、342
唐宋八大家文鈔　391
唐十二家詩　413
唐大詔令集　165、369
唐太宗文皇帝集　180
唐皮日休文藪　99
唐英歌　418
唐英歌詩　253、412
唐朝名畫録　436
唐四傑詩　408
唐四傑詩集　114
唐劉隨州詩集　97
唐劉賓客詩集　98

唐隱居詩集　417
唐陸宣公集、目録　142
唐風集　254、413、418
唐開元占經　329
唐賢三昧集　392
唐人萬首絶句　392
唐會要　369
唐鑑　363
唐類函　378

0028_6　廣
廣文選　403
廣韻　61、297
廣韻藻　389
廣平府志　355
廣弘明集　401
廣川畫録　438
廣川書跋　373
廣治平略　386
廣黄帝本行記　105、322
廣成子　344
廣成先生玉函經　340
廣成先生玉函經并序　128
廣雅　294
廣雅疏證　294
廣輿圖　72

0029_4　麻
麻衣正易心法　298

0033_6　意
意林　160、325

0040_0　文
文章正宗　402
文章緣起　433
文正集、别集、補遺、補編　419
文丞相全集　423
文子　319
文子纘義　319
文獻通考　84、370
文獻通考紀要詩　372
文獻通考鈔　372
文化集　417
文溪詞　431
文心雕龍　102、406
文選　48
文選音義　401
文選理學權輿　399
文選注　400
文選李善注　239
文選李注補正　401
文選考異　401
文選錦字　389
文海遺珠録　381
文苑英華　154、402

文苑英華辨證　402
文恭集　420
文藪　252
文體明辨　391
文館詞林　136

0040_6　章
章碣詩集　418

0041_4　離
離騷草木疏　290

0043_0　奕
奕律　397

0044_1　辨
辨正論　148、321
辨帖牋　395

0060_1　音
音學五書　298

0060_3　畜
畜德録　384

0063_1　譙
譙周古史考　366

0071_4　雍
雍州金石記　387
雍勝略　337
雍録　336

0073_2　玄
玄珠密語　225、340
玄宗内典諸經注　207
玄真子　345
玄英集　412
玄英先生詩集　417

0080_0　六
六一詩話　433
六一詞　428
六子全書　63(2)
六壬要書　351
六壬大全　351
六壬兵占　351
六壬陳軌内外篇　351
六壬八要　351
六壬全書　332
六經正誤　291
六經天文編　291
六經奥論　312
六經圖　202、291、313
六韜　316
六藝論　291

六書音韻表　315
六書正譌　314
六書故　296
六書本義　59、144、265、314
六臣注文選　88、89、400

0090_6　京
京畿金石考　377
京相璠春秋土地名　286
京氏易章句災異　278
京氏易傳　277

0121_1　龍
龍川文集、附録　422
龍川詞　430
龍川先生文集　153
龍洲詞　430
龍威秘書　400
龍龕手鑑　295
龍筋鳳髓判　409

0128_6　顔
顔延年集　405
顔魯公文集、補遺、年譜、行狀、碑銘、舊史本傳、新史本傳　96
顔魯公文集、附録　96、409
顔魯公集　248
顔氏家訓　325

0261_8　證
證治要訣類方　356

0292_1　新
新序　317
新唐書　361
新唐書糾繆　361
新刻無冤録　165
新刊唐陸宣公集、目録　30
新刊平冤録　164
新刊名臣碑傳琬琰集　169
新刊補注釋文黄帝内經素問　38
新刊初學記　45
新刊大廣益會玉篇　59
新刊東垣先生蘭室秘藏　39
新刊四明先生高明大字續資治通鑑節要　149
新刊監本大字册府元龜　111
新編方輿勝覽　29
新編古今事文類聚　236
新編古今事文類聚前集、後集、續集、别集　46、378
新編事文類聚翰墨大全　47、237
新編纂圖增類羣書類要事

林廣記前集、後集　87
新儀象法要　330
新安志　336
新定嚴州續志　108
新校經史海篇直音　60
新校漢地理志　335
新增說文韻府羣玉　35
新增直音說文韻府羣玉　151
新鐫葛稚川内篇外篇　65
新纂門目五臣音注揚子法言　63

0363_2　詠
詠史詩　257

0365_0　誠
誠齋詩集　422
誠意伯文集　424

0460_0　謝
謝康樂集　405
謝承後漢書　359
謝宣城集　242、405
謝惠連集　405

0464_1　詩
詩說　304
詩譜補亡後訂　281
詩集傳　304
詩集傳大全　305
詩經疑問　305
詩經古注　305
詩經小學　282
詩傳　304
詩傳注疏　304
詩傳遺說　304
詩疑　304
詩名物疏　305
詩紀前集、正集、外集、別集　403
詩補傳　304
詩法家數　435
詩聲類、分例　315
詩式　433
詩地里考　281
詩品　433
詩學禁臠　435
詩人玉屑　435

0466_0　詁
詁經精舍文集　404

諸
諸葛武侯全書　348
諸史提要　371
諸史然疑　386

0468_6 讀
讀論語叢説 33
讀經、讀子史 313
讀禮通考 283
讀史糾繆 386
讀史管見 386
讀書記數略 389
讀書脞録 346
讀書敏求記 380
讀書管見 303
讀春秋編 309
讀易私言 300

0668_6 韻
韻府群玉 237、378
韻府續編 238
韻府約編 389
韻府拾遺 379
韻語陽秋 434
韻石齋筆談 398
韻補 61、297
韻會小補 315

0742_7 郭
郭氏傳家易説 299

0761_7 記
記事珠 443

0762_0 詞
詞麈 308
詞綜 427
詞海遺珠 391
詞林萬選 394

0764_0 諏
諏吉便覽 352

0824_0 放
放翁詞 428

0861_6 説
説文訂 294
説文韻編 296
説文正字 314
説文解字 177、294
説文解字五音韻譜 294
説文解字篆韻譜 294
説文字原集注 314
説文字原表 297
説文補考 294
説文聲系 294
説文聲類 315
説文繫傳 294
説文拈字 314

説嵩　338
説苑　317
説鈴前集、後集　399

0861$_7$　謚
謚法　285(2)
謚法通考　263、306

0862$_7$　論
論語集説　311
論語後録　289
論語注疏　288
論語叢説　311
論語古訓　289
論語義疏　288
論語鄭注　289
論語篇目弟子　289
論衡　68、324
論印絶句及續編　388

0864$_0$　許
許真君玉匣記　215
許郴詩集　418

詳
詳注東萊左氏博議　421

0925$_9$　麟
麟角集　412
麟臺故事　369

0968$_9$　談
談龍録　394
談藝録　435

1

1000$_0$　一
一切經音義　295
一鳴集　253

1010$_0$　二
二王法帖評釋　395
二十一史彈詞　386
二十二史考異　362
二老堂詩話　434
二申野録　267、382

1010$_1$　三
三晉見聞録　355
三家詩考　281
三家詩拾遺　281
三遷志　385
三禮圖　284
三朝聖諭録　383
三才圖會　389
三楚新録　366

三史同名録 380
三輔黄圖 71、335
三國雜事 386
三國紀年 382
三國志 359
三國志補注 359
三易備遺 300
三命通會 351
三命指迷賦 332

正

正統臨戎録 383

1010_3 玉

玉峯志、續 337
玉山草堂集、外集 390
玉瀾集 119、422
玉海 46
玉海、附詞學指南 378
玉臺新詠 89、240、390、401
玉臺新詠考異 390
玉壺清話 444
玉藥考證 396
玉曆通政經 106、213、329
玉匣記 331
玉尺經 350
玉篇 295
玉笥山房文集 393

1010_4 王

王摩詰集 94
王文正公筆録 443
王文恪公集 424
王端毅文集 425
王百穀集 425
王建詩集 415
王子安集 407
王象之輿地紀勝 216
王叔和脈經 223
王右丞集 409
王右丞集注、附録 409
王荆公詩注 420
王黄州小畜集 116
王翰林集注黄帝八十一難經 136
王忠文公集 422
王氏百一選方 128
王陽明集要三編 425
王周詩集 419
王無功集 132
王會補注 280
王少寇年譜 385

至

至大重修宣和博古圖録 84

1010_7　五

五音集韻　297
五音篇海　295
五百家注音釋昌黎文集　410
五行大義　331
五經文字　291
五經要義　293
五經蠡測　313
五經通義　293
五經圖　58
五經同異　313
五經算術　330
五嶽遊草　393
五變中黄經　107、332
五代史　361
五代史記纂誤　361
五代史記纂誤補　361
五代史補　365
五代史闕文　365
五代春秋　363
五代會要　369
五家宫詞　255、419
五禮通考　370
五木經　442
五藏六腑圖説　208
五朝名臣言行録前集、後集、續集、别集　232、367
五松園文稿　394
五車韻瑞　389
五曹算經　330

1010_8　巫

巫咸占經　328

靈

靈應録　441
靈巖山人詩集　426
靈臺秘苑　124、329
靈樞經　222
靈谷寺志　354

1017_7　雪

雪溪詩　119
雪溪集　421
雪鴻再録　399

1020_0　丁

丁辛老屋集　393
丁晉公談録　443
丁孚漢儀　369
丁卯詩集　416

1021_1　元

元方輿勝覽　334
元文類　403
元詩選初集、二集、三集　404
元經　362

元經薛氏傳 80
元豐九域志 333
元豐類稿 420
元牘記 374
元和郡縣志 333
元和姓纂 379
元版蘭臺秘藏三卷 226
元包 331
元包數總義 331
元秘書志 370
元次山集 247、409
元史 362
元史紀事本末 364
元史本證 362
元史類編 362
元曲選 308
元號略、補遺 385
元氏長慶集 411

1022_7 丙
丙子學易編 299

兩
兩京新記 135、335
兩淮鹽法志 354
兩浙輶軒録補遺 392
兩浙金石録 388
兩漢刊誤補遺 358
兩漢博聞 228、358
兩漢金石記 375

爾
爾廣雅詁訓韻編 314
爾雅 202
爾雅音圖 202、289
爾雅正義、附陸氏釋文 289
爾雅釋地注 289
爾雅注 311
爾雅注疏 58、289
爾雅補郭 311
爾雅漢注 289
爾雅翼 289

1023_2 震
震川文集、别集 425

1024_7 夏
夏侯陽算經 330
夏小正疏義 285
夏小正經傳考 284
夏小正傳 284
夏小正傳校正 284
夏小正考注 307

1040_0 干
干禄字書 295

于

于濆詩集 417

于鄴詩集 417

于湖詞 430

1040_9 平

平齋詞 431

平蠻録 384

平寃録 343

平定交南録 383

平津館文稿 394

平津館金石萃編 376

1043_0 天

天文大象賦圖注 329

天一閣書目 381

天玉經内傳、外編 350

天元遯甲句解 351

天下名勝志 218

天水冰山録 397

天發神讖碑考 387

天順日録 383

天禄琳琅書目 381

天台方外志要 355

天中記 388

天隱子 345

1050_6 更

更生齋集 427

1060_0 石

石刻鋪叙 373

石經考 292

石經考文提要 293

石經考異 292

石渠禮論 283

石湖詩集 422

石湖詞 432

石林詩話 433

石林詞 429

石林春秋傳 308

石墨鎸華 374

石氏星經 328

石屏詞 430

百

百一選方 356

百正集 423

百家注東坡詩集 255

百宋一廛賦 381

西

西京雜記 439

西山先生真文忠公文章正宗 30

西山真文忠公文集　422
西魏書　360
西漢年紀　364
西漢會要　369
西湖志　354
西洋算法　350
西樵語業　429

酉

酉陽雜俎、續集　441

1060_1　吾

吾學編　368

晉

晉二俊文集　241、405
晉太康地記　334
晉史乘　382
晉書　359
晉書地道記　334

1060_9　否

否泰録　384

1064_8　醉

醉古堂劍掃　397

1073_1　雲

雲仙雜記　260、442
雲臺編　418
雲林石譜　447
雲笈七籤　345
雲烟過眼録、續録　374

1080_6　賈

賈誼新書　316

1090_0　不

不得已録　349

1110_0　北

北齊書　360
北窗炙輠録　445
北溪先生字義、附録嚴陵講義　68
北溪字義　146、346
北邊備對　353
北九宮詞紀　308
北夢瑣言　443
北史　360
北堂書鈔　113、234、377

1111_1　玩

玩齋集　424

1111_4　班

班馬異同 78、358

1111_7 甄
甄正論 148、321

1116_8 璿
璿璣詩 405

1118_6 項
項斯詩集 416

1120_7 琴
琴趣外篇 431
琴史 104、285
琴畫樓詞鈔 428
琴操 285

1123_2 張
張説之文集 94
張璠漢紀 359
張司業詩集、拾遺、附録 415
張子野詞、補遺 432
張喬詩集 417
張喬集 413
張衡靈憲 329
張祜詩集 416
張燕公集 408
張蠙詩集 418
張蠙集 413
張曲江集、附録 245
張邱建算經 330

1164_0 研
研史 444

1210_8 登
登州府志 355

1220_0 列
列子 320
列仙傳 159、320
列女傳 317
列朝詩集小傳 368

1223_0 水
水經釋地 333
水經注 333
水經注碑目 387
水經注釋、刊誤 333
水經注釋地、補遺 352
水道直指 352
水道提綱 335
水東日記 448
水邨易鏡 300

弘

弘明集　401

1240_0　刊
刊誤　442
刊正九經三傳沿革例　292

刑
刑書便覽　357

1241_0　孔
孔子三朝記　288
孔子集語　318
孔子家語　316
孔子逸語　318
孔叢子　316
孔氏雜説　444
孔氏祖庭廣記　129

1241_3　飛
飛燕外傳　440

1243_0　癸
癸辛雜識前集、後集、續集、别集　447

1249_3　孫
孫可之文集　99
孫可之集　412
孫子　327
孫子十家注　327
孫子算經　329
孫仲益内簡尺牘　421
孫公談圃　444

1314_0　武
武經總要　212
武經總要前集、後集　328
武經直解　70、328
武定府志　355
武林舊事　447

1464_7　破
破邪論　321

1519_0　珠
珠玉詞　428

1523_0　融
融堂書解　302

1540_0　建
建立伏博士始末　382
建康實録　336
建安七子集　405

1610_4　聖

聖宋皇祐新樂圖記　104
聖壽萬年曆　331
聖求詞　431
聖賢道統圖贊　384

1660_1　碧
碧雲集　419
碧雞漫志　307
碧血録　384

1710_7　孟
孟一之詩集　418
孟子音義　290
孟子論文　312
孟子集説　311
孟子外書　312
孟子注　290
孟子注疏　290
孟子字義疏證　311
孟子年譜　312
孟浩然集　409
孟東野詩集　98、415
孟東野集　250、411

1712_7　鄧
鄧析子　322

1714_0　珊
珊瑚網　395
珊瑚鉤詩話　434

1722_0　刀
刀劍録　372

1722_7　鬻
鬻子　319

1740_7　子
子夏易傳　278
子華子　344
子史精華　379
子思子　318
子略　380

1750_1　羣
羣經音辨　297
羣經宫室圖　313
羣經補義　292
羣經義證　292
羣芳譜　379
羣書備數　47、238
羣書治要　135、318
羣書拾補　296

1750_7　尹
尹文子　323

1760_1 砮

砮溪詩話 434

1762_0 司

司空文明詩集 415

司空表聖文集 115、412、418

司空表聖集 418

司空圖一鳴集 253

司馬彪注莊子 320

司馬法 327

司馬法輯注、逸文 327

司馬温公經進稽古録 81

司馬札先輩詩集 417

司馬長卿集 404

1762_7 邵

邵謁詩集 418

邵謁集 413

郡

郡齋讀書志、後志、考異、附志 380

1771_7 己

己未詞科録 385

1814_0 政

政經、政跡 344

1918_0 耿

耿拾遺詩集 415

2

2010_4 重

重刊經史證類大全本草 172

重刊巢氏諸痛源候總論 73

重修廣韻 297

重修政和經史證類備用本草 73、74、171、226、340

重修毘陵志 126

重校正唐文粹 90

2011_1 乖

乖崖先生文集 117、419

2033_1 焦

焦山古鼎考 376

焦氏易林 197、277

焦氏類林 389

2040_0 千

千秋金鑑録 245、408

千金要方 340

千金寶要 75、340

千金翼方 340

2042_7 禹

禹貢説斷 262
禹貢論、後論 302
禹貢詳解 302
禹貢山川地理圖 280
禹貢指南 280
禹貢錐指 280

2060_9 香

香祖筆記 448
香奩集 418
香國 397

2071_4 毛

毛詩稽古編 281
毛詩解頤 305
毛詩名物解 304
毛詩名物圖説 305
毛詩名物鈔 305
毛詩注疏 54、281
毛詩李黄集解 304
毛詩古音考 298
毛詩草木蟲魚疏 281
毛詩本義 304
毛詩指説 304
毛詩陸疏廣要 305
毛鄭詩考正 282

2090_4 集

集韻 297
集千家注批點杜工部詩集 141
集千家注分類杜工部詩 50、51(2)、408
集千家注杜工部詩集 96、408
集注分類東坡先生詩 420
集沙門不應拜俗等事 149
集古文韻海 313
集古印譜 374、388
集古録 372
集異記 441
集篆古文韻海 157、313

2111_0 此

此事難知 342

2121_1 征

征緬紀略 399
征緬紀聞 399

能

能改齋漫録 444

2121_4 偃
偃師金石記 375
偃師金石遺文補録 376

2121_7 虎
虎邱志 355
虎鈐經 123、213、328

虚
虚舟題跋 387
虚舟題跋補原 387

盧
盧户部詩集 415
盧植禮記解詁 284
盧升之集 408

2122_0 何
何水部集 243、406
何大復集 425

2122_2 行
行軍需知 70

2122_7 儒
儒門事親 341

盧
盧齋考工記解 305

2123_4 虞
虞文靖公詩集 424
虞伯生集 423
虞初新志 398
虞氏消息 277

2125_3 歳
歳寒堂詩話 434
歳華紀麗 377

2155_0 拜
拜命曆 331

2172_7 師
師曠占 332

2180_6 貞
貞石志 386
貞觀公私畫史 436
貞居詞 432

2190_3 紫
紫巖易傳 299
紫微詩話 433

2191_0 紅

紅櫚書屋雜體文稿、詩集　426

2191_1　經

經讀考異　292
經説　312
經玩　313
經字通正　296
經考　292
經史證類大觀本草　38、225、340
經史海篇直音　298
經典文學辨正書、音同義異、説文解字舊音　296
經典釋文　291
經義雜記　292
經義述聞　293
經義考　292、313
經義考補正　313
經筵玉音問答　396
經籍考　88、390
經籍纂詁并補遺　296

2202_1　片

片玉詞、補遺　428

2210_8　豐

豐干拾得詩　407

2220_7　岑

岑嘉州集　95、248、409

2222_1　鼎

鼎雕銅人腧穴鍼灸圖經　74
鼎録　372

2221_4　任

任彦昇集　406
任蕃詩小集　418

崔

崔公入藥鏡注解　207

2222_7　嵩

嵩陽石刻　375

僞

僞齊録　366

2224_7　後

後山詩話　433
後山詞　432
後漢紀　362
後漢書　76
後漢書訓纂　358
後漢書補逸　358
後漢書補表　358

後村别調 430
後畫録 437
後鑑録 384

2238_6 嶺
嶺外代答 445
嶺表録異 442

2265_3 畿
畿輔通志 353
畿輔義倉圖 338

2272_1 斷
斷腸詞 432

2277_0 山
山水論 436
山房隨筆 435
山河兩戒考 352
山海經 71、333
山海經廣注 352
山海經圖讃 216
山左詩鈔 392
山左金石志 375
山東通志 353、354
山東運河備覽 354
山東鹽法志 354
山静居畫論 396
山居新語 447
山居隨筆 435、447
山谷詞 428
山谷刀筆 421

幽
幽閒鼓吹 442

2290_1 崇
崇文總目 380

2290_4 梨
梨岳詩集 416

巢
巢氏諸病源候總論 339

樂
樂府雜録 307
樂府雅詞、拾遺 133、427
樂章集 428
樂府解題 286
樂府補題 307
樂府古題要解 433
樂律志 307
樂律全書 286
樂書 123、285
樂書、目録 139

樂書要録 135、285

2294_4 綏
綏寇紀略 368

2320_0 外
外科精義 342
外臺秘要 340
外臺秘要方 109

2320_0 秘
秘書志、目録 130
秘笈新書、别集 378

2320_2 參
參籌秘書 349

2323_4 伏
伏羲圖贊 301

狀
狀元圖考 384

2324_2 傅
傅子 324

2325_0 伐
伐檀集 421

2344_0 弁
弁服釋例 282

2350_0 牟
牟子 320

2377_2 岱
岱宗金石文字 388
岱南閣文稿 394
岱史 338
岱覽 355

2392_7 編
編珠 377

2393_2 稼
稼軒詞 428

2396_1 稽
稽神録、拾遺 443
稽古録 229、363

2397_2 嵇
嵇中散集 92、405

2421_0 化
化書 345

2421_1 佐
佐治藥言、續集 399

2426_0 儲
儲嗣宗詩集 417

2451_0 牡
牡丹榮辱志 348

2495_6 緯
緯書 293

2498_6 續
續齊諧記 440
續高僧傳 321
續文章正宗 402
續文獻通考 370
續文獻通考鈔 372
續文選 403
續詩話 433
續天文略 350
續孟子 325
續仙傳 322
續幽怪録 441
續通鑑長編 229
續資治通鑒 364
續資治通鑒長編 110、363
續資治通鑒節要 371
續古文苑 404
續古篆韻 158、314
續博物志 325
續夷堅志前集、後集 447
續夷堅志前後集 121
續畫品譜 436
續畫品録 436
續鐘鼎款識 375

2520_6 伸
伸蒙子 325

使
使楚叢譚 399

2520_7 律
律條疏議 75
律吕新論 286
律吕闡微 286
律曆融通、附録 331

2522_7 佛
佛遺教經 321

2590_0 朱
朱慶餘詩集 416
朱文正年譜 385

朱文公校昌黎先生文集　31
朱文公校昌黎先生集　249
朱文公易説　300

2599_6　練
練江集、附録　393

2600_0　白
白石詞　428
白石道人詩説　434
白石道人詩集　156
白石道人詩集、補遺　422
白醉璅語　397
白孔六帖　377
白虎通　291
白虎通德論　58
白澤圖　332
白華全稿　426
白氏長慶集　411

2610_4　皇
皇王大紀　363
皇宋書録　390
皇祐新樂圖記　199、285
皇華紀聞　398
皇朝武功紀盛　382
皇朝編年備要　129、230
皇甫御史詩集補遺　414
皇甫補闕詩集、補遺　414
皇甫持正集　410
皇覽　324

2620_0　伯
伯牙琴　423

2620_7　粤
粤西金石略　376
粤東金石記　375

2621_3　鬼
鬼冢記　441
鬼谷子　323

2623_2　泉
泉志　373

2629_4　保
保幼大全　342

2641_3　魏
魏三體石經殘字考　293
魏王泰括地志　334
魏書　360
魏鄭公諫録、續録　367

2643_0　吳

吳文正公集　423
吳子　327
吳郡志　336
吳郡圖經續記　336
吳船録　445
吳越備史、補遺　365
吳越春秋　43(2)、365
吳地記、後集　336
吳都文粹　126
吳中水利書　336、338
吳會英才集　392

2690_0　和
和石湖詞　432
和清真詞　430

2692_2　穆
穆天子傳　163、366

2694_1　釋
釋名　24、294
釋名疏證、補遺、續　294
釋藏目録　381

緝
緝古算經　330

繹
繹史　364

2711_7　龜
龜山集　421
龜洛神祕集　266、350

2712_7　歸
歸潛志　368
歸藏　279
歸田詩話　435
歸愚詞　430

2713_6　蟹
蟹譜　347

2720_7　多
多能鄙事　153、447

2721_0　佩
佩文齋書畫譜　439
佩文韻府　379
佩觿　295

徂
徂徠文集　118、420

2721_7　鳧
鳧藻集　424

2722_0 勿
勿菴曆算書目 349

御
御史臺精舍碑題名 388
御批通鑑輯覽 364
御覽詩 401

2723_2 衆
衆妙集 402

象
象緯彙編 349

2725_7 伊
伊尹湯液仲景廣爲大法 179

2729_4 條
條例約編 357

2731_2 鮑
鮑參軍集 405
鮑溶詩、外集 411
鮑溶詩集、補遺 416
鮑氏集 132

2733_7 急
急就篇 293
急救仙方 178、356

2748_1 疑
疑龍經 28
疑雨集 425
疑獄集 164
疑獄集、續集、附録 343

2760_0 名
名儒草堂詩餘 427
名臣言行録 232
名臣碑傳琬琰集上集、中集、下集 367

2760_3 魯
魯齋書疑 138
魯連子 319

2762_0 句
句容縣志 353

2771_2 包
包刑侍詩集 414
包秘監詩集 414
包孝肅奏議 419

2772_0 勾

勾股割圜記　331

2772_7　鄉

鄉黨圖考　311

2790_4　彙

彙刻書目　390

2791_7　紀

紀効新書　348

2792_2　繆

繆篆分韻、補遺　297

2795_4　絳

絳雲樓書目　390

絳帖平　373

2822_7　傷

傷寒六書　356

傷寒論　339

傷寒論注解　140

傷寒百問歌　340

傷寒心要　341

傷寒心鏡　341

傷寒直格方　341

傷寒標本心法類萃　341

傷寒明理論　341

2824_7　復

復齋易説　299

復古編　295

2825_3　儀

儀禮　22、56、198

儀禮商　306

儀禮識誤　283

儀禮正譌　306

儀禮石經校勘記　283

儀禮集説　306

儀禮釋例　306

儀禮釋宫補注　283

儀禮注疏　55(2)、56、283

儀禮注疏詳校　283

儀禮補遺　306

儀禮逸經傳　306

儀禮本文、附儀禮旁通圖　283

儀禮圖、儀禮旁通圖　306

儀禮鄭注句讀、附監本正誤、石經正誤　283

儀鄭堂文　427

2829_4　徐

徐霞客遊記　352

徐寅詩集　418

徐孝穆集　406
徐騎省文集　116

2846_8　谿
谿口曆　350

2998_0　秋
秋錦山房集、外集　393

3

3010_1　空
空同詞　431

3010_4　塞
塞垣吟草　393

3010_6　宣
宣德鼎彝譜　374
宣和博古圖　373
宣和畫譜　259、437
宣和奉使高麗圖經　336
宣和書譜　102、437
宣明方論　341

3010_7　宜
宜齋野乘　396

3011_3　流
流通古書約　398

3011_4　淮
淮海詞　428
淮海集、後集　421
淮南子　320、324
淮南鴻烈解　67
淮南萬畢術　320

3011_7　瀛
瀛奎律髓　390

3013_7　濂
濂洛風雅　390

3014_7　淳
淳化秘閣法帖考正　439
淳祐臨安志　337
淳熙玉堂雜記　445
淳熙薦士録　445

3021_2　宛
宛陵羣英集　402

3021_4　寇
寇忠愍公詩集　420

3022_7　褅

禘説 285

3023_2 家
家語疏證 318
家禮 285

3030_3 寒
寒山子詩集 407
寒山金石林 386

3040_4 安
安陽集 419
安陽金石録 376

3040_7 字
字林考逸 296
字學正本 314
字鑑 296

3042_7 寓
寓簡 445

3060_4 客
客杭日記 353

3060_8 容
容齋隨筆、續筆、三筆、四筆、五筆 325

3060_9 審
審齋詞 431

3062_1 寄
寄園寄所寄 398

3071_4 宅
宅經 331

3073_2 寰
寰宇訪碑録 376

3080_1 定
定正洪範 303
定香亭筆談 399

蹇
蹇齋瑣綴録 384

3080_6 實
實章待訪録 437
實刻叢編 130、374
實刻類編 374
實繪録 395

竇
竇氏聯珠集 253、412

3090_4 宋
宋高僧傳 345
宋高宗石經 290
宋文憲集 424
宋文鑑 90、402
宋六十名家詞 428
宋詩紀事 404
宋詩鈔 404
宋二體石經 290
宋元通鑑節要 371
宋稗類鈔 399
宋朝名畫評 437
宋朝事實 369
宋史 361
宋史新編 361
宋史紀事本末 364
宋書 359
宋明詩人姓氏韻編 390

3111_0 江
江文通集 406
江西詩徵 392
江西詩社宗派圖録 436
江西通志 353
江淮異人録 443
江寧府志 354
江寧金石記、待訪目 376
江南通志 353、354
江南别録 365
江南餘載 365
江村銷夏録 439
江表志 365

3111_4 汪
汪喬詩集 419

漑
漑亭述古録 427

3112_0 河
河洛精藴 350
河汾諸老詩集 403
河南府志 355
河南先生文集 420
河東集、附録 419
河東先生集 97、410
河東鹽法志 354
河岳英靈集 401
河間府志 355

3112_1 涉
涉史隨筆 446

3112_7 灊
灊山集 421

3114_0 汗
汗簡 295

3114_9 滹
滹南詩話 435

3116_0 酒
酒譜 348
酒經 348
酒邊詞 429

3116_1 潛
潛研堂文集 426
潛研堂經史答問 326
潛研堂金石文字跋尾元集、亨集、利集、貞集 375
潛確類書 389
潛虚 345
潛夫論 317
潛邱劄記 346

3128_6 顧
顧非熊詩集 417
顧逋翁詩集 415

3130_3 遯
遯甲演義 351
遯甲專征賦 332
遯甲書集要 351

3210_0 測
測圓海鏡 330

淵
淵雅堂編年詩稿、未定稿 393

3212_1 浙
浙江天一閣書目 390
浙江採集遺書總録 381

3213_4 溪
溪堂詞 429

3215_7 淨
淨德集 420

3216_4 活
活法機要 356

3216_9 潘
潘黄門集 405

3230_1 逃
逃禪詞 431

3230_2　近

近事會元　369

近體樂府　429

3230_6　遁

遁甲開山圖　332

遁甲符應經　162、332

3300_0　心

心印紺珠經　356

3311_1　浣

浣花集、補遺　413、418

3312_7　浦

浦陽人物紀　383

3318_6　演

演繁露、續演繁露　326

3322_7　補

補計然子　397

補三國疆域志　359

補元史藝文志　362

補後漢書年表　358

補注釋文黄帝内經素問　221

補漢兵志　358

補南北史年表、帝王世系表、世系表　360

3330_1　述

述異記　440

述學　427

3390_4　梁

梁武帝集　405

梁元帝集　405

梁代帝王合集　406

梁谿漫志　446

梁書　359

梁昭明太子文集　93

梁昭明太子集　405

梁簡文帝集　405

3410_0　對

對山集　425

對牀夜話　435

3411_1　洗

洗冤録　343

洗冤集録　110

湛

湛然居士文集　156

湛然居士集　423

湛淵静語 396

3411_2 沈
沈下賢文集 115
沈下賢集 411
沈存中圖畫歌 437

池
池北偶談 448

3413_1 法
法言 317
法顯傳 147、321
法帖譜系 373
法帖刊誤 437
法帖釋文 438
法帖釋文考異 438
法苑珠林 379
法書要録 436

3413_4 漢
漢雜事秘辛 397
漢武帝内傳 159、439
漢武帝外傳 159、439
漢武洞冥記 439
漢武故事 439
漢雋 295
漢上易集傳、卦圖、叢説 299
漢制考 370
漢魏音 298
漢魏六朝一百三家集 406
漢魏詩乘 391
漢魏二十一家易注 301
漢紀 79、362
漢官舊儀、補遺 368
漢志水道疏證 335
漢藝文志考證 380
漢舊儀、補遺 368
漢隸字源 295
漢事會最 372
漢書 76、77、358
漢書地理志稽疑 358
漢學諧聲 315
漢印分韵 388

3416_0 渚
渚宮舊事、拾遺 336

3416_1 浩
浩然齋雅談 434

3418_1 洪
洪武正韻 62、315

滇
滇行日録 399

3430_9 遼
遼志 383
遼史 362
遼史拾遺 362

3510_6 沖
沖虚至德真經 25、63

3512_7 清
清河書畫舫 439
清波雜志、別志 445
清波小志 398
清異録 443

3519_6 涑
涑水紀聞 367

3520_6 神
神仙傳 321
神僧傳 66、345
神機制敵太白陰經 106
神農本草經 339
神異經 439
神會曆 331

3521_8 禮
禮記 144
禮記集説 306
禮記偶箋 307
禮記注疏 283
禮記大全 306
禮記鄭氏注 283
禮説 282
禮經會元 305
禮書 198、284
禮箋 307

3530_0 連
連珠曆 215

3530_8 遺
遺山集、附録 423

3610_0 泊
泊宅編 444
泊如齋重修宣和博古圖録 84

湘
湘烟録 397

3611_7 温
温飛卿詩集 416
温飛卿集箋注 412
温隱居備急海上仙方 173

3612_7 湯
湯液本草 342

渭
渭南詩集 416
渭南文集、逸稿 422

3613_4 澳
澳門紀略 354

3625_6 禪
禪月集 115、413

3630_3 還
還冤志 440

3711_2 氾
氾勝之書 326

3712_0 洞
洞元靈寶定觀經注 207
洞霄詩集 391
洞霄圖志 336
洞天福地記 322
洞天清録集 446

湖
湖北金石考 375
湖山備覽 354
湖州石柱記 335
湖海詩傳 392

澗
澗泉日記 446

3713_6 漁
漁洋詩話 435
漁洋山人詩集、續集 425
漁洋山人精華録 425

3714_7 汲
汲冢瓌語 440

3715_6 渾
渾天儀 329
渾蓋通憲圖説 349

3716_1 澹
澹生堂藏書約 397

3716_2 洺
洺水詞 430

3716_4 洛
洛陽縉紳舊聞記 367

洛陽牡丹記　347
洛陽伽藍記　335
洛陽名園記　352

3718_2　次
次柳氏舊聞　367

漱
漱玉詞　432

3719_4　深
深衣考誤　285

3721_0　祖
祖庭廣記　368

3722_0　初
初寮詞　430
初學記　86、151、235、377

祠
祠部詩集　414

3730_2　通
通玄真經　158
通志　141、370
通志略　372
通典　369
通典詳節　371
通雅　346
通鑑外紀　363
通鑑外紀節要　371
通鑑續編　42、230、364
通鑑總類　231、364
通鑑紀事本末　30、81、231、364
通鑑注辨正　363
通鑑直説通略　382
通鑑博論　386
通鑑地理通釋　334
通鑑甲子會紀　371
通鑑前編　364
通鑑答問　363
通鑑節要　233、371

3730_7　追
追昔遊詩集　416
追昔遊集　411

3730_8　選
選擇正宗　352
選擇曆書　331

3772_7　郎
郎官石柱題名　388
郎刺史詩集　414

3780_6 資
資治通鑑 41、363
資治通鑑釋文辨誤 363
資治通鑑釋例 363
資治通鑑考異 363
資治通鑑目録 363
資治通鑑節要 174
資暇集 442

3792_7 鄴
鄴中記 335

3814_7 游
游宦紀聞 446

3815_7 海
海山記 441
海島算經 330
海内十洲記 439
海野詞 430
海岳名言 437
海篇集韻 314
海棠譜 348

3816_7 滄
滄浪詩話 434

3830_3 遂
遂昌雜録 447

3830_4 遊
遊城南記 353

遵
遵生八牋 397

3830_6 道
道山清話 444
道古堂詩集、文集 426
道藏目録 381
道學名臣言行録外集 367
道命録 175

3930_2 逍
逍遥集 419

3930_9 迷
迷樓記 441

4

4000_0 十
十六國春秋 360
十六國疆域志 335
十一經問對 312
十二子書 145

十種唐詩選 392
十七史詳節 232、371
十七史蒙求 371
十國春秋 361

4001_1 左
左傳紀事本末 287
左傳補注 287
左克明古樂府 200

4001_7 九
九章算術 329
九經誤字 292
九經疑難 157、311
九經字樣 291
九經補韻 297
九經古義 292
九朝編年備要 364
九史同姓名略 380
九數通考 349
九國志 365
九曜齋筆記 346

4003_0 大
大唐六典 83
大唐新語 367
大唐西域記 335
大唐開元占經、目録 124
大唐開元禮 130、369
大唐創業起居注 365
大象賦 214
大宋寶祐四年丙辰歲會天萬年具注曆 160
大業拾遺記 440
大清一統志 334
大清律例 357
大清律例薈鈔 357
大清律例箋釋 343
大清會典 370
大戴禮記 56、284
大易函書約存、約注、別集 301
大易集説 300
大易象數鉤深圖 301
大明一統志 72
大明正德乙亥重刊改併五音集韻 62
大明正德乙亥重刊改併五音類聚四聲篇 60
大明集禮 370
大明實録 179
大明曆 331
大學衍義 174
大金集禮 112、369
大金國志 366

太

太玄經 317
太平廣記 443
太平經國之書 305
太平御覽 87、130、377
太平御覽、目録、圖書綱目 87
太平寰宇記 333
太乙陰陽書 351
太上大通經注 207
太上赤文洞古經注 207
太上老君説常清净經注 207
太上黄庭外景玉經 208
太上黄庭内景玉經 65、208
太上昇元説消災護命妙經注 207
太白陰經 328
太公金匱 318

4003_8 夾
夾漈遺稿 421

4004_7 友
友石山人遺稿 424
友古詞 430

4010_4 圭
圭塘欸乃集 121、423

臺
臺閣集 414

4010_7 直
直齋書録解題 380
直説通略 149

4020_0 才
才調集 401

4022_7 内
内經素問 221
内經傷寒辨惑論 341

有
有正味齋駢體文、外集、詩集、詞 393

南
南齊書 359
南唐書 173、361
南方草木狀 326
南雍志 385
南部新書 367
南北史續世説 367
南嶽總勝集 109、219、336
南濠詩話 435
南窗紀談 444
南宮奏議 370

南宋雜事詩　392
南宋書　361
南江文鈔　427
南江札記　346
南湖集　422、424
南九宫譜　307
南華真經　63、65
南史　41、360
南軒論語解　311
南軒孟子説　311

4024_7　皮
皮子文藪　412
皮日休文藪　252

存
存餘堂詩話　394

4030_0　寸
寸金穴法　350

4033_1　赤
赤雅　353

志
志桂金石略　376
志怪録　441

4040_1　幸
幸魯盛典　382

4040_7　支
支遁集　165

李
李文山詩集　417
李文公集　410
李靖兵法　328
李元賓文集、補遺　155
李元賓文集　411
李丞相詩集　419
李君虞詩集　415
李衛公文集、别集、外集　251、411
李衛公詩集　416
李虚中命書　332
李嶠雜詠　137、408
李山甫詩集　417
李遠詩集　416
李遐叔文集　410
李太白詩　246
李太白集　408
李才江集　418
李賀歌詩、集外詩　251
李賀歌詩、外集　411
李翰林文集　408

李翰林別集 246
李播大象賦 214
李昌符詩集 417
李氏易解勝義 302
李義山文集箋注 412
李義山詩集 411、416
李悝法經 343

4046_5 嘉
嘉祐集 420

4050_6 韋
韋蘇州集 409
韋蘇州集、拾遺 414

4051_4 難
難經 339

4060_0 古
古廉先生詩集 424
古唐詩歸 391
古文彙編 391
古文淵鑑 403
古文苑 90、402
古文孝經指解 310
古文四聲韻 295
古文參同契集解 345
古文尚書疏證 280
古文尚書考 280
古文尚書撰異 280
古文尚書馬鄭注 279
古刻叢鈔 374
古詩選 391
古詩類苑 391
古韻標準 315
古玉文字記 388
古玉圖 386
古玉圖譜 112、373
古經解鉤沈 292
古樂府 34、286
古叢辰書 215
古史 81、363
古夫于亭雜録 398
古畫品録 436
古易音訓 278
古器款識考 376
古器總説 448
古器具名 448
古周易 299
古今韻略 315
古今韻會舉要 34、297
古今説海 396
古今碑帖考 387
古今釋疑 346
古今注 324
古今治平略 386
古今遊名山記 72、352

古今姓氏書辨證 379
古今事物考 346
古今原始 212、326
古今同姓名録 379
古今醫統 356
古今人表考 358
古今合璧事類備要前集、後集、續集、别集、外集 378
古今録 387
古歙山川圖 354

4062_1 奇
奇効良方 40、342
奇晉齋叢書 399
奇門占騐斷法 351
奇門遁法 107
奇門捷要 351
奇門全圖 351

4064_1 壽
壽域詞 431

4071_0 七
七經孟子考文補遺 292
七經小傳 312
七修類稿 448
七略 380
七頌堂識小録 387、398

4073_2 袁
袁氏世範 346

喪
喪服傳馬王注 283
喪禮或問 306

4080_1 真
真誥 207、321
真臘風土記 353

4090_0 木
木天禁語 435

4090_8 來
來齋金石考 387
來禽館集 425

4093_1 樵
樵隱詞 429

4094_8 校
校正淳化閣帖釋文 439

4111_1 壠
壠上記 441

4191_4 極
極玄集 401

4191_6 桓
桓譚新論 317

4192_0 柯
柯山集 421

4240_0 荆
荆谿外紀 338

4241_3 姚
姚鵠詩集 416
姚少監詩集 411、416

4291_3 桃
桃谿客語 399

4304_2 博
博物志 324
博異記 441

4380_5 越
越絶書 335

4385_0 戴
戴德喪服變除 283
戴叔倫詩集、補遺 415
戴東原集 426

4396_8 榕
榕城詩話 436

4402_7 協
協紀辨方書 331

4410_0 封
封氏見聞記 325

4410_4 董
董仲舒集 404

墓
墓銘舉例 435

4411_1 堪
堪輿宗旨 350

4411_2 地
地齋詩鈔 394
地理總括 350
地理全書 350
地鏡圓 332

范

范文正公遺跡　44
范子計然　326
范氏天一閣碑目　376

4411_3　蔬
蔬食譜　348

4412_7　蒲
蒲江詞　432

4420_7　考
考工記圖　282
考工車制圖解　282
考槃餘事　448
考定竹書紀年　382
考古圖　372
考古質疑　326

夢
夢谿筆談　36、325
夢窗甲藁、乙藁、丙藁、丁藁、補遺　429
夢粱録　446
夢樓詩集　426
夢書　332

4421_1　荒
荒政輯要　348

4421_4　花
花外集　432
花間集　101、427

莊
莊子　206、319

4421_7　蘆
蘆川詞　430
蘆浦筆記　446

4422_1　猗
猗覺寮雜記　445

4422_2　茅
茅山志　37、220、337

蒿
蒿庵閒話　398

蘭
蘭亭續考　131、374
蘭亭博議　113、373
蘭亭考　373
蘭譜　347
蘭臺秘藏　226
蘭室秘藏　341

4422_8 芥
芥隱筆記 396

4423_2 蒙
蒙求集注 371

4425_3 茂
茂陵書 365

4428_6 蘋
蘋洲漁笛譜 432

4439_4 蘇
蘇文忠公詩集 420
蘇沈良方 356
蘇學士集 419

4440_6 草
草韻辨體 438
草堂詩餘正集、續集、別集、新集 427

4440_7 孝
孝經 134
孝經正義 201
孝經句解 311
孝經注疏 23、288
孝經定本 311
孝經大義 311
孝經鄭注 134、288

4442_7 萬
萬柳溪邊舊話 396
萬姓統譜 379
萬年曆備考、附録 331

孏
孏窟詞 431

荔
荔枝譜 347

4443_0 樊
樊川文集、外集、别集 99
樊川詩集 416

4444_1 葬
葬經翼、難解 350
葬法倒杖 350
葬書 331

4445_6 韓
韓詩外傳 197、281
韓詩内傳徵 281
韓非子 209、322

韓君平詩集、補遺　414
韓内翰集　418
韓内翰別集　412、418
韓柳年譜　383
韓昌黎文集　249

4446_0　姑
姑溪詞　430
姑蘇名賢小記　384

4450_4　華
華嶠後漢書　359
華嚴經音義　295
華氏中藏經　127、222、339
華陽國志　107、219、335
華陽陶隱君集　133

4450_6　革
革象新書　330

4460_0　菌
菌譜　348

4460_1　耆
耆舊續聞　368

4460_2　苕
苕溪漁隱叢話前集、後集
434

4460_4　苦
苦瓜和尚語録　395

4460_7　茗
茗香詩論　395
茗笈　397

蒼
蒼崖先生金石例　52
蒼峴山人文集、詩集、詩餘
393

4462_7　荀
荀子　63、316

4471_1　老
老子五厨經　206、321、344、
345
老子鬳齋口議　140、344
老子道德經　63、319
老學庵筆記、續筆記　446

4471_7　世
世説新語　82、366
世緯　346
世本　366

世善堂藏書目録 390

4473_1 芸
芸窗詞 431

藝
藝文類聚 377
藝綜造命 351
藝海珠塵 400
藝圃擷餘 394

4477_0 廿
廿一史言行略 389
廿二史文鈔 372
廿二史劄記 371

甘
甘氏星經 328

4477_7 舊
舊唐書 79、360
舊五代史 361

4480_1 楚
楚詞章句 400
楚詞集注、辯證、後語 390
楚詞補注 400
楚漢春秋 365
楚史檮杌 383

4480_6 黄
黄帝龍首經 161、332
黄帝靈樞經 339
黄帝靈棊經 332
黄帝占經 328
黄帝内經及靈樞經 222
黄帝内經素問遺篇 221
黄帝素問 338
黄帝授三子玄女經 161、332
黄帝問玄女兵法 328
黄帝陰符經注解 207
黄帝八十一難經 339
黄帝金匱玉衡經 161、332
黄庭内外景經注 322
黄庭内景玉經、外景玉經 208
黄庭内景五臟六腑圖説 322
黄石公三略 327
黄石公素書 320
黄山嶺要録 354
黄仲則集 427
黄御史集、附録 413
黄滔詩集 418
黄孝子紀程 398
黄氏日鈔紀要 371

4490_1 蔡
蔡邕獨斷 318
蔡邕月令章句 284
蔡中郎文集、外傳 91、132、404
蔡中郎集 91、240
蔡中郎集、外傳 91
蔡質漢官典職 369

4490_4 茶
茶經 347
茶山集 421
茶録 347

藥
藥譜 347

4490_8 萊
萊州府志 355

4491_0 杜
杜工部詩 247
杜工部集 409
杜氏通典 83
杜陽雜編 442

4491_4 權
權文公文集 410
權文公詩集 415

桂
桂海虞衡志 445
桂苑叢談 442

4492_7 菊
菊譜 347

4498_6 横
横渠易説 298

4499_0 林
林寛詩集 419

4541_0 姓
姓源珠璣 389
姓氏急就篇 379

4593_2 隸
隸辨 296
隸續 176、373
隸釋 373

4611_0 坦
坦菴詞 429

4614_0 埤

埤雅　171、290

4621_0　觀
觀妙齋金石文字考略　375

4622_7　獨
獨醒雜志　446
獨學廬初稿、二稿　393

4690_0　相
相貝經　440

4691_4　桯
桯史、附録　446

4692_7　楊
楊文節公文集　422
楊盈川集　407
楊凝詩集　415
楊公竈卦　350
楊少尹詩集　415

4722_7　鶴
鶴林玉露　447

4740_1　聲
聲韻考　315
聲調譜　394
聲類表　315

4742_0　朝
朝鮮史略　383
朝鮮志　353
朝野僉載　366
朝野類要　111、385

4744_7　好
好古堂書畫記　395

4762_0　胡
胡廣漢官解詁　368
胡忠簡公集　422
胡氏詩識　305
胡曾詠史詩　257

4792_0　柳
柳待制文集、附録　424
柳宗元文集　250

4792_7　橘
橘録　348

4794_7　穀
穀山筆麈　448
穀譜　327

4796_4 格

格致餘論 342

格古論要 448

4814_0 救

救急仙方 356

救荒本草 348

4816_6 增

增廣注釋音辯唐柳先生集 32

增廣注釋音辯唐柳先生集、别集、外集、附録 32

增廣注釋音辨柳先生集、别集、外集、附録 410

增刊校正王狀元集注分類東坡先生詩 51

增修詩話總龜前集、後集 175

增補朱思本廣輿圖 334

增入諸儒杜氏通典詳節 44

4824_0 散

散花庵詞 430

4826_6 獪

獪園 397

4841_7 乾

乾元秘旨 352

乾象通鑑 125、214、329

乾道臨安志 125、336

乾坤鑿度 279

4842_7 翰

翰苑羣書 385

翰墨大全 378

4844_0 教

教坊記 441

4864_0 故

故唐律疏議 40

故宫遺録 353

敬

敬齋古今黈 326

4893_2 松

松雪齋文集、外集 142

松雪齋文集、外集、附録 423

松雪齋全集、外集、續集 257

松崖筆記 346

松窗雜録 442

松漠紀聞 383

松陵集 412

4895_7 梅

梅磵詩話 434
梅溪詞 428

4980_2 趙

趙松雪集 256

5

5000_6 中

中説 26、63、168、318
中論 318
中山詩話 433
中吳紀聞 36、446
中州集、附中州樂府 402
中州金石記 375
中州金石考 387
中華古今注 68、325
中朝故事 443
中都志 353
中興間氣集 401

史

史記 76、357
史記集解 358
史記索隱 358
史通 370
史通通釋 385
史載之方 163、340
史姓韻編 379

吏

吏部職掌 385

申

申鹽 317

車

車制考 282

5000_7 事

事物紀原 211(2)、325
事林廣記前集、後集 378
事類賦 45、235、377

5003_1 摭

摭言 443
摭古遺文 314

5003_2 夷

夷白齋詩話 394
夷堅志 445

5010_6 畫

畫訣 395
畫譜 436

畫一元龜　239
畫山水録、附筆法記　437
畫繼　438
畫禪室隨筆　395
畫史　437
畫史會要　438
畫學秘訣　436
畫鑒　438
畫筌　395

5013$_2$　泰
泰山志　337
泰安府志　355

5014$_8$　蛟
蛟峯文集、外集　423
蛟峯集、山房先生遺文、外集　101

5022$_7$　青
青天歌注釋　207
青山集　118、421
青州府志　355
青囊奥語　350
青囊敘　350

5023$_0$　本
本草衍義　29、340
本草類方　342
本事詩　392、433

5033$_6$　忠
忠經　344
忠雅堂集　426

5060$_0$　書
書説　302
書譜　436
書經集注　169
書傳大全　303
書舟詞　429
書疑　302
書儀　285
書法　436
書古文訓　302
書苑菁華　438
書蔡傳旁通　303
書史　437
書史會要　438
書學正韻　265、314
書纂言　303

5060$_3$　春
春王正月考　310
春融堂集　426
春秋意林　308

春秋辨疑　308
春秋諸傳會通　310
春秋諸國統紀　309
春秋説例　264
春秋詳説　309
春秋三傳補注附國語　310
春秋王霸列國世紀編　309
春秋王綱論　308
春秋集傳　310
春秋列國臣傳　309
春秋集傳辨疑　308
春秋集傳釋義大成　309
春秋集傳纂例　287
春秋集解　309
春秋集注　309
春秋比事　265、310
春秋師説　264、310
春秋經傳類對賦　308
春秋經筌　309
春秋後傳　309
春秋傳　308
春秋傳説例　308
春秋釋例　287
春秋名號歸一圖　287
春秋决獄　286
春秋通説　309
春秋通論　309、310
春秋左傳注疏　286
春秋左傳補注　265、287、288
春秋左傳古注　287
春秋左傳姓名考　287
春秋左傳事類始末　287
春秋左氏傳説　309
春秋左氏傳補注　310
春秋大事表、輿圖　287
春秋大全　310
春秋地名考略　287
春秋世族譜　287
春秋權衡　308
春秋穀梁傳注疏　286
春秋穀梁注疏　57、200
春秋胡氏傳纂疏　170
春秋本例　308
春秋本義　309
春秋或問　309、310
春秋或問、附春秋五論　309
春秋提綱　309
春秋別典　287
春秋啖趙二先生集傳纂例　33
春秋屬辭　264
春秋屬詞　264、310
春秋金鎖匙　310
春秋分記　122、287
春秋尊王發微　308
春秋年表　287
春秋公羊傳注疏　286

春秋公羊注疏　57
春秋繁露　286
春秋纂例　200
春明退朝録　443
春明夢餘録　338

5073_2　表
表度説　349

5080_6　責
責備餘談　396

5090_0　耒
耒耜經　347

5093_3　素
素履子　345
素問病機氣宜保命集　341
素問玄機原病式　341
素問六氣玄珠密語　127
素問入式運氣論奥　221
素問入式運氣論奥、素問遺篇　339

5090_4　秦
秦漢瓦圖記　387
秦漢瓦當文字　376
秦漢印統　86
秦韜玉詩集　418
秦蜀驛程後記　398
秦公緒詩集　414

5090_6　東
東方朔集　404
東京夢華録　445
東晉疆域志　334
東征紀行録　384
東皋子集　407
東歸途詠　393
東浦詞　431
東漢會要　369
東南防守利便　217、334
東坡詞　428
東坡先生文集　420
東坡志林　444
東坡書傳　261、302
東萊先生音注唐鑑　150
東萊先生南史詳節　371
東萊先生校正南史詳節　29
東觀集　117、419
東觀漢紀　359
東觀餘論　69、437
東都事略　361
東谷易翼傳　300
東堂詞　428

5104_0 軒
軒轅黄帝傳 105、322

5204_7 授
授堂文鈔 427
授堂金石文字跋 375

5207_2 拙
拙軒集 423

5305_0 撼
撼龍經 321

5310_7 盛
盛明百家詩 258

5320_0 戚
戚少保平定略 349

咸
咸淳毘陵志 337
咸淳臨安志 126、337
咸陽金石遺文 387

5322_7 甫
甫里集 252
甫里先生集 412

5340_0 戎
戎昱詩集、補遺 415

5404_7 披
披沙集 413、418

5419_4 蝶
蝶几譜 397

5523_2 農
農書 327
農桑通決 327
農桑輯要 327
農器通譜 327

5560_6 曹
曹子建集 92、241、404
曹從事詩集 417
曹州府志 355
曹祠部詩集、補遺 417
曹鄴詩 255
曹松詩集 419

5590_0 耕
耕織圖詩 422

5602_7 揚
揚州芍藥譜 348

揚州畫舫録　355

5608_6　損
損齋備忘録　384

5701_2　抱
抱經堂文集　426
抱朴子内外篇　321

5701_4　握
握奇經　348

5704_7　搜
搜玉小集　401
搜神記　440
搜神後記　440

輟
輟耕録　447

5705_6　揮
揮塵前録、後録、第三録、餘話　445
揮塵録　396、445

5743_0　契
契丹國志　366

5790_3　絜
絜齋集　422
絜齋毛詩經筵講義　304

5798_6　賴
賴古堂文集　391

5806_1　拾
拾遺記　440

5811_6　蜕
蜕巖詞　432

5840_1　聱
聱隅子　346

5844_0　數
數術紀遺　330
數學九章　330

6

6010_0　日
日記鈔　346
日下舊聞　338
日涉編　389
日本國考略　383
日知録　326

6010_4 星
星經 329
星曆考源 321
星學大成 351
星命淵源 352

墨
墨譜 397
墨子 66、323
墨池編 437
墨法集要 448
墨娥小録 448
墨史 447

6011_3 晁
晁氏客語 444

6012_7 蜀
蜀王本紀 365
蜀碑記補 375
蜀徼紀聞 399
蜀道驛程記 398
蜀檮杌 366

6015_3 國
國語 288
國語補音 288
國秀集 401
國山碑考 376
國朝詩別裁集 404
國朝謚法考 307
國朝畫徵録、續録 439
國朝駢體正宗 392
國史經籍志 380
國史補 366

6021_0 四
四庫全書總目 381
四庫全書存目 381
四庫全書簡明目録 381
四六法海 391
四十二章經 321
四朝聞見録 368
四書辨疑 313
四書改錯 292
四書集編 312
四書釋地三編 292
四書逸箋 313
四書通 312
四書通證 312
四書通旨 312
四書大全 313
四書考異 293
四書纂疏 312
四書纂箋 312
四明文獻集 156、256、423

6022_7　易
易説　278
易璇璣　299
易例　278
易緯辨終備　279
易緯稽覽圖　279
易緯通卦驗　279
易緯坤靈圖　279
易緯乾元序制記　279
易緯是類謀　279
易象意言　299
易象圖説　301
易漢學　278
易裨傳　299
易本義附録纂注　300
易數鉤隱圖、遺論九事　298
易圖説　299
易圖通變　300
易圖明辨　278
易學　299
易學啓蒙通釋　300
易學啓蒙翼傳　300
易學啓蒙小傳　300
易纂言　300
易雅　300
易小傳　299

6033_1　黑
黑韃事略　383

6040_0　田
田間詩學　305
田間易學　301

6040_4　晏
晏元獻公類要　176
晏子春秋　123、203、316

6050_0　甲
甲乙詩集、補遺　417
甲乙經　339
甲申雜記　444

6050_6　圍
圍爐詩話　394

6060_0　回
回文類聚、補遺　402

吕
吕衡州詩集、補遺　416
吕氏家塾讀詩記　54、262、304
吕氏春秋　35、67、323

昌

昌黎文集 410
昌谷集 411

6060_4 圖
圖贊 333
圖繪寶鑑、補遺 170、438
圖畫見聞志 437
圖民録 344

6071_1 毘
毘陵集 414
毘陵集、附録、補遺 409
毘陵科第考 385
毘陵志 353

6080_1 異
異苑 440

6090_4 困
困學紀聞 36、326

6090_6 景
景定建康志 337

6091_4 羅
羅鄴詩集 417
羅鄴古風詩 413
羅昭諫集 413

6118_2 蹶
蹶張心法 349

6315_3 踐
踐阼篇集解 285

6333_4 默
默記 445

6355_0 戰
戰國史綱衍義 364
戰國策 42、357

6363_4 獸
獸經 396

6502_7 嘯
嘯堂集古録 372

6603_2 曝
曝書亭集 425

6624_8 嚴
嚴正文詩集 414
嚴州新定續志 337

6650_6 單

單刀法選　349

6682_7　賜
賜餘堂集　392

6701_6　晚
晚晴軒稿　394

6702_0　明
明文衡　403
明文淵閣書目　380
明文在　404
明詩綜　404
明一統志　334
明律條疏議　228、343
明律例箋釋　356
明從信録　382
明資治通紀　382
明大訓記　384
明太祖文集　424
明李文正年譜　385
明史　362
明史紀事本末　364
明畫録　395
明本釋　346
明本紀　384
明成祖實録　179
明典故紀聞　385
明開國臣傳、遜國臣傳　384
明人篆書儀禮　306
明會典　370
明堂大道録　285
明堂考　285

6706_2　昭
昭明文選李善注　239

6712_2　野
野客叢書　326

6716_4　路
路史　365

6772_7　鶡
鶡冠子　320

6802_1　喻
喻鳬詩集　416
喻林　379

7

7113_6　蠶
蠶書　347
蠶尾集、續集、後集、文略　425

7121_1　歷

歷代帝王法帖釋文考異　85
歷代帝王姓系統譜　379
歷代詩話考索　394
歷代山陵考　352
歷代名畫記　436
歷代名臣奏議　370
歷代名人小簡　391
歷代紀元部表　385
歷代題畫詩類　403(2)
歷代賦話　395
歷代賦彙、外集、逸句、補遺　403
歷代鐘鼎彝器款識法帖　85
歷代小史　267、396

隴

隴蜀餘聞　398

7124_7　厚

厚德録　446

7126_9　曆

曆體略　349
曆合覽　215
曆算叢書　349

7132_7　馬

馬王易義　278
馬石田文集　120
馬石田文集　424

7171_1　匡

匡謬正俗　325

7171_7　甌

甌北詩鈔　393

7173_2　長

長安志　336
長安志圖　337
長江集　411、417
長短經　325
長鎗法選　349

7178_6　頤

頤庵居士集　422

7210_0　劉

劉子　27、324
劉虞部詩集　415
劉向新序　64
劉向説苑　64
劉向古列女傳　150
劉向別録　380
劉賓客文集、補遺、詩集　410

劉隨州詩集　409

7212_1　鄧

鄧冰詞　394

7223_2　脈

脈訣　340、341
脈訣指掌病式圖説　342
脈經　339

7223_7　隱

隱居通議　447

7226_1　后

后山詩注　421
后鑒録　82

7274_0　氏

氏族博考　379

7277_2　岳

岳陽風土記　337

7280_6　質

質疑　346

7326_0　胎

胎息經注　207

7420_0　附

附釋文互注禮部韻略　297
附釋音毛詩注疏　21
附釋音禮記注疏　22
附釋音春秋左傳注疏　22、200
附曆合覽　331

肘

肘後備急方　223、339

尉

尉繚子　327

7421_4　陸

陸賈新語　316
陸狀元增節音註精議資冶通鑑　364
陸宣公集　249、410
陸補闕詩、補遺　412
陸士龍文集　93
陸士龍集　405
陸士衡文集　93
陸士衡集　405

7422_7　隋

隋書　360

7423_2 隨
隨手雜録 444
隨州詩集、補遺 414
隨園詩話 436
隨園詩集 393

7423_8 陜
陜西通志 354

7424_7 陵
陵陽先生詩 119
陵陽先生詩集 421

7432_1 騎
騎省集 419

7434_0 駁
駁五經異義、補遺 291

7529_6 陳
陳羽詩集 415
陳嵩伯詩集 417
陳伯玉文集、附録 93、152(2)
陳伯玉集 244
陳書 360
陳氏禮記集説補正 307
陳氏小兒病源方論 163、341

7624_0 脾
脾胃論 341

7713_1 筮
筮宗 300

7721_0 風
風俗通 324
風俗通校補逸文 324

7721_4 隆
隆平集 367

7722_0 月
月泉吟社詩 402
月令占候 307

同
同姓名録 379

周
周官辨 306
周官辨非 306
周官外義 306
周官禄田考 282
周禮 143
周禮訂義 305

周禮疑義舉要 282
周禮注疏 54、282
周禮漢讀考 282
周禮鄭注 282
周書 280、360
周秦刻石釋音 314
周見素詩集 418
周易玩辭 299
周易集解 277(2)
周易虞氏易 277
周易傳義附録 300
周易解 301
周易注疏 277
周易述 277
周易大全 301
周易索詁 302
周易乾坤鑿度 279
周易輯說 300
周易輯聞 300
周易本義辨證 278
周易本義集成 301
周易本義通釋 301
周易口訣義 278
周易略例 277
周易參同契 320
周易參義 301
周易舉正 278
周易兼義 53、167
周易義海撮要 299
周易會通 301
周易鄭注 278
周氏冥通記 259、440
周髀算經 329

陶

陶靖節詩 242、405
陶靖節集、附録 242
陶貞白集 406
陶淵明集 405

朋

朋舊遺詩合鈔 392

7722_7 局

局方發揮 342

骨

骨董志 399

閒

閒者軒帖考 439

7724_7 服

服虔通俗文 296

7726_4 居

居易録 448

7727_0 尸
尸子 323

7727_2 屈
屈宋古音考 298

7736_4 駱
駱賓王文集 49、244、408
駱賓王集 244

7740_1 聞
聞奇録 441
聞見近録 444

7740_7 學
學庸啟蒙 313
學福齋文集、詩集 393
學禮質疑 307
學林 444
學春秋隨筆 310
學易記 301

7744_0 丹
丹淵集 420
丹溪心法 342
丹陽詞 431

册
册府元龜 369、372
册府元龜序論 371

7744_1 開
開元天寶遺事 443
開天傳信記 442
開元釋教録 321
開河記 441

7744_7 段
段成式詩集 416

7748_2 闕
闕里文獻考 338

7760_1 醫
醫壘元戎 342
醫學發明方 356

7760_7 問
問字堂文稿 394

7771_7 鼠
鼠璞 446

7772_0 印
印典 388

7777_2　闕
闕尹子　320
闕朗易傳　289
闕中金石記　375

7778_2　歐
歐陽文忠公全集　100
歐陽文忠公全集、附録　420
歐陽行周集　410
歐陽助教詩集　415

7780_1　輿
輿地廣記　162、333
輿地碑目　374
輿地名勝志　334
輿地紀勝　125、333

7810_7　監
監本附音春秋穀梁注疏　23
監本附音春秋公羊注疏　23

鹽
鹽鐵論　317

7823_1　陰
陰符經　344
陰符經十家注　344

7876_6　臨
臨淮詩集　415
臨安志　108
臨漢隱居詩話　433
臨海記　338

8

8000_0　人
人物志　210、323

八
八門禽演書　352

入
入蜀記　446

8010_4　全
全唐詩　403
全唐詩話　102、257、434
全唐詩録　392
全芳備祖前集、後集　114、236、378
全金詩　403

8010_7　益
益州名畫録　437
益古演段　330

益都方物略記 336

8010_9 金
金石文字記 374
金石韻府 144、314
金石三跋 375
金石要例 435
金石例 258、435
金石後録 374
金石萃編 376
金石林時地考 386
金石史 374
金石表 387
金石契 388
金石品 388
金石圖 388
金石録 373
金石録補 374
金淵集 424
金臺集 424
金志 383
金薤琳瑯 374
金蘭集、續集 391
金華子雜編 443
金樓子 324
金都憲詩存 393
金史 362
金匱要略方 339
金匱鉤玄 342
金陵新志 37、219、337
金陵古金石考目 386
金陵圖考 338
金谷遺音 430
金符經 215、331

8011_4 鐘
鐘鼎字源 375
鐘鼎款識 373

8011_6 鏡
鏡銘集録 376

8012_7 翁
翁拾遺詩集 418

8020_7 今
今世説 448

8022_0 介
介菴詞 431

8022_1 前
前定録、續録 442
前聞紀 384

8022_7 分
分甘餘話 398

分隸偶存 314
分類補注李太白詩 49
分類補注李太白集 408

剪

剪綃集 432

8033_1 無

無住詞 432
無上玉皇心印經 207
無能子 345
無冤録 343

8033_2 煎

煎茶水記 347

8040_0 午

午亭文編 425

8042_7 禽

禽經 440

8050_1 羊

羊士諤詩集 415

8055_3 義

義山雜纂 442

8060_1 合

合訂删補大易集義粹言 301

8060_5 善

善誘文 396

8060_6 曾

曾子 318
曾南豐集 420

會

會稽三賦 336
會通館印正文苑英華辨證 154
會昌詩集、補遺 416

8060_7 倉

倉頡篇 296

8060_8 谷

谷音 402

8073_2 公

公孫龍子 323
公孫尼子 319
公是先生弟子記 396

食

食譜 347

養

養正圖解 344

8141_7 瓶

瓶史 397

8211_4 鍾

鍾官圖經 376

8280_0 劍

劍俠傳 441

8315_0 鐵

鐵函齋書跋 387
鐵網珊瑚 438(2)
鐵圍山叢談 444

8315_3 錢

錢考功詩集 414
錢穀刑名便覽 357
錢穀備要 357
錢氏小兒真訣 178

8612_7 錦

錦繡萬花谷前集、後集、續集 377
錦里耆舊傳 367

8640_0 知

知稼翁詞 431
知足齋詩集、續集 426
知足齋進呈文稿、文集 426

8652_7 羯

羯鼓録 307

8712_0 銅

銅鼓堂印譜 388
銅人俞穴針灸圖經 340

8742_7 鄭

鄭康成别傳 368
鄭康成年譜 368
鄭嵎詩集 417
鄭志 291
鄭氏詩譜 281
鄭氏三禮目録 284
鄭氏魯禮禘祫議 284
鄭氏喪服變除 283
鄭氏答臨孝村周禮難 282

8810_8 笠

笠澤叢書 252、412

8812_7 鈐
鈐山堂書畫記 395

筠
筠軒文鈔 394

8822_0 竹
竹齋詩餘 429
竹譜 326
竹雲題跋 387
竹山詞 429
竹坡詩話 434
竹坡詞 431
竹書紀年 362
竹屋癡語 429

8822_7 簡
簡平儀説 349

8823_2 篆
篆書易詩書春秋儀禮周禮大學中庸論語孟子 313

8825_3 箴
箴膏肓、起廢疾、發墨守 288

8843_0 笑
笑道論 321

8856_2 籀
籀史 373

8862_7 笴
笴譜 347

筍
筍河文鈔 426

8871_3 篋
篋中集 401

8872_7 節
節孝先生集 421

8877_7 管
管子 64、205、319
管窺輯要 349

8890_3 纂
纂圖互注南華真經 25、27、138
纂圖互注荀子 25、27
纂圖互注老子道德經 24
纂圖互注楊子法言 26
纂圖互注春秋經傳集解 201

繁

繁露直解 310

9

9000_0 小

小畜集 419

小爾雅 294

小山詞 428

小名録 379

小荀子 145

小學紺珠 378

小學鉤沈 296

小倉山房文集、詩集、外集 426

9003_2 懷

懷麓堂詩話 435

9020_0 少

少湖文集 425

9022_7 尚

尚友録 389

尚書説 302

尚書詳解 302

尚書疏衍 303

尚書集傳或問 302

尚書集傳纂疏 303

尚書集注音疏 279

尚書後案 279

尚書釋天 303

尚書句解 303

尚書注疏 279

尚書通考 303

尚書大傳、補遺 279

尚書大傳考纂 303

尚書考辨 280

尚書考異 280

尚書葦籥 303

尚書故實 442

尚書中侯 280

尚書表注 302

尚書紀録纂注 303

尚書全解 302

尚書鄭注 280

尚書纂傳 303

常

常州府志 354

常州忠節録 385

9050_0 半

半農春秋説 287

9071_2 卷

卷施閣集 427

9080_0　火

火珠林　332

9101_6　恒

恒言録　346

9106_1　悟

悟真指要　345

9148_6　類

類證增注傷寒百問歌　39
類證普濟本事方　340
類聚古今韻府續編　152、378
類經、圖翼　356
類編朱氏集驗醫方　168
類編秘府圖書畫一元龜　239
類編草堂詩餘　101、427
類篇　295

9406_1　惜

惜香樂府　429

9408_1　慎

慎子　322

9488_1　烘

烘堂詞　432

9501_0　性

性理大全書　146、344

9601_3　愧

愧郯録　370

9682_7　燭

燭湖集、附編二集　422

9788_2　炊

炊聞詞　394

9805_7　悔

悔存詩鈔　427

9860_4　瞥

瞥記　347

9960_6　營

營造法式　327

人名索引

0

0010_4 童

童宗説 32(2)、410

0022_2 廖

廖國賢 389

0022_3 齊

齊翀 355

齊召南 335

齊德之 342

齊履謙 309

0022_7 方

方夏 389

方干 412、417

方于魯 397

方千里 430

方仁榮 108、337

方勺 444

方以智 346

方遠宜 353

方逢振 423

方逢辰 423

方薰 396

方苞 265、306(2)、310(2)、313

方觀承 338

方中履 346

方成培 308

方日昇 315

方回 390

方鵬 396

方賢 40、342

席

席啓宇 254

席啓寓 414

商

商輅 424

商企翁 130、370

高

高誘 323、324、357

高承 211、325

高仲武 401

高保衡 38

高似孫 380

高濂 397
高適 409
高啓 424
高士奇 287(4)、377、439
高楚芳 409
高觀國 429
高陽生 340

0023_1 應
應劭 324

0023_2 康
康海 425
康萬民 405

0023_7 庾
庾季才 329

0026_7 唐
唐彦謙 417
唐庚 386
唐玄度 291
唐玄宗 288、319、369
唐球 417
唐仲冕 355
唐太宗 318
唐慎微 38、73、172、225、340

0040_0 文
文震孟 384
文天祥 423
文安禮 383
文嘉 395
文同 420
文瑩 444

0040_1 辛
辛棄疾 428

0040_6 章
章宗源 317、359、366
章沖 287
章樵 402
章攀桂 352

0044_1 辨
辨機 335

0073_2 玄
玄嶷 148
玄奘 335

0090_6 京
京本 82

0121_1 龍
龍大淵 112、373

0128_6 顔
顔文選 408
顔元孫 295
顔師古 76、77、294、325、358
顔崇槼 409
顔幼明 332
顔之推 325、440
顔真卿 336、409

0164_6 譚
譚峭 345
譚景升 345
譚耀 338

0180_1 龔
龔明之 36、446
龔頤正 396
龔賢 395

0460_0 計
計有功 434

謝
謝天瑞 447
謝維新 378
謝逸 429
謝啓昆 360、376
謝啓光 372
謝枋得 304、378
謝赫 436
謝蕡 384
謝旻 354

0722_7 鄺
鄺露 353

0742_7 郭
郭雍 299
郭京 278
郭諶 438
郭雲鵬 410
郭璞 58、163、289、293、331、333(2)、366
郭子晟 351
郭象 25、27、65、138、320
郭憲 440
郭祥正 118、421
郭載騋 351
郭茂倩 286
郭萬程 404
郭若虚 437
郭忠恕 295、344

郭界　353
郭思　75、340
郭勛　247
郭嗣伯　374

0821$_2$　施
施彦執　445
施城　355
施邦曜　425

0864$_0$　許
許謙　33、305、311
許顗　433
許衡　300
許嵩　336
許自昌　252、412
許叔微　340
許洞　123、213、328
許渾　416
許有壬　121、423
許有孚　121
許楨　121、423
許翰　317
許敬宗　136
許棠　417
許慎　177、291、294、324

0968$_9$　談
談愷　443

1

1010$_4$　王
王充　68
王充耘　303
王彦泓　426
王方慶　367
王應麟　36、46、256、278、280（2）、281（2）、285、289、291、294、326、334、363、370、378（2）、379、380、423
王文治　426
王讜　367
王三聘　346
王玉樹　314
王元亮　227
王元貞　377
王元楨　327
王天與　303
王引之　293
王砅　338、340
王瓘　105、322
王璆　128、356
王弼　53、277、278、319
王鞏　444
王瑜　296

王雋　68、146
王千秋　431
王禹偁　365、419
王維　409、436
王維德　340
王仁裕　443
王行　435
王鼎象　136
王偁　361
王俅　372
王佑　385
王績　407
王保訓　278
王象晉　379
王象之　125、333、374
王僎　353
王叔和　140、223、339(2)
王穉登　425
王復　394
王守仁　316、425
王安石　402、420
王安禮　329
王安中　430
王定保　443
王宗傳　299
王寂　423
王兆雲　397
王沂孫　432
王冰　222、225
王溥　324、369(2)
王黼　373
王澍　313、387(3)、439
王湜　299
王昶　376、392、399(7)、426、428
王逸　400
王通　318、363
王逢　174、233
王道淵　344
王桀　412
王十朋　337、420、422
王九思　136、339
王士元　322
王士俊　354
王士禛　307、392(4)、398(6)、425、436、448(3)
王士禄　394
王士點　130、370
王士騏　348
王堯臣　380
王在晉　352
王存　333
王志堅　391
王燾　340
王嘉　440
王嘉瑞　387
王樵　357
王圻　263、306、370、389

王晳　308
王孝通　330
王勃　114、407、413
王英明　349
王若虚　435
王世懋　394
王芑孫　393
王楙　326
王觀　348
王觀國　444
王恕　425
王柏　302
王好古　342(3)
王翰　424
王申子　300
王泰徵　372
王肅　316
王貴學　347
王軾　384
王鏊　369、424
王思任　305、397
王思明　51、258
王暭　448
王暐　444
王明清　396、445、446
王鳴盛　279
王又槐　357
王又樸　354
王又曾　393
王留耕　410
王與　343
王與之　305
王益之　364
王念孫　294、296
王曾　443
王會　371
王銍　119、445
王欽若　110、369
王符　317
王惟一　136
王常　85
王當　309
王灼　307

1014_1　聶

聶崇義　284

1020_0　丁

丁度　297(2)
丁德用　136
丁杰　281

1021_1　元

元結　401、409
元稹　411
元好問　121、402(2)、423、447

1024_7 夏
夏文彦 170、438(2)
夏竦 295
夏相 378

1040_0 干
干寶 440

于
于鼎 354
于邈 441(2)
于欽 337
于慎行 448

1060_0 石
石渠 357
石友諒 136
石孝友 430
石藴玉 393
石介 118、420

1060_1 吾
吾衍 158
吾丘衍 314(2)

1060_3 雷
雷思齊 300

1080_6 貢
貢師泰 424
貢性之 424

賈
賈島 411、417
賈思勰 326
賈昌朝 297
賈公彦 54、55、56、282、283

1111_4 班
班固 58、76、291、358、439、440

1111_7 甄
甄鸞 321、329、330(3)

1118_6 項
項安世 299
項道暉 406
項篤壽 69

1123_2 張
張彦遠 436(2)
張齊賢 367
張庚 439
張唐英 365、366

張文麟 422
張文伯 157、312
張詠 419
張鶱 366、409
張敦仁 284、317
張敦頤 32(2)、284、410
張説 408
張一鯤 288
張元幹 430
張爾岐 283、398
張震 48
張天雨 432
張可大 65
張弧 298、345
張廷玉 362
張理 301(2)
張丑 439
張君房 345
張行成 331
張師愚 403
張繼 414
張參 291
張仲景 140
張伯顔 48、239、400
張以寧 310
張從正 341
張淳 283
張之象 317、391(2)、402
張守節 357
張宏恩 337
張宗道 350
張遜業 413
張溥 406
張浚 299
張湛 25、320
張洪陽 344
張禮 353
張潮 398
張瀚 385
張海鵬 336、380
張洽 309
張九韶 47、378
張九齡 245
張士俊 295、296、297
張先 432
張有 295
張存中 312
張志和 345
張機 339
張式之 75、228、343
張載 299
張栻 311
張萓 345
張翥 432
張燕昌 388
張孝祥 430
張華 324
張世緯 408

張世南 447
張泰來 436
張泰階 395
張惠言 277
張表臣 434
張耒 304、421
張戒 434
張揖 294
張邦瑩 67
張輪 402
張國維 338
張田 419
張固 442
張景 343
張匡學 352
張又新 347
張八寀 384
張鉉 219、337
張介賓 356
張槼 431
張銑 88、400
張鎡 422
張籍 415
張炳祥 408

1173_2 裴

裴孝源 436
裴松之 359
裴駰 357、358

1241_0 孔

孔廣林 278、280(3)、281、282、283、284(3)、288(2)、289(2)、291(3)、315
孔廣森 427
孔元措 368
孔平仲 444
孔穎達 21、22(2)、53、54、167、277、279、281、283、286
孔繼涵 333、394、427
孔繼汾 338
孔鮒 316
孔傳 377
孔安國 279
孔毓圻 382

1249_3 孫

孫應時 422
孫承澤 338、439(2)
孫德成 386
孫仲逸 409
孫復 308
孫之騄 214、267、329、382(2)
孫馮翼 278(2)、283、293、314、317、320(2)、322、323、324(2)

孫兆重　38、221
孫澮若　413
孫過庭　436
孫奭　290(2)
孫志祖　318、347、359、399、401(2)
孫奇　38
孫樵　412
孫覿　421
孫星衍　277、278、284(2)、285(3)、287(2)、289、293、294、295、296、314、316(2)、317、319、321(2)、322(2)、323、327(4)、328(4)、329、332、333、334、335(2)、337、339(2)、340、342、343(2)、368(4)、369(2)、376、377(2)、379(2)、382、394、402、404、407
孫思邈　340(2)
孫彤　293
孫岳頒　439
孫同元　280、316
孫鑛　324
孫堂　301
孫光憲　443

1314$_0$　武

武元衡　415
武億　288、291(2)、292(2)、375(2)、376(3)、427
武后　285
武陵王　406
武陵逸史　101、427

1623$_6$　强

强幼安　434

1710$_7$　孟

孟郊　98、411、415
孟元老　445
孟衍泰　385
孟宗寶　391
孟浩然　409、413
孟棨　433
孟貫　418

1712$_7$　耶

耶律楚材　156、423

鄧

鄧名世　379
鄧牧　336、423
鄧渼　402
鄧椿　438
鄧愷　389

1716_4 珞
珞琭子 332

1721_4 翟
翟灝 293、311、354
翟耆年 373
翟思忠 367

1722_7 酈
酈道元 333

1723_2 豫
豫章王 406

1740_7 子
子貢 304

1742_7 邢
邢侗 425
邢澍 327、376
邢昺 24、58、288(2)、289

1750_7 尹
尹師魯 420
尹洙 363
尹直 384
尹壇 337
尹喜 320

1762_0 司
司空圖 115、412、418、433
司空曙 415
司馬貞 357、358
司馬彪 358
司馬遷 357
司馬光 26、41、285、295、310、317(2)、363(5)、367、433

1762_7 邵
邵晉涵 289、346、427
邵遠平 362
邵長蘅 315
邵陵王 406

1918_0 耿
耿湋 415

2

2033_1 焦
焦竑 344(2)、380、389
焦循 313

2071_4 毛
毛亨 281

毛方倫　438
毛晉　253（2）、254、255、259、277（4）、278（2）、279、281(4)、282、283(2)、286(3)、288（2）、289、290、294（2）、298（3）、316、321、322、358（4）、359(4)、360(7)、361(3)、397、400、411（2）、413、419、428、434、438、440(4)
毛幵　429
毛滂　428
毛扆　320
毛奇齡　292
毛晃　280
毛居正　291

2121_7　伍
伍德　408

盧
盧文弨　279、280、281、283、293、296、316、324、426
盧辯　284
盧重元　320
盧舜治　65、321
盧綸　415
盧祖皋　432
盧見曾　392
盧照鄰　114、408
盧炳　432

2122_0　何
何文煥　395
何三畏　67
何元錫　381、388
何承天　332
何休　57、286
何良俊　317(2)
何道堅　337
何超　359
何晏　288
何異孫　312
何景明　425
何鏜　72、352
何焯　326

2122_1　行
行均　295

2122_7　衞
衞元嵩　331
衞宏　368(2)
衞湜　306

2123_4 虞
虞庶 136
虞更生 408
虞集 423、424
虞載 378
虞世南 113、377
虞荔 372

2133_1 熊
熊方 358
熊三拔 349(2)
熊宗立 173
熊良輔 301
熊忠 297
熊朋來 312

2220_7 岑
岑參 409

2221_4 任
任淵 421
任大椿 282、296(2)
任昉 440

2221_4 崔
崔孔昕 401
崔子方 308
崔豹 324
崔鴻 360
崔令欽 441

2277_0 山
山井鼎 292

2290_4 巢
巢元方 73、339

欒
欒史 333、408

2323_4 伏
伏生 279

2324_2 傅
傅玄 324
傅王露 354
傅霄 133、406
傅崧卿 284
傅鑰 291
傅注 24
傅寅 262、302
傅旭元 424
傅肱 347

2325_0 臧
臧晉叔 308

臧琳 292
臧鏞堂 284(2)、289(2)、291、295、296

2350_0 牟
牟融 321

2397_2 嵇
嵇含 326

2421_7 仇
仇遠 424

2480_6 贊
贊寧 347

2500_0 牛
牛運震 301、312、386、388

2590_0 朱
朱應爲 180
朱文公 232、390
朱謀垔 373
朱元昇 300
朱震 299
朱震亨 342(5)
朱雲 144、314
朱珪 426(2)
朱建 386
朱翌 421、445
朱承爵 394
朱子 410
朱倬 305
朱佐 168
朱德潤 386
朱仲 440
朱象賢 388
朱彝尊 292、338、404、425、428
朱淑真 432
朱祖義 303
朱存理 438
朱存孝 402
朱熹 232
朱載堉 286、331
朱蔚然 322
朱權 386
朱橚 348
朱槔 119、422
朱楓 387(2)、388
朱申 311
朱東光 205
朱國楨 384(2)
朱景玄 437
朱臣 342
朱長文 104、286、336、437

朱氏 285
朱肱 348
朱服 71
朱善 305
朱公遷 312
朱養純 320
朱鑑 300、304
朱筠 426

2600_0 白
白珽 396
白履忠 322
白居易 377、411

2610_4 皇
皇侃 288
皇甫謐 204、339、366
皇甫湜 410
皇甫冉 414
皇甫曾 414

2621_3 鬼
鬼谷子 332

2641_3 魏
魏慶之 435
魏武帝 327
魏仲舉 383、410
魏徵 135、318、360
魏收 360
魏泰 433
魏野 117、419

2643_0 吳
吳文英 429
吳元維 86
吳元恭 289
吳震方 399
吳雲 354
吳琯 280、291、293、294、320、324（2）、325、333、335（3）、345、362、365、366、439
吳融 253、412、418
吳子疎 354
吳喬 394
吳仁傑 290、299、358
吳師道 42、357
吳任臣 352、361
吳偉業 368
吳勉學 316、319(2)、320(3)、322(2)、323、327、339
吳縝 361(2)
吳自牧 446
吳嶼 411
吳沆 299
吳之振 404

吴騫　281、376、399、405(2)
吴兆宜　390
吴澄　303、306、311、423
吴秘　26
吴渭　402
吴淑　45、377、443
吴枋　396
吴棫　297
吴兢　433
吴蘭亭　361
吴均　440
吴縠　355
吴中行　393
吴曾　444
吴錫麒　393
吴省蘭　400
吴省欽　426
吴炳　72
吴榮光　287

2690_0　和

和珅　283
和嵘　343
和凝　164、343

2691_4　程

程端學　309、310
程敦　376
程元初　364
程百二　334
程珌　430
程珖　175
程衍道　340
程俱　369
程沖斗　349
程禄　350
程道生　351
程大中　306、313
程大昌　280、302、326、336、353
程垓　429
程夢星　354
程本　344
程明善　329
程公説　122、287
程敏政　403
程榮　277、278、280、284、286、291、293、316、317、318(2)、322、323、324(2)、325(2)、363、439

2694_1　釋

釋彦悰　149、437
釋文瑩　444
釋玄應　295
釋玄嶷　321
釋玄奘　335

釋皎然 433
釋贊寧 345
釋僧祐 401
釋守遂 321
釋法琳 148、321(2)
釋道宣 321、401
釋道世 379
釋慧皎 147、321
釋慧苑 295
釋貫休 413
釋智昇 322

2712_7 歸
歸有光 425

2713_2 黎
黎晨 242
黎民壽 128、340

2721_7 倪
倪璠 406
倪象占 302
倪國璉 327
倪思 78、358

2722_0 向
向子諲 429

2723_4 侯
侯應 357
侯寧極 347
侯善淵 344

2724_7 殷
殷璠 401
殷敬順 320

2726_1 詹
詹道傳 312

2731_2 鮑
鮑廷博 325、330(4)、385
鮑彪 42、357
鮑溶 411

2742_7 鄒
鄒訢 207、344
鄒德溥 314
鄒之嶧 320

2771_2 包
包瑜 152、238、379
包何 414
包佶 414
包拯 419

2772_0 勾
勾延慶 367

幻
幻真先生 207

2791_7 紀
紀容舒 390

2792_2 繆
繆襲 324
繆希雍 350
繆曰芑 408

2792_7 移
移剌楚材 156

2823_7 伶
伶玄 440

2829_4 徐
徐彦 286
徐文靖 352
徐一夔 370
徐三友 74
徐靈府 319
徐元太 379
徐天麟 369(2)
徐天祐 365
徐晉卿 308
徐可先 355
徐子器 404
徐子光 371
徐倬 392
徐師曾 391
徐鼎 305
徐積 421
徐守銘 86
徐宏祖 352
徐禎卿 435
徐沁 395
徐達左 391
徐逢吉 398
徐兢 336
徐樹穀 412
徐乾學 283
徐幹 318
徐春甫 356
徐階 425
徐岳 330
徐陵 89、401
徐堅 45、86、151、377
徐居仁 50、247、408
徐益孫 67
徐鉉 177、294、419、443
徐鍇 294
徐釚 392

徐鑑　153、423
徐炯　412

2891_6　税
税與權　300

3

3010_6　宣
宣帝　406

3021_4　寇
寇準　420
寇宗奭　29、340(2)

3022_7　房
房玄齡　64、319
房喬　359
房祺　403

3023_2　家
家鉉翁　309

3040_1　宇
宇文懋昭　366、383

3060_6　宫
宫夢仁　389

富
富大用　236、378

3077_7　官
官應震　332、351

3080_6　竇
竇庠　412
竇羣　253、412
竇鞏　253、412
竇牟　412
竇臯　253
竇苹　348
竇常　253、412

3090_4　宋
宋庠　288
宋徽宗　259、437(2)
宋濂　315、362、383、386、424
宋祁　336、361
宋大樽　395
宋桐岡　307、310
宋咸　26、294
宋邦乂　67、323
宋繇初　281
宋鑒　280
宋慈　110、343

宋敏求　250、336、369、411、443

3111_0　江

江霞　376
江永　282、283、285、286(2)、292、306、311、315、351
江澄中　339
江淵　371
江贇　371(2)
江聲　279、294
江鳳彝　388

3111_4　汪

汪立名　375
汪文盛　358(2)
汪一鸞　324
汪三益　349
汪砢玉　395
汪廷珍　293
汪子卿　337
汪師韓　399
汪佃　358
汪澤民　403
汪士賢　406
汪士鋐　376
汪克寬　170、306
汪志伊　348
汪中　427
汪本直　385
汪晫　318(2)
汪輝祖　362、380(3)、399

3112_0　河

河上公　24、319

3112_7　馮

馮應京　305
馮應榴　420
馮翊　442
馮天馭　84、370
馮琦　364
馮繼先　287
馮贄　260、442、443
馮舒　403
馮惟訥　403

3116_1　潛

潛説友　126、337

3128_6　顧

顧廣圻　289、317、381
顧元慶　394
顧瑛　391
顧予咸　412
顧修　390

顧從義　85、438
顧況　415
顧祖禹　334
顧棫　290
顧藹吉　296
顧楝高　287
顧起元　386
顧起經　409
顧野王　295
顧嗣立　404、412
顧炎武　292、298、313、326、374、425

3130_6　逌
逌賢　424

3216_9　潘
潘緯　32(2)、410
潘永因　399
潘士遴　303
潘昂霄　258、435
潘閬　419

3312_7　浦
浦起龍　386
浦銑　395

3390_4　梁
梁玉繩　347、358、385
梁元帝　324、379
梁寅　301
梁邱子　208

3411_1　湛
湛若水　247、409

3411_2　沈
沈辨之　281
沈該　299
沈端節　431
沈亞之　115、411
沈亞夫　344
沈廷餘　317
沈璟　307
沈巖　407
沈繼孫　448
沈德潛　404
沈約　359
沈作喆　445
沈心　388
沈淑　313
沈初　381
沈汾　322
沈大成　393
沈士龍　216、361
沈嘉轍　392

沈樞 231、364
沈尤尤 327
沈桐 79
沈泰 284
沈括 36、325、356、437
沈勅 338
沈彤 282
沈際飛 427
沈炳震 389

池
池紀 351

3413_1 法
法式善 385
法顯 147

3413_2 漆
漆紹文 354

3414_7 淩
淩稚隆 358、389
淩迪知 379、389
淩萬頃 337

3418_1 洪
洪亮吉 298、334、335、359、427
洪震煊 285
洪璨 431
洪皓 383
洪永疇 349
洪适 373(2)
洪邁 326、371、445
洪咨夔 431
洪遵 373、385
洪梗 401
洪梧 379
洪坤煊 394
洪頤煊 279、283(2)、286(2)、288、289、291、293(2)、318(2)、319(2)、326(2)、328、329(2)、332(5)、335、338、362、365(3) 366、368、380(2)、394、440(2)
洪興祖 400
洪飴孫 366
洪瑩 379

3426_0 褚
褚遂良 441
褚少孫 357

3530_0 連
連文鳳 423

3611_1 混
混然子 207(3)

3611_7 温
温庭筠 412、416
温大雅 365

3612_7 湯
湯尹才 39、341
湯紹祖 403
湯賓尹 384
湯漢 405
湯顯祖 427
湯垕 438

3621_0 祝
祝穆 29、46、114、217、236(2)、334、378
祝允明 384

3630_2 邊
邊連寶 393

3712_7 滑
滑壽 339

3722_7 祁
祁承㸁 397

3730_2 過
過元暁 389

3730_4 逄
逄行珪 145、319

遲
遲鳳翔 343

3772_7 郎
郎瑛 448
郎士元 414
郎奎金 289、290、294(3)

3819_4 涂
涂楨 317

3860_4 啓
啓玄子 38、127

4

4001_1 左
左圭 297
左克明 34、200、286

4010_6 查

查禮　388
查志隆　353

4022_7　南
南康王　406
南卓　307
南逢吉　337

4024_7　皮
皮日休　252、345、412

4040_7　支
支遁　165

李
李商隱　412、416、442
李膺　353
李應祥　338
李文仲　296
李京　314
李龏　432
李誠　327
李調元　312、375、388、399
李垔　335
李元綱　446
李元陽　78、83
李石　325
李百藥　360
李登　314
李登明　355
李延壽　29、41、360(2)
李廷機　378
李琪　309
李建勳　419
李羣玉　417
李季　125、329
李上交　370
李虛中　332
李衛　353
李衡　232、299
李頻　416
李綽　442
李鼎祚　277
李嶠　408
李德裕　251、367、411、416
李幼武　367(2)
李紳　411、416
李白　408
李翺　410、442
李攸　369
李復言　441
李濂　310
李淳風　106、329(3)、330(3)
李涪　442
李之儀　430
李之藻　349
李富孫　302

李良年 393
李江 331
李濬 442
李心傳 299
李治 326、330(2)
李斗 355
李清照 432
李湯卿 356
李洞 418
李祖堯 421
李瀚 371
李道純 207
李肇 366
李燾 229、364
李杰若 381
李吉甫 333
李嘉祐 414
李樗 304
李栻 81、267、364
李華 410
李林甫 83
李覯 155、411
李如楨 412
李賀 411
李好文 337
李東陽 370、385、435
李播 214、329
李咸用 413、418
李軌 26
李昉 87、131、377、402、443
李杲 39、226、341(4)
李時勉 424
李嗣真 436
李璧 420
李匡乂 442
李屋 367
李周翰 88、400
李賢 78、334、358、383
李益 415
李善 48、88、400(2)
李公昂 431
李筌 106、328
李簡 301
李簡易 207、345
李籍 329(2)
李光映 375

4050_6 韋

韋應物 409、414
韋述 135、335
韋祀謨 409
韋莊 413、418
韋縠 401
韋昭 288
韋巨源 347
韋居安 434

4060_1　吉
吉天保　327

4073_2　袁
袁袠　346
袁翼　246
袁采　346
袁守定　344
袁宏　362
袁宏道　397
袁樞　30、231、364
袁孝政　27、325
袁枚　426、436
袁表　223、339
袁省予　388
袁燮　304、422

4080_1　真
真德秀　312、344、402(2)、422

4091_7　杭
杭世駿　292、346、359、386、426、436

4191_6　桓
桓寬　317

4192_0　柯
柯喬　76、78
柯維騏　362

4212_2　彭
彭元瑞　293
彭叔夏　154、402
彭曉　320

4240_0　荆
荆浩　437

4241_3　姚
姚文田　297
姚鼐　310
姚佺　411
姚之駰　359
姚宏　357
姚士觀　424
姚最　436
姚思廉　359、360
姚際恒　395
姚鉉　90、402
姚合　401、411、416

4301_0　尤
尤袤　434
尤玘　396

4385_0 戴

戴震 282(2)、292、293、311、315(2)、331、333、350、426
戴師愈 298
戴德 56
戴凱之 327
戴侗 296
戴復古 430
戴埴 446
戴明說 391
戴原禮 356

4410_0 封

封演 325

4410_4 董

董豐垣 303
董鼎 303、311
董仲舒 286
董逌 373、438
董漢策 397
董真卿 301
董楷 300
董其昌 395
董史 390
董公振 357

4410_7 藍

藍瑛 438

4411_2 范

范雍 420
范至明 337
范處義 304
范仲淹 420
范寧 23、57、286
范家相 281
范祖禹 150、363
范桴 435(2)
范蔚宗 358
范坰 365
范成大 336、348、422、432、445(2)
范晞文 435
范曄 78

4421_4 莊

莊述祖 284、287、291
莊逵吉 324、335
莊炘 295

4422_2 茅

茅元儀 327
茅兆河 251

茅坤　323、324、391

4422$_7$　芮
芮挺章　401

　　蕭
蕭子顯　359
蕭統　88
蕭嵩　369
蕭洵　353
蕭士贇　49
蕭吉　331
蕭真宰　344
蕭楚　308

4424$_7$　蔣
蔣正子　435
蔣子正　447
蔣彪　345
蔣和　297、314
蔣士銓　426
蔣捷　429
蔣國祥　362(2)
蔣暘　373
蔣悌生　313

4433$_1$　赫
赫達邑　355

4439$_4$　蘇
蘇靈芝　319
蘇天爵　403
蘇頲　441
蘇舜欽　419
蘇洵　285、420
蘇軾　51、302、344、356、405、420、428、444
蘇轍　304、363
蘇鶚　442
蘇頌　330

4442$_7$　萬
萬維楓　357
萬經　314
萬斯大　306(2)、307(3)、310
萬斯同　292
萬民英　351(2)

4445$_6$　韓
韓彥直　348
韓康伯　167、277
韓玉　431
韓琦　419
韓偓　412、418
韓淲　446

韓道昭　60、62、295、297
韓萬鍾　349
韓孝彦　60
韓翃　414
韓昂　438
韓嬰　281
韓鄂　377
韓駒　119、421
韓愈　410

4450_4　華

華佗　222、339

4460_0　苗

苗爲　329

4462_7　荀

荀悦　79、318、362

4471_1　老

老聃弟子　319

4472_7　葛

葛立方　430、434
葛鼎　319、322
葛洪　321(2)、339、446
葛勝仲　431

4474_1　薛

薛應旂　371
薛季宣　302
薛虞畿　287
薛俊　383
薛收　363
薛據　318
薛用弱　441
薛居正　361
薛熙　404
薛鎧　178
薛尚功　373

4480_6　黄

黄庶　421
黄庭堅　421、428
黄度　302
黄帝　331
黄丕烈　277、288、357
黄震　371
黄鼎　349
黄休復　437
黄仲炎　309
黄伯思　69、437、438
黄向堅　398
黄叔琳　370、406
黄叔璥　387
黄徹　434

黄淮　370、406
黄之宷　319
黄宗羲　435
黄滔　413
黄汝良　307
黄檦　304
黄機　430
黄鶴　50、247、408
黄晟　333
黄昇　430
黄景仁　427
黄晞　346
黄居真　344
黄公度　432
黄鎮成　303
黄省曾　204、317、318、396、405、413
黄煜　384

4490_1　蔡
蔡亨嘉　149、371
蔡方炳　386
蔡卞　304
蔡文範　279、280、284、362、400
蔡襄　347
蔡邕　91(2)、132、285
蔡仲　430
蔡絛　444
蔡潛道　319
蔡淵　300
蔡沈　169
蔡模　311
蔡氏　344
蔡節　311

4490_4　葉
葉奕苞　374(2)
葉紹翁　368
葉大慶　326
葉森　379
葉封　375
葉夢得　308、429、433
葉盛　448
葉時　305
葉隆禮　366、383

4491_0　杜
杜預　286、287
杜綰　447
杜佑　83、369
杜從古　314
杜牧　99、411、416
杜安世　431
杜道堅　319
杜大珪　169、367
杜荀鶴　254、413、418

杜本 402
杜甫 408
杜公瞻 377
杜光庭 128、340

4491_4 桂
桂馥 297

權
權德輿 415

4499_0 林
林至 299
林億 38、109、222、339
林禹 365
林佶 425
林侗 387
林之奇 302
林宇沖 123、139
林寶 379
林希逸 305、345
林鉞 295
林光世 300
林慎思 325(2)

4594_4 樓
樓璹 422

4622_7 獨
獨孤及 410、414

4692_7 楊
楊齊賢 49、408
楊康侯 136
楊文翰 40
楊玄操 136
楊璋 229、363
楊无咎 431
楊瑀 447
楊信民 389
楊倞 25、316
楊維德 212
楊衒之 335
楊參 420
楊德周 405
楊伯嵒 297
楊侃 228、358
楊復 22、306
楊之森 279
楊賓 387
楊澄 93、153、407
楊祐 291
楊淑 422
楊雄 293、317(2)
楊士弘 48、403
楊士奇 380

楊士勛　23、57、286
楊桓　266、314
楊載　435
楊萬里　422、445
楊本　52、258
楊春　93、153
楊甲　291
楊時　421
楊巨源　415
楊用道　339
楊令聞　421
楊銘　383
楊筠松　28、331、350
楊惟德　332
楊光弼　366
楊光先　349
楊炎　429
楊慎　93、259、386、387、394、405、437
楊炯　114、407

4732_7　郝
郝天挺　402

4762_0　胡
胡方平　300
胡廣　301、303、305、306、310、313、344
胡文璧　447
胡文質　314
胡文煥　164、165、289、305、324、325(2)、331(2)、387、447、448
胡一桂　300(2)
胡一中　303
胡三省　41、363(2)
胡震亨　216、259
胡天游　355
胡瑗　104、199、285
胡維新　316(2)、317、318(2)、324
胡虔　381
胡儼　212
胡仔　434
胡宿　420
胡宏　363
胡寅　386
胡賓　291
胡渭　278、280
胡士行　302
胡克家　400
胡柯　154
胡時化　351
胡煦　301
胡曾　257
胡銓　396、422
胡愔　206、322

胡炳文 301、312

4762_7 都
都穆 374、405、435、438

4792_0 柳
柳瑛 353
柳永 428
柳宗元 26、410
柳開 419
柳貫 424

4895_7 梅
梅文鼎 349(2)
梅鷟 280
梅鼎祚 391
梅純 384

4980_2 趙
趙彦端 431
趙彦肅 299
趙一清 333
趙孟頫 256、339(2)、423
趙君卿 329
趙翼 371、382、393
趙順孫 312
趙崡 374
趙師秀 402
趙師俠 429
趙崇祚 101、427
趙岐 290
趙魏 388(2)
趙汸 264(2)、265、310(5)
趙宏恩 353
趙汝楳 300
趙友欽 330
趙希璜 296、376
趙希弁 380
趙希鵠 446
趙吉士 398
趙古則 59、314
趙蕤 298、325
趙執信 394
趙如源 317
趙均 386、387
趙瑕 416
趙昇 111、385
趙曄 43(2)、365
趙明誠 373
趙曦明 325
趙長卿 429
趙用賢 209、319、322
趙殿成 409
趙鵬飛 309
趙開美 329
趙鈛 212、326
趙懷玉 281(2)、410

5

5000_6　史

史能之　337
史以遇　372(2)
史徵　278
史達祖　428
史游　293
史朝富　153

申

申培　304

5033_3　惠

惠士奇　278、282
惠棟　277、278(4)、285、287、292、323、346、358、372、425

5040_4　婁

婁機　295
婁堅　411

5090_4　秦

秦禾　98、411
秦系　414
秦瀛　385
秦九韶　330
秦越人　136、339
秦蕙田　370
秦觀　347、421、428
秦松齡　393
秦恩復　320、323

5090_6　東

東方朔　439(2)

5201_4　托

托克托　361、362

5310_7　盛

盛百二　303
盛希明　314
盛時泰　374

5320_0　成

成德　301、307
成伯璵　304
成城　355
成熙　278
成無己　140、339、342

戚

戚繼光　348
戚學標　294、315

5560_6　曹

曹唐　417
曹廷棟　318
曹之升　312
曹憲　294
曹寅　295、297
曹溶　387、398
曹鄴　417
曹士冕　373
曹培廉　423
曹孝忠　73、171
曹植　92
曹昭　448
曹學佺　218、334、413

5580_6　費

費袞　446

5824_0　敖

敖繼公　306

6

6011_3　晁

晁説之　444
晁謙之　427
晁補之　431
晁公武　380

6033_0　思

思悦　405

6040_4　晏

晏殊　428
晏處善　408
晏幾道　428

6050_4　畢

畢以珣　327
畢沅　294、296、307、323、324、334（2）、335、364、375(3)、392、426

6060_0　吕

吕廣　136、339
吕震　374
吕延濟　88、400
吕向　88、400
吕祉　217、334
吕兆禧　404
吕温　416
吕渭　431
吕祖謙　90、150、232、262、278、299、302、304、371、402、421
吕大圭　309
吕大臨　372

吕枏　79、362
吕本中　309、433
吕陶　420

6080_6　員
員卓　332

6090_6　景
景日昣　338
景星　313

6091_4　羅
羅王常　86、374
羅珏　350
羅泌　365
羅洪先　334
羅大經　447
羅苹　365
羅願　289、336
羅隱　413、417

6333_4　默
默希子　158

6404_1　時
時瀾　302

6621_4　瞿
瞿佑　435
瞿曇悉達　124、329

6624_8　嚴
嚴可均　293、315、377
嚴羽　434
嚴維　415
嚴嵩　370
嚴澂　397
嚴有禧　355
嚴杰　316
嚴蔚　288、376
嚴觀　376

6650_6　單
單鍔　336

6706_2　昭
昭明太子　48、93

6716_4　路
路振　365

7121_1　阮
阮元　282、283、297、375(2)、392、399、404
阮逸　26、80、104、168、199、285、298、363

阮閱　175

7122_7　厲

厲鶚　362、404

7132_7　馬

馬端臨　84、88、370、390
馬融　344
馬縞　68、325
馬俊良　400
馬總　160、325
馬紹基　375
馬宗璉　288
馬祖常　120、424
馬戴　416
馬驌　365
馬令　361

7173_2　長

長孫無忌　40、227、342
長筌子　207

7210_0　劉

劉應李　47、237、378、422
劉應時　422
劉歆　439
劉於義　354
劉元賓　340
劉弘毅　232、233
劉延世　444
劉邵　210、323
劉珍　359
劉禹錫　97、98、410
劉秉忠　350
劉須溪　409
劉崇遠　443
劉績　284、319、324
劉向　123、159、317（3）、320
劉侗　337
劉徽　329、330
劉牧　298
劉完素　341(7)
劉永澄　393
劉良　88、400
劉定之　384
劉寅　316、327、328
劉温舒　221、339
劉次莊　438
劉祁　368
劉過　430
劉道醇　437
劉大彬　37、220、337
劉克莊　430
劉壎　447
劉基　153、332、424、447
劉孝孫　330

劉孝標　82、330、366
劉荀　346
劉恕　363
劉勰　27、102、325、406
劉敬叔　440
劉晝　28、325
劉肅　367
劉昌詩　446
劉景韶　335
劉昞　210、323
劉昫　79、360
劉昭　358
劉辰翁　51、140
劉長卿　97、409、414
劉體仁　387、398
劉熙　24、294
劉學箕　120、423
劉義慶　82、366
劉會孟　78、141
劉知幾　370
劉攽　433
劉節　403
劉焬　174、233
劉恂　442
劉敞　264、308(4)、312、396

7277_2　岳

岳珂　287（2）、292、332、370、446
岳濬　354

7420_0　尉

尉遲偓　443

7421_4　陸

陸唐老　364
陸廣微　336
陸雲　241
陸璣　281
陸羽　347
陸穩　323
陸德明　22(2)、25、27、65、138、167、291
陸勳　441
陸績　277
陸佃　171、290、320
陸龜蒙　252(2)、347、379、412(3)
陸翽　335
陸紹珩　397
陸紹曾　388
陸淳　33、200、287、308
陸游　361、422、428、446
陸肇域　355
陸友　447
陸堯春　284

陸機　241
陸荃忠　410
陸贄　410
陸相　316
陸楫　396
陸泰來　343
陸善經　379
陸恒　399
陸耀　354

7529_6　陳
陳亮　382、423、430
陳庭學　393
陳文中　163、341
陳文燭　396
陳韶　355
陳三聘　432
陳玉父　401
陳天祥　313
陳廷敬　425
陳建　382(2)
陳子昂　244、407、413
陳子艮　321
陳鱣　288、289
陳禹謨　377
陳仁玉　348
陳仁錫　363、389、391、410、420
陳師凱　303、332
陳師道　421、432、433
陳魁　244
陳傳良　309
陳純　420
陳鵠　368
陳淳　346
陳宗夔　372
陳沂　338、384
陳深　309
陳祥道　198、284
陳道人　294
陳啓源　281
陳大科　377
陳大猷　302
陳士魁　408
陳壽　359
陳桱　42、230、364
陳彭年　295、297、365
陳櫟　303
陳蓋　257
陳萊孝　376
陳均　129、230、364
陳桷　133
陳振孫　380
陳㬊　327
陳摶　350
陳邦泰　308
陳邦瞻　364(2)
陳思　348、374、438

陳田夫　109、219、336
陳景沂　114、236、378
陳景鍾　398
陳顯微　320
陳則通　309
陳暘　285
陳厚耀　287
陳階　389
陳鳳梧　56(2)、226、283
陳陶　417
陳叟　348
陳開虞　354
陳與義　432
陳録　396
陳第　298(2)、301、303、390、393
陳肖巖　434
陳耀文　388

7712_7　邱

邱濬　285、348、383
邱陵　409

7721_0　風

風后　348

7722_0　周

周應賓　379
周應合　337
周琉　76、78
周石林　397
周廷寀　281
周羽翀　366
周采　76、78
周紫芝　431、434
周仕　353
周伯琦　314
周密　103、374、432、435、447(2)
周必大　396、429、434、445
周淙　125、336
周達觀　353
周在浚　387、391
周嘉猷　360
周去非　445
周朴　418
周邦彦　428
周曰校　222、277、338、339
周煇　445

陶

陶弘景　207、259、322、323、339、372、440
陶珠琳　317
陶宗儀　374、438、447
陶潛　440
陶淵明　242

陶華 356
陶穀 443
陶岳 365
陶錦 355

7726_4 屠
屠喬孫 360
屠本畯 397
屠隆 395、448

7727_2 屈
屈曾發 350

7736_4 駱
駱賓王 114、408

7740_0 閔
閔如京 397

7740_1 聞
聞人詮 79、360

7744_7 段
段玉裁 280、282(2)、294、315
段安節 307
段成式 441

7772_0 印
印光任 354

7777_2 關
關尹子 145

7777_7 閻
閻季忠 178
閻若璩 280、292、326、346
閻光世 405

7778_2 歐
歐陽忞 162、333
歐陽詢 377、436
歐陽修 281、304、347、361、372、420、428、433
歐陽詹 410、415
歐陽鐸 358

7780_6 貫
貫休 115

7790_4 桑
桑世昌 113、373(2)、402

7821_6 脱
脱脱 361

7823_1 陰
陰中夫 35、151、237
陰時遇 378
陰時夫 35、151、237、378

8

8010_4 全
全祖望 358

8010_9 金
金德瑛 393
金榜 307
金賚 438
金日追 306
金履祥 303、364、390
金榮 425

8012_7 翁
翁方綱 313、375、376
翁承贊 418

8022_1 俞
俞玉吾 344
俞琰 300
俞憲 258
俞安期 207、321、378
俞良貴 395
俞松 131、374
俞顯卿 144
俞榮寬 352

8030_7 令
令狐德棻 360、401
令狐楚 401

8040_4 姜
姜紹書 398
姜思復 316
姜夔 156、373、422、429、434

8050_0 年
年希堯 342

8060_6 曾
曾文辿 350
曾鞏 367、420
曾幾 421
曾宏父 373
曾覿 431
曾益 412
曾公亮 212、328
曾敏行 446
曾慥 133、427、444
曾燠 392(3)

8060_8 谷

谷應泰 364
谷神子 441

8073_2 公

公孫龍 145

8090_4 余

余繼登 385
余皋 309
余寅 379
余蕭客 292、401
余知古 336

8211_4 鍾

鍾嶸 433
鍾輅 442
鍾景清 87、378
鍾人傑 359
鍾惺 391

8315_3 錢

錢文子 358
錢端禮 371
錢侗 297
錢徹 317
錢澄之 301、305
錢大昕 326、346(2)、362(2)、363、375、376、426
錢大昭 291、359
錢士升 361
錢塘 427
錢希言 397
錢坫 282、289(2)、296、335、376
錢如京 446
錢起 414
錢東垣 291、380
錢易 367
錢時 302
錢聞禮 39、340
錢曾 380

8742_7 鄭

鄭文寶 365
鄭玄 56、279、281、282、283(2)、283、288、291
鄭麟趾 166、366
鄭一麟 352
鄭元慶 336
鄭元祐 447
鄭瑶 108
鄭虎臣 126
鄭伯謙 305
鄭之僑 313
鄭汝諧 300
鄭棨 442

鄭友賢　327
鄭真　156、256
鄭樵　141、311、312、370、421
鄭曉　368
鄭谷　418
鄭鎮孫　382
鄭小同　291

8762_0　舒
舒繼英　352

8810_6　笪
笪重光　395

9

9022_7　常
常安　372
常摢　335

9090_4　米
米崇吉　257
米芾　437(4)、444

9408_1　慎
慎懋官　65

9942_7　勞
勞堪　391